DE
ARCHITECTURA
LIBER,

IN QUO CONTINENTUR

GENERALIA HUJUS ARTIS PRINCIPIA,

NECNON

ICHNOGRAPHIÆ, ORTOGRAPHIÆ ET SCENOGRAPHIÆ

QUORUMDAM ÆDIFICIORUM, QUÆ FUERE
conftructa, tum in Gallia, tum in Regionibus Extraneis,

A

GERMANO BOFFRAND, Regis Architecto & ejus Regiæ Architecturæ
Academiæ, Primo Architecto & Infpectore generali totius Regni
Pontium & Aggerum.

OPUS GALLICUM ET LATINUM,

Tabulis exquifitè calatis exornatum.

PARISIIS,

Apud GUILLELMUM CAVELIER *patrem, viâ Jacobaâ, fub figno Lilii Aurei.*

Anno reparatæ falutis M. DCC XLV.

CUM APPROBATIONE ET PRIVILEGIO REGIS.

LIVRE
D'ARCHITECTURE

CONTENANT

LES PRINCIPES GENERAUX DE CET ART,

E T

LES PLANS, ELEVATIONS ET PROFILS

DE QUELQUES-UNS DES BATIMENS FAITS EN FRANCE
& dans les Pays Etrangers,

Par le Sieur BOFFRAND, *Architecte du Roy, & de son Academie Royale
d'Architecture, Premier Architecte & Inspecteur Général des Ponts
& Chaussées du Royaume.*

OUVRAGE FRANÇOIS ET LATIN,

Enrichi de Planches en Taille-Douce.

A PARIS,

Chez GUILLAUME CAVELIER pere, rue Saint Jacques, au Lys d'Or.

M. DCCXLV.
AVEC APPROBATION, ET PRIVILEGE DU ROY.

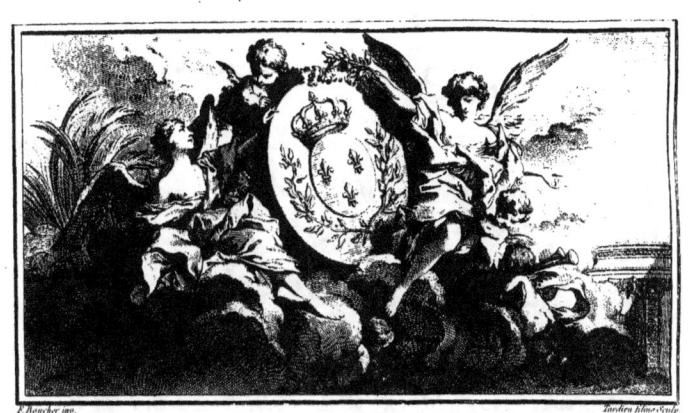

AU ROY.

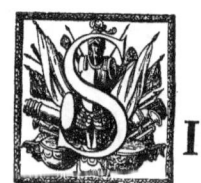IRE,

Je présente à VOTRE MAJESTÉ un
Livre d'Architecture qui contient les Principes
généraux de cet Art, avec les Plans, Eleva-

EPISTRE.

tions & Profils de quelques-uns des Edifices que j'ai fait conſtruire en France & dans les Pays Etrangers. J'oſe me flatter qu'ils attireront les regards de **VOTRE MAJESTÉ**, puiſque dans un temps où Elle eſt occupée de ſoins plus importans, Elle daigne toujours proteger les Arts, & les animer par ſes bontés à ſe perfectionner pour l'utilité & l'ornement de ſon Royaume.

Je ſuis avec le plus profond reſpect,

SIRE,

DE VOTRE MAJESTÉ

Le très-humble, très-obéiſſant, & très-fidele ſerviteur & ſujet
BOFFRAND.

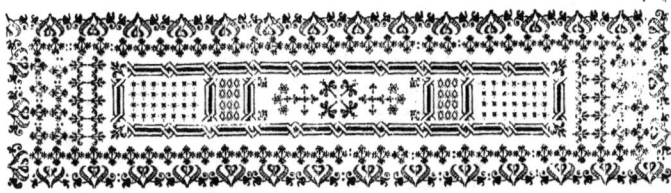

LIVRE

D'ARCHITECTURE,

Contenant des Principes généraux de cet Art, & des Plans, Elévations & Profils des Bâtimens faits en France, & dans les Pays Etrangers.

DE ARCHITECTURA

LIBER,

In quo continentur generalia hujus Artis Principia & Ichnographiæ, Orthographiæ & Scenographiæ quorumdam Ædificiorum, quæ fuêre conftructa, tum in Galliâ, tum in Regionibus Extraneis.

AVANT-PROPOS.

LE Livre que je donne au Public, contient la Defcription de ces différens Edifices : j'y joins des réflexions fur les principes généraux de l'Architecture, & fur ce qu'on appelle le bon goût dans cet Art ; fans entrer dans le détail de plufieurs fciences néceffaires à un Architecte, ni dans celui des Arts qui fervent à la conftruction des Bâtimens, dont Vitruve, Palladio, Scammozi & autres Architectes modernes, Italiens & François ont écrit, & qu'ils ont retirés des ruines des Edifices Grecs & Romains, dont quelques-uns exiftoient de leur tems, & dont nous avons encore quelques précieux reftes. Ils ont donné au Public les proportions des ordres d'Architecture, fuivant ces anciens monumens, & fuivant ce qu'ils ont eux mêmes pratiqué dans la conftruction de plufieurs beaux Ouvrages, & dont M. de Chambray a fait un excellent parallele. C'eft dans les proportions de l'Ordre Dorique qui eft le plus materiel, de l'Ordre Corinthien qui eft le plus leger à la vûe, & le plus fufcepti-

PROŒMIUM.

LIBER quem in lucem profero, eorum diverforum Defcriptionem Ædificiorum exhibet ; cui fuper univerfalibus Architectura elementis, & hujus Artis peracutâ exquifitâque intelligentiâ confiderationes addo ; quin plures illas fingulatim profequar fcientias, quæ ad Architectum attinent, neque Artes quibus in Ædificiis conftruendis eft opus ; quas in fcriptis fuis tractavêre Vitruvius, Palladius, Scammozius, alterique Architecti recentes, tum Itali, tum Galli, quafque extraxerunt è ruinis Græcarum & Romanarum Ædium, quarum ipfimet eorum tempore quædam exftabant, quarumque æftimandis adhuc fruimur quibufdam reliquiis. Autores ifti Architectura Ordinum nobis tradiderunt proportiones, fecundùm hæc prifca monumenta, atque juxtà illud quod ipfimet effecerunt in plurimorum infignium operum ædificatione ; quarum rerum comparationem exquifitam præftitit Dominus de Chambray. In proportionibus Ordinis Dorici, qui eft craffior ;

A

ble d'ornemens, & de l'Ordre Ionique qui tient le milieu entre ces deux extrémités, qu'on peut trouver le caractere qui convient à chaque espece d'Edifice; & comme les proportions de ces Ordres ne sont pas entierement semblables dans les Livres de ces Auteurs, ni dans leurs Ouvrages, par des raisons qu'ils ont senties, il est de la prudence de l'Architecte habile de faire le choix de celles qui conviennent le mieux à la destination de son Edifice, suivant son étendue, sa hauteur & la distance d'où il peut être vû.

On n'employe pas toujours les Ordres d'Architecture dans les Bâtimens; mais les regles qui en établissent les belles proportions en général, peuvent être appliquées à chaque partie d'un Ouvrage, & l'Architecte habile y peut trouver les modulations qui leur conviennent.

Quelques-uns de ces Auteurs ont traité de la Coupe des Pierres & de leur appareil, pour tracer les traits & les courbes de toutes sortes de Voutes: Ils ont donné les principes des differentes constructions, ils ont traité des differentes qualités des materiaux & de la maniere de les mettre en œuvre. Ces materiaux sont differens dans tous les Pays, de même que la solidité du terrein qui en doit être le fondement.

Quelques Auteurs ont écrit des influences & des expositions du ciel, vers lesquelles chaque partie d'un Bâtiment doit être tournée. Elles sont differentes en divers climats,, par rapport aux rivieres, aux marais, aux montagnes, aux forêts qui les avoisinent & aux vents qui y regnent. Je ne ferois que répeter ce que l'on a déja dit: les Livres de ces Auteurs en ouvrent la connoissance; l'expérience & la réflexion l'achevent.

Ordinis Corinthii, qui subtilior apparet atque aptior ad ornamenta; ac Ordinis Ionici, qui medius est inter utrumque, forma quæ unamquamque Ædificiorum speciem decet, reperiri potest; & cum istorum Ordinum proportiones, nec in Autorum Libris, nec in eorum Ædificiis æquales videantur, propter quas sibi effinxerunt rationes diversas, prudentia Architecti periti requirit, ut eligat eas quæ sui Ædificii magis congruunt conditioni, juxtà ejus amplitudinem, altitudinem, & intervallum à quo potest aspici.

Non semper in Ædificiis admittuntur Architecturæ Ordines; at leges quæ eorum generatim constituunt laudandas proportiones, possunt accommodari ad unam quamque alicujus operis partem; & quæ ibi convenient modulationes in hunc modum solers Architectus reperiet.

Quidam ex istis Autoribus, de arte secandi & quadrandi lapides, ut omnium fornicum describerentur lineamenta & incurvationes, seu arcus, disseruerunt: Diversarum constructionum docuerunt elementa: varias materiæ qualitates & eam elaborandi locandique modum pertractaverunt. Hæc materia, sicut soliditas terreni, quod ejus debet esse fundamentum, cunctis discrepat in locis.

Alii verò de influentiis, & de cœli aspectibus, ad quos quæque vertenda est pars domi, scripsère. Differunt, pro ut dissimilia sunt climata, propter vicinos fluvios, paludes, montes, sylvas, & ventorum flatus. Non aliud quàm quod jam de illis rebus dictum fuit possem referre: Istorum Autorum Libri earum aperierunt notitiam, quæ usu & animi attentione dein perficitur.

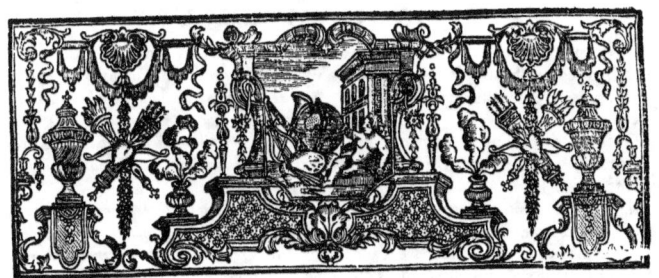

LIVRE
D'ARCHITECTURE.

<table>
<tr><td>

DISSERTATION
SUR CE QU'ON APPELLE
LE BON GOUST
EN ARCHITECTURE.

</td><td>

IN SANUM
DE ARCHITECTURA
JUDICIUM
DISSERTATIO.

</td></tr>
</table>

O N parle souvent du bon goût dans les Arts : Tous les hommes croyent l'avoir, & être en droit de décider sur les défauts & la perfection d'un ouvrage ; & chacun content de la maniere dont il pense, a l'indulgence de permettre aux autres de penser comme il leur plaît, persuadé que chacun a son goût, & qu'il n'en faut point disputer. Cependant si quelque opinion est sujette à la dispute, c'est celle sur laquelle les sentimens ne sont pas réunis, & ce n'est que sur une opinion généralement reçûë qu'on ne dispute point.

On dit en général du goût, que c'est un certain je ne-sçais-quoi qui plaît ; cette idée est bien vague, n'éclaircit rien, & ne vient que de la difficulté qu'il y a de dire les raisons pourquoi une chose

Ut inest Artibus eximia quædam forma, sic & in mente de illis judicandi facultas eximia, quam gustum præcellentem vocant. De ipso creber est sermo. Hunc sibi ultrò plerique arrogant, & paucos vides qui jus pronuntiandi de operis cujuslibet leporibus & nævis non sibi confidenter vindicent. Suo quisque contentus & beatus judicio, eâdem de re suum aliis arbitrium facilè indulget; quippe, ut aiunt, quot capita, tot propè judicia sunt, de quibus rixari ac disputare est nefas. Atqui tamèn res nulla magis est disputationi obnoxia, quàm quæ varias mentes in varias opiniones distrahit : ecquis verò disputationi locus, ubi omnia consentiunt suffragia ?

Quod porrò sensum hunc intimum gustumque afficit, dici non rarò solet, nescio-quid quod universis placeat. Verùm hæc nuncupatio, utpotè admodùm vaga & obscura, certi nihil offert aut lucidi; siquidem nec rationes

plaît, ou ne plaît pas : ce n'est que dans les principes de chacun des Arts qu'on peut en trouver les raisons démonstratives.

On peut dire pour définir le goût, que c'est une faculté qui distingue l'excellent d'avec le bon.

Il y a peu d'hommes, si grossiers qu'ils soient, qui ne distinguent le mauvais d'avec le médiocre, & le médiocre d'avec le bon ; mais il y a plusieurs degrés entre le médiocre, le bon & l'excellent : un homme a plus ou moins de goût suivant la quantité de degrés qu'il monte du bon vers l'excellent.

Chaque Art a ses principes : Les Grecs ont commencé à développer ceux de l'Architecture : C'est une grande opération de l'esprit humain, que de réduire un art en principes : Ils sont l'ouvrage de plusieurs siecles, le fruit d'une profonde réfléxion sur ce qui a plû ou déplû aux hommes les plus éclairés, & l'effet d'une expérience souvent redressée. C'est le grand nombre d'Edifices publics en usage chez les Grecs, qui a donné lieu à leur perfection.

Outre ces principes qui ont établi les belles proportions, il y en a d'autres aussi nécessaires fondés sur les raisons de convenance, de commodité, de sûreté, de santé & bon sens. Ces raisons ont servi à établir les premiers principes, & sans elles un édifice ne peut être réputé de bon goût. On ne peut pas toujours profiter de tous ces avantages ; mais il faut les connoître pour s'en servir autant qu'il est possible, de même qu'il faut connoître les défauts opposés à ces mêmes raisons, pour les éviter.

La Nature a formé le germe des arts ; mais la réfléxion & l'expérience les ont développés & nourris : Les hommes les plus éclairés ont dépouillé la Nature de ce qu'elle a de trop agreste, pour n'en

nec momenta profert, cur vel placeat res, vel displiceat (quæ aut sola aut præcipua difficultas est) cujus enodatio ex ipsis haurienda est artis cujusque principiis.

Exquisitissimi illius saporis definitionem exoptas ? Ea est nimirùm facultas quæ eximium à bono secernit.

Paucos reperies vel neminem etiam ingenii rudis & impoliti, qui malum à mediocri, & mediocre à bono non discernat, verùm inter mediocria, bona & exquisita complures sunt gradus & diversi : Majori aut minori ingenitâ judicandi facultate & gustu præditus est ille, pro multis variisque gradibus, quibus à bono ad optimum assurgit.

Sua sunt cuique arti principia. Prima primi Architecturæ elementa evolvere inchoarunt Græci, eaque illustrare cœperunt. Artem in principiis redigere, id operis ardui est : res difficillima omni ope atque operâ eget mentis humanæ. Illa quidem ingenii monumenta, multorum sunt sæculorum opus, necnon maturæ & profundæ fructus meditationis, de iis quæ præcellentissimis hominibus & emunctâ naris placuerunt vel displicuerunt, atque demùm experientiæ sæpè deceptæ, & sæpius emendatæ effectus. Enim verò infinita propè modùm publicorum apud Græcos ædificiorum multitudo, eorum perfectioni locum dedit, eisque ad decus & ornamentum aperuit viam.

Præter illa principia quæ egregias certò & stabiliter constituerunt proportiones, iis addas, quæso, alia non minus necessaria, convenientiæ, commodi, securitatis, sanitatis, rectique judicii momentis & rationibus innixa atque stabilita. Quæ quidem rationes ad primorum principiorum originem & fundamentum multùm conduxere, & si eas sustuleris & nullo habueris loco, exquisiti judicii non potest æstimari ædificium. Ex omnibus illis rebus non semper fructus percipi possunt, nec eæ esse omnibus lucro, sed illæ suam ad utilitatem, suos ad usus quantum fieri potest, sunt penitùs cognoscendæ : similiter vitia, iisdem opposita rationibus, debent esse non ignota, ut vitentur.

Artium germina Natura ministravit, sed complicatas earum notiones evolverunt, obscuras illustraverunt, easque foverunt meditatio simul & experientia. Naturam nimiâ suâ rusticitate spoliarunt viri perspicacissimi, sibi-
reservar

referver que ce qui leur a paru propre à être cultivé & orné par l'art.

Le génie, qui tire du sein de la nature les choses nouvelles, naît avec les hommes que le ciel favorife, & ne s'acquiert point : Mais il faut que ces nouveautés pour être admifes, paroiffent des conféquences naturelles tirées des principes déja établis fur ce qui a plû ou déplû aux hommes les plus éclairés des nations les plus policées : auquel cas elles deviennent elles-mêmes aggregées aux principes qui font la regle du bon & de l'excellent.

Aux premiers fiecles, on n'avoit point eu d'autre objet dans les habitations, que de fe défendre des injures de l'air, & des animaux qui pouvoient nuire aux hommes ; & lorfqu'ils ont été réunis par les loix de la focieté civile, les habitations ruftiques ont reçu une nouvelle forme, toujours fondée fur le befoin & fur l'utilité.

Les temples des Dieux ont été faits plus vaftes pour contenir les hommes raffemblés ; & l'art leur a donné une proportion convenable à la dignité du culte des Dieux & des myfteres de la Religion. A mefure que le luxe s'eft introduit, on a auffi enrichi les temples des ornemens les plus précieux, foit que l'on crût en effet honorer la divinité en lui confacrant ce que l'on eftimoit le plus ; foit que l'on voulût par-là augmenter le refpect du peuple, fur lequel les objets fenfibles ont tant de pouvoir. Tous ces ornemens ont enfuite paffé aux Palais des Souverains pour leur donner la dignité qu'on remarquoit aux temples des Dieux.

Les troncs d'arbres qui dans les premiers fiecles foutenoient le couvert des cabanes, ont donné lieu aux colomnes qui ont foutenu les portiques des édifices. L'art leur a donné un contour plus élegant que celui que la nature donne aux arbres. On y a ajouté une bafe qui y donne plus d'empatement, & un cha-

que omne quod arte excolendum, atque ornamentis maximè idoneum ipfis vifum fuit, ex illâ duntaxat refervarunt.

Ingenium quod è finu naturæ nova & mira elicit, hominibus innafcitur, iis præfertim quos amat cælum ; quibufque arrident fuperi : non acquiritur ingenitum illud ac cælefte donum : At verò, ut admittantur, illa nova & recens inventa, oportet ut naturales videantur confequentiæ ex principiis depromptæ jam publicè receptis, fuper eo quod viris nationum benè moratarum præcellentiffimis vel placuit vel difplicuit. Quo quidem cafu, ipfæmet novitates illæ aggregatæ fiunt principiis, quæ bono & excellenti normam ac legem imponunt.

Primis ætatibus, vitare inclementiam cæli, arcere imbres, & mala frigora atque ab animalium quæ hominibus obeffe poterant, ferocitate tutò cavere, in habitationibus hoc unicum erat in mente. Hic præcipuus duntaxat labor. At enim cum vinculis & civilis legibus focietatis conjuncti fuere homines, nec non in unum corpus coaluerunt, ruftica tunc tecta novam receperunt formam femper neceffitate & utilitate innixam.

Major quoque data fuit Deorum templi amplitudo, ut majus hominibus in locum unum coactis daretur fpatium, atque aptam & congruentem cultus Deorum dignitati, nec non decentem majeftati myfteriorum religionis, ars præbuit illis fymmetriam quò altius & magis indies graffabatur pietas, eò majori curâ, facra illa delubra pretiofiffimis augebantur ornamentis, five ea fuerit reverâ mens multò magis colenda divinitatis per confecrationem omnium quæ majori erant in exiftimatione, five voluntas fuerit augendi eo modo reverentiam populorum, apud quos plurimùm poffunt, omnia fenfibilia, quæ plus oculis quam animis percipiuntur. Splendidiffima omnia illa ornamenta ad fuprema Principum palatia fubindè tranflata fuerunt, ut illis eadem quæ divinis in templis annotabatur, dignitas præberetur.

Arborum ftipites qui primis fæculis ruftica cafarum tecta fuftinebant, columnis locum dedere, quæ ædificiorum porticus fuftentaverunt, ambitum ars illis largita eft elegantiorem eo quem à naturâ recipiunt arbores. Bafis quæ latius præbet illis fundamentum, fimulque capitulum, quod dum fupernè fefe extendit, tabulata magis ftabiliter geftare

B

piteau , qui s'élargissant par le haut , semble porter plus solidement les entablemens. La nature & le hazard ont donné lieu au chapiteau Corinthien.

Callimachus, au rapport de Vitruve, vit sur le tombeau d'une jeune fille un panier , dans lequel on avoit mis des vases qu'elle avoit aimés pendant sa vie, & qui étoit couvert d'une brique. Du bas de ce panier il sortoit une plante d'acanthe , dont les feuilles montoient tout au long , & dont la tige & la graine se recourboient sous la brique. Voila le germe que la nature & le hazard ont produit: l'art & les graces l'ont perfectionné. Les sablieres qui lioient le tronc des arbres par le haut, ont donné lieu aux entablemens que l'art a proportionnés à la hauteur des colomnes, & qu'il a enrichis d'ornemens, dont la source s'est trouvée dans les simples cabanes des premiers hommes.

On trouvera dans toutes les parties des édifices, la même source tirée de la nature & perfectionnée par l'art. L'expérience a confirmé ce beauté reconnuë : les hommes les plus éclairés en sont convenus dans les siecles suivans : les proportions établies pour principes, ont été approuvées, en sorte qu'un édifice paroît excellent, bon , médiocre ou mauvais, à mesure qu'on s'y conforme, ou qu'on s'en écarte.

Rome admit les principes établis par les Grecs ; Mais ils se sont perdus pendant plusieurs siecles , comme un fleuve, qui après avoir arrosé plusieurs campagnes , les abandonne , & se perd dans un abîme , d'où il sort pour favoriser une autre contrée, & y répandre l'abondance.

Les Gaulois , soit que les exemples du bon goût des Grecs leur fussent inconnus , soit qu'ils voulussent essayer de rencherir sur ce que les Grecs avoient imaginé, se sont ouvert une autre route, & se sont fait d'autres principes puisés également dans le sein de la nature: Leurs Druïdes, ministres de la Religion, dont le culte s'exerçoit dans les forêts, au lieu de prendre les arbres pour modeles , ont choisi leurs branches , les rameaux , & les feuilles.

videtur, illis adjuncta fuere. Capitello Corinthiaco occasionem præbuerunt natura & fortuna.

Super tumulo puellæ , ut narrat Vitruvius, vidit Callimachus calathum , in quo posita fuerant vasa , quæ , dum illa viveret, habuit in deliciis. Calathus hic coopertus erat latere. Ex infimâ hujusce canistri parte nascebatur achanti planta, cujus per totam fiscinam assurgebant folia , cujusque sub latere incurvabantur caulis & semina. En ecce germen à naturâ fortuitoque casu procreatum. Ab arte & gratiis excultum fuit illud & perfectum. Inter cardinata trabes , quæ arborum caudices parte in sublimi alligabant , tabulata procreaverunt, quæ quidem columnarum excelsitati ars accommodavit, atque ea egregiis locupletavit ornamentis , quorum origo rusticis priorum hominum casulis primùm debentur.

In omnibus ædificiorum partibus idem semper reperietur principium, ex natura depromptum , & arte elaboratum. Eximiam pulchritudinem omnibus perspectam firmavit experientia. Ætatibus posterioribus eâ de re inter se consenserunt viri perspicacissimi. Omnium suffragiis comprobatæ fuerunt proportiones pro principiis receptæ, adeò ut quò major minorve cum illis est convenientia aut discrimen, eò pluris excellens, bonum, aut mediocre, aut malum videatur ædificium.

Principia à Græcis in lucem edita acceperunt Romani. Verùm per plurimas ætates amissa fuere. Quemadmodum Fluvius , qui postquam multa camporum spatia diù irrigavit, ea tandem deserit, & in voraginem delabitur , undè postmodum exsurgit alteram ut regionem amplâ ubertate fœcundet.

Veteres Galli sive exempla recti Græcorum judicii ignoraverint , sive eorum inventis superaddere tentaverint , aliam sibi viam aperuerunt , sibique alia ac diversa à sinu naturæ pariter deprompta finxerunt principia. Eorum Druidæ , ministri ac doctores religionis , cujus cultum in sylvis exercebant , non ex ipsis arboribus , sed ex ramis & frondibus arborum exemplaria columnarum desumebant.

Ils ont en confequence fait des colomnes menuës & hautes , qui fe divifant par le haut en plufieurs branches d'ogines dans les voutes, imitent les rameaux des arbres. Les arcs de ces voutes, au lieu d'être en plein ceintre , qui eft la figure la plus parfaite , ont été faits en triangles curvilignes, imitant les branches des arbres qui fe croifent par le haut en formant un angle.

Au lieu de fuivre l'idée d'une folidité raifonnable , ils s'en font écartés , en faifant des chofes hardies & étonnantes; comme s'il y avoit plus de mérite à faire des ouvrages, qui paroiffent prêts à tomber à tous momens, quoi qu'également folides , que d'en faire qui paroiffent devoir durer éternellement.

Il femble cependant que quelques Architectes de ces tems-là avoient connoiffance des proportions qui fe trouvent dans les ouvrages antiques ; ou que l'experience leur avoit fait connoître que certaines proportions valoient mieux que d'autres. Quelques Eglifes gothiques , quoique toujours gâtées par quantité de fculptures, fans correction, fans goût, mal imaginées & mal placées, par des ornemens de mauvais choix, & par des monftres inconnus, ne laiffent pas d'avoir leur beauté. D'où peut-elle provenir ? fi ce n'eft d'une jufte proportion de la hauteur à la largeur, & du rapport de toutes les parties avec le tout.

Il faut auffi rendre juftice à ces Architectes fur le grand foin qu'ils ont pris de la conftruction de leurs bâtimens, dont les regles font bien obfervées pour la folidité ; en forte que malgré la hardieffe & la legereté apparente de leurs édifices, il s'en trouve qui fubfiftent depuis long-tems.

Ce goût gothique a duré pendant plufieurs fiecles ; mais enfin la fréquentation des Gaulois avec l'Italie , leur ouvrit les yeux : ils retirerent des ruines des édifices antiques les principes de l'Architecture que les Grecs & les Romains avoient établis , & les Princes (a) qui favorifoient les Arts , donnerent les moyens de les perfectionner.

(a) François Premier.

Quápropter exiles & excelfas confecerunt columnas , quæ in complura decuffata brachia fe fe fub fornicibus fupernè dividendo , arbufcularum imitantur ramos. Illi camerarii arcus non planè in dimidium circulum ducuntur , quæ quidem figura omnium perfectiffima eft , fed curvis informantur triangulis, arborum imitando brachia , quæ fe in tranfverfum fecant fupernè , angulum efficiendo.

Nedum fuis in operibus aliquam exhiberent foliditatis imaginem , ab ea declineverunt , ut res temerarias ftupendafque ftruerent ; quafi major effet laus componendis operibus, quæ, licet æquè ftabilia , tamen uno quoque momento ruinæ videntur proxima , quam in iis conficiendis, quæ longam diuturnitatem adpromittant.

Nonnulli tamen horum-ce temporum Architecti , certas habuiffe videntur notiones proportionum , quæ in antiquis reperiuntur operibus ; aut experientiá cognoviffe quafdam proportiones majoris quam alias effe pretii. Gothica aliquot templa fculptis redundantia imaginibus , fine emendatione , abfque ullo delectu & judicio , nec benè excogitatis, nec benè collocatis , referta ornamentis ignobilibus & malè felectis , nec-non ignotis portentis deformata , fuam nihilominus habent pulchritudinem. Unde nam , quæfo , poteft exoriri illa venuftas ? Nifi ex aptá altitudinis ad latitudinem proportione , ac decente omnium cum toto partium confenfu.

Laudanda quoque eft eorúmdem Architectorum in conftructione cura diligens , qui licet cum quadam audacia & levitatis fpecie conftruxerint ædificia , tamen ftabilitatis regulas tantá obfervarunt induftriá, ut in diuturnam annorum feriem hæc monumenta hùc ufque perftiterint.

Per multa invaluit fæcula gothicum illud ac fenile judicium. Tandem verò veterum frequens cum Italicá gente Gallorum confuetudo , fimul & commercium difpulit horum tenebras. Ex antiquorum ruinis ædificiorum , architecturæ deprompferunt principia à Græcis & Romanis conftituta. Quæ quidem principes (a) amatores artium ad perfectionem fuo promoverunt præfidio.

(a) Francifcus I. Galliarum Rex.

On vit alors ces arts reſſuſciter : de grands Architectes en Italie éleverent ſur ces anciens modeles des Egliſes & des Palais d'une beauté élégante , & les livres qu'ils compoſerent ont fait part au Public des découvertes qu'ils avoient faites dans les reſtes de l'antiquité. Les nations voiſines en ont profité , & dans les maiſons Royales , dans les édifices publics & particuliers , on a employé ces mêmes principes , qui font connoî-tre dequoi nos Architectes auroient été capables , s'ils avoient eu plus ſouvent occaſion de déployer leurs talens , & ſi les particuliers qui font bâtir parta-geoient avec eux les idées qu'ils ont du bon goût , & vouloient s'y prêter.

La mode le tyran du goût , met un grand obſtacle à la perfection des arts : elle eſt accompagnée de la folle nou-veauté qui plaît ; le vulgaire la ſuit : toutes les nations y ſont plus ou moins aſſujetties. Les véritables principes ſe ca-chent retirés chez le petit nombre. La dépravation de la mode eſt ſi grande , qu'on a mis (a) quelquefois en haut ce qui doit être en bas. La bizarrerie eſt admiſe ſous le nom de génie , comme ſi la production d'un monſtre étoit une marque de fécondité.

Il ſemble que la mode en differens tems ait pris plaiſir à donner la torture à toutes les parties d'un (b) édifice : elle a ſouvent eſſayé de détruire tous les prin-cipes de l'Architecture , dont on doit toujours conſerver la noble ſimplicité. Les ornemens de ſculpture qui doivent y être employés ſagement , y ont été quelquefois prodigués à un tel excès , & avec des ſaillies ſi exorbitantes , qu'elles en font la principale partie , au-lieu qu'ils n'en doivent être que l'acceſſoire. On a vu avec ſurpriſe dans un même ſiecle ces ornemens varier pluſieurs fois de ma-niere à ne les plus reconnoître.

Dans le temps de l'Architecture naiſ-ſante en France (c) , les ornemens pré-

Tunc languidas artes viſæ ſunt reviviſcere , ædes tum ſacras , tum Regias elegantis formæ ac pulchritudinis priorum exemplo præſtantiſ-ſimi in Italiâ ædificaverunt Architecti ; & li-bri ab illis elaborati eorum inventa novaſque divitias in antiquitatis reliquiis collectas in lucem tradidere publicam. Hæc autem omnia lucro appoſuerunt gentes vicinæ. Hæc in uſus verterunt ſuos , & in palatiis Regalibus , in ædificiis tam publicis quam privatis eadem illa deinceps adhibita fuerunt principia , quæ ſatis indicant noſtrorum Architectorum intel-ligentiam , & quid in arte potuiſſent ſuâ , ſi frequentior dediſſet ſe occaſio exercendæ facultatis ingenii ſui , atque ſi privati homi-nes , quorum juſſu conſtruuntur ædificia , ſani plena judicii eorum conſilia adoptare & ſequi vellent.

Mos optimi judicii tyrannus , artium per-fectioni plurimum nocet. Hic ineptæ novita-tis filius & individuus comes imperitum allicit vulgus. Hujuſce imperio tyranni plus minuſ-ve omnes ſubjiciuntur nationes. Apud paucos naſutoſque viros ſana deliteſcunt principia. Tanta eſt moris depravatio , tanta vis , ut pars (a) quæ inferior eſſe debet , loco ſuperioris in-terdum fuerit poſita , & viciſſim inferiori loco ſuperior. Genii ſub nomine inſulſa admittitur inventio , quaſi verò emiſſum in lucem mon-ſtrum fœcunditatis indicium foret.

Variis temporibus nova conſuetudo , tor-mentum videtur admoviſſe ſingulis ædificiorum (b) partibus ; tentavitque non ſemel omnia ſub-vertere architecturæ principia , quorum no-bilis & elegans ſimplicitas nunquam non ſer-vanda eſt. Sculpturæ ornamenta ſobriè ad-hibenda , tam immoderatè effuſa fuerunt ſæ-piùs , ac mole tam immani eminuerunt , ut ubi ad concinnitatem debent tantum modò acce-dere , maximam in ædificiis partem invadant. Una eademque ætas non ſine ſtupore vidit , ita variam ornamentorum immutationem , ut deindè vix agnoſci poſſent.

Primis naſcentis in Gallia (c) architecturæ temporibus pretioſiſſima decora quibuſdam in

---

(a) On a mis en Italie des colomnes , dont le cha-piteau étoit en bas , & la baſe en haut.
(b) L'Egliſe des Théatins à Paris & les ouvrages de Baromini en Italie.
(c) A Fontainebleau ſous le Regne de François I.

(a) In Italiâ columna poſita fuerunt , quarum capitellum erat deſurſùm , & baſis ſurſùm.
(b) Pariſiis Theatinorum Eccleſia , & in Italiâ opera Ba-romini.
(c) Fontebellaqueo Franciſco I. in Galliâ regnante.

cieux

cieux employés en quelques endroits, & qui étoient imités des ornemens antiques, ont été remplacés par des ornemens pesants, tels que des festons (a), de gros fruits, des Cartouches d'une grandeur énorme, & des Figures grossierement travaillées, souvent détachées des plafonds, & qui semblent prêtes à tomber sur la tête.

On a vu succeder à ceux-ci d'autres ornemens formant des rinceaux répétés, confus, sans choix & sans ce repos si desirable dans l'Architecture : d'autres (b) ornemens ont pris leur place, qui n'ont d'autre mérite qu'un travail délicat à la verité, mais sec & sans liaison au reste de la décoration : ils peuvent convenir dans de petites pieces ; mais on en a mis par tout, le crayon les trace en courant. En quelque maison que l'on aille, on les trouve toujours les mêmes.

Ces ornemens ont passé des décorations intérieures des maisons & des ouvrages en bois, auxquels un travail plus délicat peut convenir, aux ouvrages extérieurs & en pierre qui exigent un travail plus moëleux & plus mâle. La mode les a poussés si avant dans le monde, qu'on pourroit conjecturer sur sa variation, qu'ils ne dureront pas long-tems.

La mode a varié les formes & les contours de toutes les parties des édifices, & y a employé un mêlange confus de lignes courbes & de lignes droites, sans distinction des endroits où elles doivent être employées à propos, sans sentir que ces differentes lignes sont dans l'Architecture, ce que dans la Musique sont les tons, qui sur differentes cordes expriment la joie & la douleur, l'amour & la haine, les graces & la terreur.

En effet on a employé aux Mausolées & aux Eglises les formes & les contours qui ne conviennent qu'aux Theatres & aux Sales de Bal. Ce désordre vient du défaut de connoissance des propriétés de ces differentes lignes, du peu d'atten-

locis adhibita, & ex antiquis fideliter expressa ornamentis, gravioribus locum dederunt suum, in quorum videlicet numero sunt multiplices horum, frondiumque & pomorum implexus, volutæ magnitudinis immensæ, atque demum figuræ crassè & pinguiter elaboratæ, ex laqueatis sæpius sejunctæ tabulatis, quæ quidem ruinam in caput proximè lapsuram minitari videntur.

Alia aliis vidimus succedere ornamenta iteratorum informantia ramulorum volumina, alia confusa, sine ordinatione ullá, sine ullo delectu, atque tandem sine otio illo in architecturá tam laudabiliter optabili. Alia (a) verò istis successere decora, quæ nullam aliam promerentur laudem, quam eam quæ operi re ipsá expolito debita est, sed nihilominùs arido, absque concinnitate, absque connexione cum reliquá ædium exornatione. Illa quidem quibusdam locis angustioribus congruere possunt. Verùm ea ubique repetita, ubique profusa sunt. Illa veluti currendo calamus describit carbonarius : quælibet petatur domus, eadem semper reperiuntur.

Enim verò ex intimarum ædium exornationibus & operibus ligneis, in quibus ars subtilior desiderari potest, ea migraverunt ornamenta ad exteriora & saxea, quæ validius quidpiam ac virile magis exigunt. Homines eò deduxit moris novitas, ut illorum tam frequens ornamentorum inconstantia, proximioris eorum ruinæ noninanè augurium sit.

In singulis ædificiorum partibus diversas novellus mos induxit formas, variosque ambitus : inordinatam curvarum & rectarum linearum permistionem confusè adhibuit, absque ullo locorum delectu, in quibus necessariò ac prudenter iis uti deceat, sine illo sensu quo noscitur multiplices lineas idem esse in architecturá, quòd in musicá sunt toni, qui variis sub fidibus lætitiam & dolorem, odium vel amorem, carites aut terrorem exprimunt.

Et verò nobilibus sepulcris, nec-non Ecclesiis idem circuitus fuerunt adhibiti, eadem forma, quæ solis theatris & saltatoriis conveniunt ludis. Undè nam, quæso, inordinatum illud oritur vitium ? nisi ex absoluto cognitionis defectu proprietatum quas habent eæ

(a) Sous le Regne de Henri IV. & de Louis XIII.
(b) Ornemens de ce temps-là.

(a) Sub Henrico IV. & Ludovico XIII. Principibus.
(b) Ornamenta hujusce temporis.

C

tion aux effets qu'elles produifent à la vûë, & d'une mauvaife application des principes qui éloignent également de la perfection & du bon goût.

Mais comment, dira-t-on, employer les grands principes d'Architecture aux différentes parties qui font en ufage dans une maifon ? On répondra que chaque partie relativement au tout doit avoir une proportion & une forme convenable à fon ufage ; qu'entre plufieurs manieres de faire une chofe, il y en a toujours quelques-unes qui valent mieux que d'autres ; qu'il faut les trouver, & que c'eft le goût inféparable du bon fens, de la convenance & de la jufte proportion néceffaire à cette partie pour fon ufage, qui en fait le merite & la perfection.

Pour conferver la juftelfe des belles proportions, on eft quelquefois obligé de s'écarter des regles générales : telle regle qui conviendroit à un endroit ne convient pas toujours à un autre. L'élévation d'un édifice, la diftance d'où on peut le regarder, obligent quelquefois d'augmenter ou de diminuer les mefures par les principes de l'optique ; afin que les parties d'un édifice paroiffent dans la juftelfe des proportions établies.

Les principes d'Architecture ne s'étendent pas feulement à la décoration extérieure & intérieure des temples & des palais, le bon goût a beaucoup de part à la pofition, à l'expofition & à la diftribution d'une maifon de ville, ou de campagne.

Pour la pofition, on doit être attentif à la pente naturelle du terrein où elle doit être ; afin d'en écarter les eaux qui pourroient y caufer de l'humidité ; au ménagement de la vûë d'une campagne, foit qu'elle foit ornée par la fimple nature, foit qu'elle le foit par la culture, à l'agrément d'une riviere qui parcourt des prairies, & qui fournit cent commoditès, à la magnificence d'une forêt, à l'utilité d'une fource d'eau pure & faine, & à profiter autant qu'il eft poffible ; de tous les avantages que la nature peut offrir pour les délices & l'utilité d'une maifon, & pour l'ornement des jardins.

diverfæ lineæ, nifi ex parvá effectuum confideratione, quos exhibent oculi, nifi demum ex falsá principiorum applicatione, quæ à perfecto & exquifito judicio pariter removent.

At quo pacto, inquiet forfan aliquis præftantiffima architecturæ principia adhibere diverfis partibus domi ufu receptis ? refponfum erit, cuilibet parti comparatæ cum toto, debet effe proportio, formaque fuum ad ufum idonea : Complures inter & diverfos conficiendæ modos, quidam nihilominùs funt qui multò meliores funt quam alii. Ii quidem funt inquirendi. Nam ex intimo illo fenfu recti judicii comite individuo, convenientiæ ac jufta proportionis focio huicce parti fuum ad ufum aptiffimè refpondentis, tota ejus præcipuè oritur venuftas, omne pretium, tota perfectio.

Ut autem egregiarum lucidus fervetur ordo proportionum, aptaque partium compofitio, à regulis generalibus identidem aberrare inviti cogimur aliquoties : illa enim regula huicce loco aptè conveniens, non femper alteri decenter congruit. Prò altá ædificii conftructione, aut ejus diftantia, ex qua profpici poteft, augendo interdum ad optices principiorum normam, vel minuendæ funt menfuræ, ut in æquali proportionum condecentiá fingulæ ædificii partes effe videantur.

Non tantum ad externam & interiorem tum ædium facrarum, tum Regiarum exornationem fpectant architecturæ principia. Pofitioni, expofitioni, nec-non domus urbanæ & agreftis diftributioni plurimum infervit elegans & rectum judicium.

Quod ad pofitionem pertinet naturali & pergratæ foli proclivitati in quo debet effe fita, attentè ftudeas, ut aquæ putridæ, & noxium humorem fpirantes longiùs arceantur ; confulas quoque necelfe eft eleganti ruris profpectui candida decorato à naturá, aut affiduo labore exornato : deindè fluminis amœnitates non funt negligenda, egregios oculis afpectus, omniaque vitæ commoda fuppeditantis, nec funt etiam parvi momenti nemoris magnificentia, utilitas fontis aquæ puræ & falubris ; atque demum, quantum fieri poteft, omnes tum locorum, tum rerum opportunitates, omniaque lucro apponenda funt commoda, quæ five ad delicias domus, five ad hortorum exornationes, fubminiftrare poteft natura.

L'expofition aux différentes parties du ciel, ne mérite pas moins d'attention, pour qu'un logement foit fain, gai, chaud, temperé & frais dans les différentes faifons, & pour que toutes les parties d'une maifon foient tournées vers l'afpeét du ciel qui convient à leur ufage.

La diftribution regle l'étendue d'une maifon : elle doit être proportionnée au nombre des perfonnes qui doivent s'y rendre, ou l'habiter. La grandeur des cours & des chambres doit être proportionnée à leur ufage, & l'arrangement de toutes les parties doit avoir un enchaînement & une liaifon convenable à l'habitation, pour que toutes les parties foient relatives au tout.

Cette partie d'Architeéture a pour objet la commodité du maître de la maifon : il n'y peut être commodément, fi tout ce qui l'environne n'eft pas placé convenablement à fon fervice, qui doit être fait avec aifance. On doit faire une grande attention à fa dignité, à fes emplois, à fa profeffion, à la maniere de vivre du fiecle. Les chambres doivent être ornées & meublées par rapport à leur ufage & à la gradation qui doit fe trouver des chambres occupées par les domeftiques à celles du maître.

Une chofe qui contribue beaucoup à la perfeétion d'une maifon, eft la jufteffe de l'efprit du Maître qui l'a fait conftruire : c'eft lui qui, pour ainfi dire, donne le ton à l'Architeéte qui doit en faire le plan, fuivant ce qui convient à la dignité & à l'état du Proprietaire : il en difpofe toutes les parties, fuivant fes befoins : il en regle les proportions & la liaifon, pour qu'elles s'uniffent au tout.

Mais fi le maître penfe d'une maniere petite, il voudra que fa maifon foit faite fuivant fon idée : elle fera compofée & ornée de colifichets. Si le maître eft d'un caraétere modefte & fublime, fa maifon fera plus diftinguée par l'elegance des proportions, que par les ornemens & par la richeffe de la matiere. Si le maître eft d'un caraétere inégal & bizarre, fa maifon fera compofée de difparates &

Non minori condigna eft attentione diverfis cæli partibus expofitio, ut faluberrima, hilaris & ridens fit habitatio, leniter calida, aëre temperata, ac quolibet anni tempore ventis mollibus & fecundis dulciter frigida, utque omnes domus partes eam cæli afpiciant partem fuæ utilitati maximè confentaneam.

Denique ædium magnitudinem affignat diftributio : illa enim tot hominum exæquanda eft numero, quot vel ibi habituri funt; vel illùc conventuri. Quod verò arearum, cubiculorum, ac totius partium domus amplitudinem fpeétat, inter fe ad eorum ufum & convenientiam apta omnia & connexa effe debent; omniumque difpofitio partium habeat feriem & vinculum domicilio perfeétiffimè accommodatum neceffe eft, ut omnes inter fe toti refpondeant partes.

Illa Architeéturæ pars in domini commodis potiffimùm verfatur. Quot & quanta eum circumveniunt incommoda, nifi quidquid circa eft, ita congruenter ad fuum fit collocatum ufum, ut facilè minifterium ei præftetur. Multum perpendenda funt ejus dignitas, munia, illius vitæ inftitutum; nec-non exiftentis vivendi modus ætatis. Varia ornamenta, variafque fupelleétiles, cameræ pro ufu requirunt fuo, proque diverfo eo gradationis difcrimine quæ inter illas, aut à famulo, aut ab hero habitatas, debet reperiri.

Quænam porrò res perfeétioni domus fummopere favet? reétum fanè ædificantis heri ingenium. Ille eft perfeétò qui, ut ita dicam, toni modum præfcribit Architeéto, qui linearem ædificii defcriptionem debet informare, prout poftulant dignitas & domini conditio. Singulas ejus partes, fuos ad ufus, fuaque commoda difponit, ac fuo loco collocat, proportiones & conneétionem, ut fiant unum cum toto, ordinat atque aptè dirigit.

Quod fi verò pufillùm intelligat dominus, fuam fibi domum fuo ingenio extruétam jubebit, fcilicet nugatoriis argumentis & nihili decoratam. Sin è contrariò temperatâ & fublimi polleat indole, fuâ in domo fymetriæ elegantia proportionumque condecentia, ornamentorum & materiæ divitias multò longiùs fuperabunt. Si denique ex animo fit impari, ex infinitis propè varietatibus, multifque partibus inordinatis ejus domus erit conflata, adeò ut pro diverfis de parties fans accord ; en forte que l'on peut juger du caractere du maître de la maifon, qui l'a fait conftruire pour lui, par la maniere dont elle eft difpofée, ornée & meublée.

L'Architecte y met du fien, & s'il eft fage, il peut redreffer des idées qui ne conviennent pas ; mais il faut pour cela qu'il foit à portée de fçavoir comment vivent les honnêtes gens de fon fiecle dans toutes fortes de conditions ; ce qu'il doit avoir foin de bien étudier.

L'excellent pour l'un n'eft pas toujours l'excellent pour l'autre. La maifon d'un Prince ne doit pas être faite comme la maifon d'un particulier, ni celle d'un particulier comme la maifon d'un homme conftitué en dignité. L'enthoufiafme n'eft pas moins dangereux que l'infipidité. L'excellence du goût confifte dans une jufte convenance.

Ce qui convient chez une nation ne convient pas toujours chez une autre : toutes ont une idée differente de la beauté : elle n'eft pas dans les pays chauds la même que dans le Nord. On reconnoît dans tous les pays du monde un caractere dominant qui en décide ; mais comme on y trouve des hommes plus éclairés que d'autres, c'eft à leur fentiment qu'il faut s'en rapporter ; parce qu'il eft fondé fur des principes bien établis fur ce qui a plû ou déplû dans tous les fiecles, & fur des proportions reçues par les nations les plus policées & les plus éclairées qui ont approché le plus de l'excellent.

Mais pourquoi, dira-t-on, adopter plutôt les principes établis dans les ouvrages des Grecs & des Romains, que ceux qui le font dans les édifices des autres nations ? toutes n'ont-elles pas la raifon en partage, le difcernement, des befoins, l'experience ? Pour répondre à cette objection, on peut avancer que la Grece & Rome ont eu des moyens de cultiver & de perfectionner les arts, que toutes les autres nations n'ont point eu, & qu'il eft prefque impoffible qu'elles euffent.

modis quibus illa ordinatur, decoratur, variifque fupellectilibus inftruitur, heri ingenium non difficilè agnofcatur, quippè qui illam fibi, fuofque ad ufus ædificandam curavit.

In ea de fuo multa apponit Architectus, at fi fapit, fuâ uti debet intelligentiâ ad idearum non confentanearum emendationem. Itaque nofcat oportet quam in omni conditionum genere homines fuæ ætatis lectiffimi vivendi rationem teneant, quod quidem apprimè callere potiffimùm debet.

Et fanè non omnia ab iifdem amicis confpiciuntur oculis. Quod eo egregium ac excellens, illo non idem femper æftimatur. Varia pro diverfis ædium incolis extructio effe debet. Palatium Principis domui privatæ decet neutiquam refpondere, nec viciffim privata regali, aut cujuflibet in quodam dignitatis gradu collocati. Non minus importat periculi mens divino impetu malè concitata, quam infulfitas. In apta enim rerum condecentia præfertim verfatur recti excellentia judicii.

Et verò in unâ gente exiftimationis argumenta non funt eadem hac in alterâ. De verâ pulchritudine non idem omnes confentiunt. Variæ pro diverfo locorum fitu de eâ finguntur imagines. Ejus idea non eft eadem fub calido ac fub cælo frigido. Cunctis in regionibus gentile quoddam agnofcitur ingenium, quod in unâquâque dominatur, remque fummè pronuntiat ; at cum nonnulli reperiantur homines aliis magis periti, eorum judicio præcipuè credendum eft : quia folidiffimis eo quod in omnibus fæculis placuit, difplicuitve, principiis nititur eorum opinio, atque etiam firmatur certiffimis proportionum legibus à gentibus benè moratis & naris acutiffimâ admiffis, quæ fublime & præftantiffimum propiùs fuerunt affecutæ.

Quorfum igitur, inquiet aliquis, in ædificiis tum Græcis, tum Romanis principia potius eligere, quam illa apud cæteras gentes ufitata ? Nonne omnes homines ratione fruuntur & pari intelligentiâ ? Nonne fimili rerum neceffariarum ufu & experientiâ gaudent ? Ut autem huic objectioni fiat fatis, dici poteft Græciam fimul & Romam artes excolendi, eafque in dies perpoliendi per multas habuiffe vias, aliis gentibus prorsùs incognitas, quafque fibi aperire non illis poffibile erat.

Pour ce qui regarde l'Architecture, il n'y a point de nation chez qui l'on ait fait tant de grands édifices que dans la Grece & dans l'Empire Romain. Les Souverains & ceux qui gouvernoient les Républiques avoient un soin particulier de donner des spectacles au peuple : les cérémonies de la Religion se faisoient avec pompe : les peuples étoient attirés par des jeux magnifiques & par les exercices du corps, les Théatres, les Amphithéatres, les Cirques, les Naumachies, les Bains, les Portiques où s'assembloient les Philosophes, les Basiliques, les Temples & les Arcs de Triomphe, tous ces Édifices capables de contenir un grand concours de peuple, d'une construction magnifique, & qui étonnent jusque dans leurs ruines, donnoient aux Architectes de ces temps-là, de grandes & de frequentes occasions de déployer leurs talens, de cultiver & de perfectionner tous les jours leur Art, & d'en établir des principes qui devenoient plus certains parmi un peuple libre, accoutumé à voir de superbes & beaux bâtimens, & qui ne pouvoit souffrir le médiocre, que chez les autres nations, où ces jeux, ces exercices & ces spectacles n'étoint pas en usage, ou l'art de l'Architecture n'étoit employé qu'à la construction des maisons de particuliers, & pour les seuls besoins de la vie.

La Sculpture dans la Grece a été poussée à un haut degré de perfection. Pour en juger, il n'y a qu'à jetter la vûë sur le Gladiateur, & sur quelques belles statuës de l'antiquité : elles representent avec élegance le caractere des différentes Divinités, & les actions les plus vives des hommes. C'étoit par de grandes récompenses du côté de la fortune & par des dignités, que les Souverains & les Républiques honoroient les hommes célébres, & les Spectacles fréquents leur donnoient de grands moyens pour la perfection de la Sculpture.

Cette perfection vient de la parfaite imitation de la belle Nature; & pour y parvenir, les Sculpteurs ont été réduits à placer pour modele un homme des mieux faits, à la vérité, dans l'atti-

Quod verò Architecturam potissimùm spectat, nulla gens, nulli extitere populi, apud quos tanta, tot sublimia extructa fuerint ædificia, quot in Græciâ, Romanoque Imperio. Imperatores potentissimi, nec-non rerum publicarum administratores frequentia Populò dabant spectacula : solemnes Religionis ritus, ac festa publica splendidissimo celebrabantur apparatu : ingens populorum concursus magnificis ludis, variisque corporis exercitiis alliciebatur. Theatra, Amphitheatra, Circi, Naumachiæ, Balnearia, Porticus in quas congregabantur Philosophi, Basilicæ, Templa, Arcusque triumphales, illa ædificia immensæ populorum multitudini continendæ maximè idonea, splendidissimè exstructa, & in ipsismet ruinis admiranda, Architectis horum-ce temporum ansam dederunt sui animi dotes expromendi, suam artem excolendi atque indies perficiendi, nec-non principia instituendi quæ certiora fiebant apud populum sui juris & ingenuum, & cujus oculi insignibus & pulcherrimis erant assuefacti ædificiis, & mediocritatis impatientes, quàm inter cæteras gentes, apud quas ludi illi, eæ exercitationes & spectacula nec erant in usu, nec in honore, in quibus tandem, in solam privatarum ædium extructionem, solaque vita commoda ars Architecturæ unicè incumbebat.

In Græciâ eminentissimum perfectionis gradum assecuta est Sculptura. Visne pro certo illud habere ? In Gladiatorem oculos tantum modò conjicias, aliquot percelebres intuearis antiquitatis statuas. Diversos diversarum concinnè effingunt mores divinitatum, factaque hominum vividissima ex vero exprimunt. Summæ opes, summæ honores erant præmia, quibus tum à Regibus, tum ab Imperatoribus, tum à rerum publicarum præfectis abundè cumulabantur viri in arte suâ præcellentes; & frequens spectaculorum multitudo Sculpturæ perfectioni plurimùm inserviebat.

Ea perfectio, ea excellentia vim & ortum assumunt suum ex fideli imitatione elegantioris naturæ ; quam ut feliciter assequerentur statuarum artifices, hominem re verà è præstantissimâ specie sibi ad imitandum pro-

D

tude qu'ils veulent imiter. Mais quel modele: un homme d'une vile condition, souvent fans esprit & fans mouvement, qui ne reffent rien de la paffion qu'on veut reprefenter; en forte que le marbre travaillé fur un tel modele paroît fans vie.

Quelle différence entre le modele d'une ftatue de Gladiateur & un vrai Gladiateur, qui dans l'arêne fait fes efforts pour conferver fa vie, & pour vaincre fon adverfaire! quelle ardeur pour attaquer! fon ame paroît fur fon vifage: le feu fort de fes yeux. Quelle adreffe, quelle vigilance, pour parer les coups de fon ennemi! Quelle activité pour fe couvrir à propos de fon bouclier! Tous les mouvemens de fon cœur paffent dans toutes les parties de fon corps. Quelle tenfion dans fes nerfs! quelle agitation dans les mufcles! Le Sculpteur n'a qu'un inftant pour reprefenter tous ces divers mouvemens: il faifit les plus intéreffants, & les tranfmet au marbre qu'il anime.

Quoiqu'il y ait peu d'anciens ouvrages de Peinture qui foient parvenus entiers jufqu'à nous, on doit juger que cet art a profité des mêmes avantages. Les Sculpteurs & les Peintres de notre temps, ont rarement puifé ces moyens dans le fein de la Nature. Les plus habiles y fuppléent par l'effort d'une imagination vive & jufte, & par une foigneufe étude de la belle Nature quoique fans paffion. Ils arrivent à la perfection; mais on reconnoît facilement que les belles ftatues antiques & quelques-unes de notre temps font les enfans de la Nature, & que celles qui font copiées fur d'autres ouvrages, n'ont ni la même vie, ni la même beauté.

Les autres Arts & les Sciences ont acquis dans la Grece la même perfection. Elle a été la fource des principes établis depuis, & qui ont paffé jufqu'à nous, pour être la regle du bon goût.

Les grands fujets & les grands ouvrages en toute efpece, élevent l'efprit des hommes: les frequentes occafions qui fe font rencontrées dans la Grece & dans l'Italie, l'expérience fouvent redreffée fur ce qui a plû ou déplû aux hommes

pofuerunt, illumque in eurythmiâ quam exprimere volunt, collocavere. At quale eft iftud exemplar? Homo plebeius, infimi generis, fæpè fæpiùs fine ingenio, fine motu, & expers affectionum quæ funt oculis fubjiciendæ, adeò ut elaboratum ad tale exemplar marmor exanime videatur.

Quantum difcrimen inter exemplar gladiatoris ftatuâ & ipfum-met gladiatorem, qui in aream defcendit, quique in fuâ vitâ confervandâ, ac in hofte vincendo, nervis omnibus contendit. Quantus ardor in provocatione, in pugnâ quam fervidus? Anima pingitur in vultu, fcintillant oculi. Quæ dexteritas, quæ folertia, in affiduâ adverfarii ictuum declinatione! quæ corporis alacritas, ut fefe opportunè operiat clypeo! Omnes in fingulas corporis partes migrant animi affectus. Quanta nervorum tenfio! Quæ demum commotio mufculorum! folum duntaxat temporis punctum fculptori datur perito, ad omnes varios illos motus exprimendos. Qui magis placent majorique percellunt admiratione, illos ftatim arripit, creditque marmori, cui quafi novam infundit animam.

Quamvis veterum Pictorum perpaucæ tabellæ ad nos in integrum & illæfæ pervenerint, à Picturâ olim eadem percepta fuiffe beneficia & opportunitates facilè conjici poteft. Statuarii Pictorefque noftræ ætatis illas in gremio naturæ opes rarò deprompferunt. Rectæ & vividæ imaginationis magnâ vi, nec-non diligenti pulcherrimæ naturæ ftudio fupplent peritiffimi, & fic fummum perfectionis ac elegantiæ cumulum affequuntur; fed egregias veteres ftatuas, & aliquot noftri temporis effe naturæ filias quis negaverit; eas verò ex aliis expreffas operibus nec eâdem vitâ, nec eâdem gaudere pulchritudine.

Cætera Artes ac fcientiæ eumdem perfectionis apicem attigerunt in Græciâ, & origo fuit principiorum deinceps admifforum, quæ ad nos tranflata funt, ut recti ac exquifiti judicii lex & norma forent.

Sublimes materiæ, fublimia in omni genere opera humanum extollunt ingenium. Frequens tùm in Græciâ, tùm in Italiâ occafionum ufus, nec-non experientia fæpiffimè allucinata, ac emendata in iis quæ viris placuerunt aut difplicuerunt præcellentibus, qui in-

les plus intelligens, & qui ont puisé la beauté dans le sein de la Nature, qui l'ont développée, cultivée & fait meurir par un travail assidu, ont donné lieu à la perfection de l'Architecture. D'où il s'en-suit que les principes qui en sont éma-nés, & qui ont passé jusqu'à ces derniers temps, malgré la barbarie & l'ignorance de plusieurs siecles, doivent avoir plus d'autorité que ceux des autres nations, où ces grands exemples n'ont pas été si frequents; & qu'on ne peut s'écarter de ces mêmes principes, sans se livrer à des égaremens aussi dangereux pour les Architectes, que pour ceux qui ju-gent de leurs ouvrages.

Ainsi donc l'Academie d'Architecture dépositaire de ces principes, sur lesquels sont fondées la pureté & la noble sim-plicité de l'Architecture, doit être atten-tive à les conserver, & à s'opposer aux folles nouveautés qui s'introduisent, afin qu'on puisse avancer, autant qu'il est possible, du bon vers l'excellent; c'est en quoi consiste le bon goût.

genuam in gremio Naturæ hauferunt pulchri-tudinem, qui eam labore pertinaci & assiduo excoluerunt, illustraverunt, & velut ad suam maturitatem perduxerunt, Architecturæ per-fectioni locum præbuere. Undè necessariò colli-gere est, principia ex his fontibus effluxa, quæ ad posteriores illas ætates migraverunt, vel invitis compluribus barbaris & imperitis sæ-culis, debere quidpiam plus habere authori-tatis, quàm aliarum documenta nationum, apud quas præstantissimorum horum exemplo-rum rarissimus invaluit usus; nec ullum ab iisdem principiis aberrare Architectum posse, quin in tàm periculosa sibi, quàm suorum operum judicibus, vitia incidat.

Quapropter igitur Architectonica Acade-mia summorum illorum fidelis custos princi-piorum; in quibus tota jacet integritas incor-rupta, ac nobilis Architecturæ simplicitas po-sita est, omni curâ iisdem conservandis præ-sertim studeat, insanas rejiciat novitates sen-sim obrepentes, eisque strenuè ac fortiter ad-versetur, ut sic, quantum licet, à bono ad opti-mum fiant semper progressus: In eo enim exqui-situm in artibus judicium potissimùm versatur.

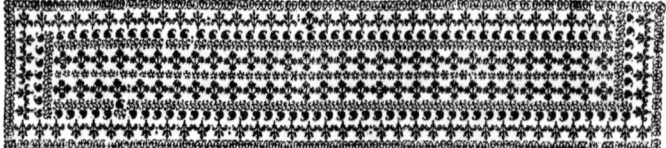

PRINCIPES
TIRÉS
DE L'ART POETIQUE
D'HORACE.

NOTIONES
SIVE PRIMA ARCHITECTURÆ
ELEMENTA,
JUXTA ARTEM
POETICAM HORATII.

LES Sciences & les Arts ont un si grand rapport, que les principes des uns font les principes des autres ; toutes les parties des Mathematiques font étroitement unies;la Géométrie en est la base : elle s'applique à toutes les sciences, & l'étude d'une matiere ajoûte de nouvelles connoissances à l'autre. La Peinture, la Sculpture & la Poësie font sœurs : les premieres parlent aux yeux, & la troisiéme aux oreilles. La Musique peint les divers incidents de la Nature ; elle exprime & excite les passions les plus tendres & les plus violentes. L'Architecture, quoiqu'il semble que son objet ne soit que l'emploi de ce qui est materiel, est susceptible de differens genres qui rendent ses parties, pour ainsi dire, animées par les différents caracteres qu'elle fait sentir. Un Edifice par sa composition exprime comme sur un Théatre, que la scene est Pastorale ou Tragique, que c'est un Temple ou un Palais, un Edifice public destiné à certain usage, ou une maison particuliere. Ces différents Edifices par leur disposition, par leur structure, par la maniere dont ils font décorés, doivent annoncer au spectateur leur destination ; & s'ils ne le font pas, ils pechent contre l'expression, & ne font pas ce qu'ils doivent être.

Il en est de même de la Poësie : il y en a de différents genres, & le stile de l'un ne convient pas à l'autre : Horace

COgnatione quâdam inter se connectuntur Scientiæ & Artes, iisdemque fulciuntur principiis : quas colligit partes Mathesis, socias amat & sibi cohærentes ; quarum quidem basis & fundamentum Geometria, omnibus scientiarum generibus amicam commodat opem ; & unius argumenti inquisitio ad alterius notitiam quasi compendiosa via est. Pictura, Sculptura, Poesis ut sorores coluntur : priores ambæ dulce blandiuntur oculis, posterior permulcet aures & animam rapit. Naturæ vel miracula, vel casus pingit Musica ; affectus animi blandè susurrando afflat dulciculos : nunc tonando vehementissimos excitat. Quamvis in materiæ usu conscripta videatur Architectura, varias tamen in se suscipit species, quibus proprium, ut ita dicam, ingenium est, propria spirat anima. Ex ædificii conspectu quisque discat oportet scenam Pastoralem adornari vel Tragicam, sacras vel Regias ; publicas vel privatas ædes extrui. In ædificiorum formâ & habitu est propria quædam significandi vis, quæ eorum præ se ferre finem & spectantibus prædicare debet, sin minus, peccant & ab instituto recedunt.

Idem esto de Poësi judicium. Ut multiplex Poësis, ita & multiplex scribendi color. Præstantioris artis immota reliquit præcepta

en

en a donné d'excellents principes dans son Art Poëtique ; & quoi qu'il n'ait jamais pensé à l'Architecture, il m'a paru qu'ils y avoient tant de rapport, que j'ai crû qu'on pouvoit les y joindre, & en faire une très-juste application à ceux qui nous ont été donnés pour l'Architecture par les Anciens & par les Modernes, & qu'ils pourroient encore les enrichir d'un caractere plus sublime. Tous les hommes rapportent leur lecture, leur étude & leurs réfléxions à leur caractere, à leur humeur, & aux talens qu'ils cultivent, & en toutes les recherches que l'on fait pour la perfection des Sciences & des Arts, il faut à l'exemple des abeilles, tirer le suc de toutes sortes de fleurs, autrement on risque de tomber dans le défaut dont parle Horace dans les premiers vers de son Art Poëtique :

Horatius. Ad Architecturam, de quâ minus, fateor, cogitavit, eo affinitatis gradu accedunt, ut mihi visum sit pretiosis quæ Poësim spectant principiis, posse confirmari, perfici, locupletari quæ certatim veteres ac recentiores de Architectura sanxerunt. Ita facti sunt homines, ut quidquid meditatione, studio, labore partum sibi gratulantur, ad ingenii venam, ad illecebram quâ ducuntur, ad disciplinam cujus sunt cultores, id totum referant. Quisquis ad promovendas artes nititur, apem gessit æmulari, quæ ad conficiendum mellis favum, varios deprædatur ac delibat flores ; alioquin vitium illud incurrit de quo apud Horatium in Arte Poëticâ, versibus primis.

Humano capiti cervicem pictor equinam

Jungere si velit, & varias inducere plumas,

Undique collatis membris, ut turpiter atrum

Desinat in piscem mulier formosa supernè,

Spectatum admissi risum teneatis amici ?

Credite Pisones, isti tabulæ fore librum

Persimilem . . . . .

Pourroit-on ne pas trouver ridicule un tableau qui representeroit une tête humaine posée sur le col d'un cheval, où seroient entremêlées des plumes de differentes especes, & auquel on auroit ajoûté des membres de divers animaux ; en sorte qu'une belle femme fût terminée par la queuë d'un horrible poisson:

Rien ne ressembleroit plus cependant à ce tableau, qu'un édifice composé de plusieurs parties différentes, sans aucun rapport des unes aux autres, & de plusieurs corps de logis & pavillons disposés sans symétrie, & plantés sur des alignemens irréguliers. La Nature sage dans ses opérations, a placé la bouche & le nez au milieu du visage : les yeux & les oreilles en sont également distants ; & ils choquent la vûë, lorsque l'un est plus grand ou plus haut que

Huic tabulæ nihil germanum magis, quam ædificium ex partibus inter se dissentientibus, sine lege, sine ordine dispositis, compactum. Os & nasum medio in vultu sapienter collocavit Natura prudens ; his oculi & aures pari respondent intervallo, & intuenti cuipiam videtur ridiculam, si alii aliis aut majores, aut altiores appareant: decenter & æquâ longitudine pendent brachia : convenientiâ & ordine pascitur oculus : nihil arridet ei, nisi ordinatum. Et conveniens ; & sanè si pars super partem, si pupilio super pupilionem ei res-

E

l'autre : les bras font regulierement placés & font de même longueur. L'œil
accoutumé à une jufte fymetrie, eft bleffé
lorfqu'elle eft dérangée. Si un corps de
logis & un pavillon qui eft relatif à un
autre, n'eft pas de même hauteur, il
déplaît à la vûë par le défaut de rapport :
fi fur une partie foible on met une par-
tie trop pefante, on peche contre la folidité ; d'où eft émané le principe, que le
fort doit porter le foible ; & un édifice paroît monftrueux lorfque toutes fes parties ne font pas un accord parfait & ne s'uniffent pas au tout.

. . . . . Pictoribus atque Poetis

Quidlibet audendi femper fuit æqua poteftas

Scimus . . . .

Sed non ut placidis coëant immitia.

Les Poëtes & les Peintres peuvent tout hazarder dans leurs imaginations,

excepté qu'il ne faut pas que les chofes oppofées aillent enfemble.

Il n'y a point de fituation de terrain,
où il n'y ait quelque fujetion, qui caufe-
roit des défauts qu'il faut fauver, & qui
obligent à prendre quelque licence ; mais
on ne doit pas fe fervir pour cela de
moyens oppofés, il ne faut pas que les
aîles d'un bâtiment foient liées au corps
de logis par des angles différents. Dans
un terrain irrégulier, on peut faire une
maifon réguliere, en jettant les biais fur
les parties hors de la vûë.

À un bâtiment commencé, il ne faut
pas joindre une partie d'une conftruc-
ction & d'une décoration différente : on
ne doit pas dans une même façade mettre un ordre Corinthien à côté d'un ordre
Dorique, ni dans une même continuité de
bâtimens, placer à même hauteur des croifées ceintrées & des croifées carrées : il ne
faut pas que la moitié d'un corps de logis
foit couvert d'un comble, & que l'autre
le foit en terraffe. Ce falon eft orné de
pilaftres avec de grandes figures, & l'on y
fait un plafond de grotefques. Dans cette
galerie ornée de tableaux, une partie
eft de l'hiftoire facrée, & l'autre de l'hiftoire profane : toutes ces chofes font
oppofées, & ne peuvent s'unir enfemble.

*pondentem emineat, non fine offenfione defi-
deratur harmonia fi graviori debilius fubjicia-
tur, non fatis foliditati confultum eft ; unde
nafcitur tritum illud principium, levia à for-
tioribus geftanda. Quid ædificium eft, fi omnes ejus partes rivali non certent concordiâ
& toti apprimè non conveniant, nifi mon-
ftrum ?*

*Nullam ftationem, nullum folum invene-
ris, cujus nativa vitia emendare neceffe non
fit, & ideò aliquid audere, fed prudenter,
nec ita ut fimul adhibeantur contraria. Abfit
ut difcrepantibus angulis alæ domus præcipuis
ædibus coëant. Super irregulare terrenum re-
gulariter ædificari poteft, fubducendo è conf-
pectu obliqua & deformia.*

*Incœptis ædibus diligenter removeatur quid-
quid ab inftituto alienum eft, non bene con-
fonat in eâdem fronte ordo Corinthius Dorico fine difcrimine inter textus : in eodem ædium
tenore repugnant lunatæ fimul & quadratæ
feneftræ ; itidèm domûs membri dimidia pars
faftigiata, alteraque planam & tegulis di-
midiatam habens fuperficiem : tot inepto nexu
colligata rifum movent. Paraftatis grandibuf-
que figuris fplendidè decoratur oecus ille am-
pliffimus, ac item fe fe fcurrilibus lacunar
confpicuum exhibet imaginibus : in hac porticu infigniores afpiciuntur tabulæ, at fimul
illæ de facris, ifta de profanis codicibus ema-
nant ; quæ nec aptè quadrant, nec ullo modo
conjungi fenfus communis patitur.*

Incœptis gravibus , plerumque & magna profeſſis ,
Purpureus , latè qui ſplendeat , unus & alter
Aſſuitur pannus . . . . .

*Après avoir commencé avec beaucoup de magnificence , & avoir annoncé
de grandes choſes , on coud çà & là quelques lambeaux de pourpre qui
jettent au loin de l'élat.*

On fait pour l'entrée d'un Palais une porte d'une conſtruction grave & ſolide, & on met à côté des feſtons de fleurs, ou des colomnes Corinthiennes avec des entablemens fort ornés. Ces parties ſont trop legeres & trop riches au près de ce ruſtique. Cet ordre eſt bien proportionné en toutes ſes parties ; ces feſtons de fleurs ſont travaillés avec beaucoup de ſoin.

Primo Palatii aditu , porta conſtruitur gravis & ſolida , atque ad latera multiplices florum implexus , ſeu encarpi , aut columnæ Corinthiæ , cum ditiſſimis tabulatis ,collocantur. Illæ partes nimiâ ſuâ tenuitate ac elegantiâ tam magnificè elaboratâ vicinarum ruſticitatem arguunt. Numeris omnibus hic ordo abſolutus eſt,pars nulla partem increpat; diverſi ii florum implexus accuratiſſimè tractantur.

. . . . Sed nunc non erat his locus . . . .
Denique ſit , quod vis ſimplex duntaxat & unum.

*Mais cet ordre & ces feſtons ne ſont pas là en leur place. Enfin il faut
que toutes les parties ne faſſent qu'un tout.*

Cela ne peut être,quand un ouvrage eſt compoſé de parties de different genre, mal placées,& qui ne peuvent s'unir.Il eſt plus difficile qu'on ne penſe , de joindre en Architecture une partie à l'autre ; enſorte qu'elles s'accordent par la forme & par la proportion ; qu'elles ne ſe détruiſent point , & qu'au contraire l'une faſſe valoir l'autre. Regardez l'entrée de ce Palais ; cet ordre Dorique eſt beau , & préſente au Public une belle face. On met au deſſus de cet ordre un attique étroit , bas & meſquin ; il eſt d'un genre différent. Entrez dans la cour, elle eſt entourée d'un periſtyle de petites colomnes qui n'ont aucun rapport à celles de la porte.
Le premier ordre de ce portail d'Egliſe eſt magnifique : il eſt d'ordre Dorique : il eſt bien proportionné: l'Architecte eſt mort, cet ordre étant à l'entablement. Un autre Architecte a continué cet ouvrage ; il a mis au-deſſus un

Quod quidem nequaquàm fieri poteſt , cùm opus ex diverſi generis conflatur partibus , quæ non aptè diſponuntur & ſeſe invicem repudiant. In Architecturâ partem parti ſic innectere , ut in formâ & in proportione ſervetur concentus , ut alia aliam non deſtruat , imò nobilitet , omnium judicio difficillimum eſt. En primum hujus palatii aditum aſpice : eximius ſanè eſt Doricus ille ordo & venuſtiſſimum frontem explicat ; anguſto attico , vili , diverſi generis & macro ſupponitur. In aream ingredere , hanc exilium periſtylio columnarum , quæ cum januæ columnis minimè conſociantur circumdatam reperies.

Prior hujuſce Baſilicæ frontis ordo Doricus eſt , ſuâ ſuperbit majeſtate , nec in legem ullam peccat. Tabulatum attigerat Architectus ,ſupremum diem obiit. Conficiendum opus Vicario commiſſum eſt ; mixtum ſuperimpoſuit ordinem , inferiori nullo modo conſenta-

ordre Compofite, qui n'a aucune liaifon avec l'ordre qui eft au-deffous : ces deux parties ne font point un feul & même tout.

neum, atque ita diverfæ illæ duæ partes nec unum, nec idem totum efficiunt.

Decipimur fpecie recti : brevis effe laboro,

Obfcurus fio. Sectantem lævia, nervi

Deficiunt, animique : Profeffus grandia, turget :

Serpit humi tutus nimium, timidufque procellæ.

Qui variare cupit rem prodigaliter unam,

Delphinum fylvis appingit, fluctibus aprum.

Nous fommes trompés par l'apparence du bien ; je veux être court, je deviens obfcur : on veut polir un ouvrage, on lui ôte toute fa force : on veut le rendre fublime, on le fait enflé : celui qui a peur de s'élever, rampe à terre : s'il veut varier les objets, il met des dauphins fur les arbres, & des fangliers fur les flots.

On veut faire un ouvrage d'un caractere grave, on le fait materiel & pefant. On veut faire un ouvrage leger, on le fait fec & mefquin. On veut faire une Eglife qui imprime du refpect, on la fait fombre à n'y pouvoir lire : on veut éviter ce défaut, on en fait un falon brillant de lumiere, une lanterne, ou une falle de feftins.

Efto igitur fufcipiendæ tibi fint ædes quæ gravitatem redoleant, & majeftatem annuntient ? materiè & pondere coaggeras. Sufcipiendæ politiores ? enervas. Ædificanda Bafilica quæ reverentiam pariat ? Ità obfcura, ut ipfo meridie vix quifquam legerit, vel fi vitium illud vites, luminofum & foli utrobique patentem œcum, aut tholum, aut epulare cœnaculum formas.

Dum vitant ftulti vitia in contraria currunt.

On veut faire un ouvrage fublime, on le fait orné avec excès, c'eft une décoration empoulée qui dégénere en confufion. On veut faire un édifice fimple, on fait un bâtiment trivial qui n'a aucune dignité. On veut y donner de l'agrément, on met de la variété dans toutes fes parties, on l'orne de fleurs ; enfin on fait une maifon compofée de parties fans accord, & qui ne font point en leur place.

Sublimè aliquod aggrediaris ædificium ? ornamentis cumulas, quæ fine lege congefta in confufionem degenerant. Simplex ? ita triviali partium concurfu corrugas, ut ne dignitatis quidem umbram præferat : vel fi decorum quoddam immifcere juverit, fingulas variando partes, fertifque floreis intempeftivè ornando, totum illud depravas ; quippè quod & abnorme fit, & minùs confonum.

In vitium ducit culpæ fuga, fi caret arte.

On tombe dans un défaut, voulant en éviter un autre, fi un ouvrage n'eft pas conduit par les principes de l'art.

On

On veut s'affujettir par le dehors à une hauteur d'étage qui paroiffe convenable, & on y fait de grandes fales dans lefquelles l'étage eft écrafé : Les entre-colomnemens deviennent trop larges à proportion de leur hauteur. On ne veut monter que peu de marches pour arriver au plein-pied de l'appartement, le pied-d'eftal ou le focle du bâtiment paroît écrafé, & le bâtiment enterré. On fait à la façade un entablement proportionné à la hauteur de l'ordre, les croifées font trop baffes, & le plafond de la chambre eft fans jour. Comment faire ? Il faut fentir ces inconvenients, & y rémédier par l'art. Une partie eft belle dans un afpect, mais elle jette dans des défauts en l'autre partie. Il ne fuffit pas qu'une partie feule foit bien proportionnnée, il faut que ce qui y eft contigu le foit auffi.

Sufcipienda eft contignatio quæ congruâ altitudine exterius affurgat ? immenfis partibus deprimitur. Habitâ ratione altitudinis, fpatiofa nimium funt intercolumnia.Si paucis gradibus ad inferiores ædificii partes afcendere placuerit, ftilobata humilior aut vilior bafis erit, & quafi fepultum videbitur ædificium. Sunt qui tabulatum altitudini ordinis rectè confentaneum in fronte ædificii collocant, at nimium demiffæ funt feneftræ, & cubiculi laquear tenebrofum eft. Quid ergo fupereft ? Ea prævidere incommoda, iifque arte mederi. Illa pars afpectu quodam pulcherrima eft, at contra partem vicinam militat. Non fatis effe cenfeo hanc partem amuffitatam videri, nifi ifta contigua amuffis requirenda eft.

Infelix operis fummâ quia ponere totum

Nefciet. Hunc ego me, fi quid componere curem,

Non magis effe velim, quàm pravo vivere nafo,

Spectandum nigris oculis, nigroque capillo.

Sumite materiam veftris, qui fcribitis, æquam

Viribus & verfate diù quid ferre recufent,

Quid valeant humeri. Cui lecta potenter erit res,

Nec facundia deferet hunc, nec lucidus ordo.

En total c'eft un mauvais ouvrage, parce que le tout enfemble n'eft pas bien. Je ne voudrois pas avoir les plus beaux yeux & les plus beaux cheveux du monde & avoir un vilain nez. Choififfez une matiere qui convienne à vos forces, & examinez long-temps ce que vos épaules peuvent & ne peuvent pas porter. Celui qui aura fait choix d'un fujet proportionné à fes forces, ne manquera ni d'ordre ni d'expreffions.

Il feroit à fouhaiter qu'un Architecte ne fe mêlât que d'ouvrages qu'il eft capable de faire ; & qu'un ouvrier qui n'a fait que des boutiques, n'entreprît pas de faire un Palais. On voudra qu'il faffe une Eglife, il fera une grange : mais fi un Architecte eft chargé de faire un édifice qui foit à fa portée, il le fera avec ordre, & dans les proportions convenables.

Maximè igitur optandum foret, ut Architectus primùm confuleret quid ferre valeant humeri, nec auderet majora viribus.Exftruendas Regum ædes aggredi caveat, qui vix opificum tabernas exftruere noverit, & fanè fi ejus fuerit facras ftruere ædes, nil nifi moles indigefta, rectius dixerim, horreum affurget. Quàm imò elegans erit & ordinatum ædificium illud quod pro captu & virium modulo fufpiciet Architectus.

F

Ordinis & virtus erit, & Venus, aut ego fallor,

Ut jam nunc dicat, jam nunc debentia dici,

Pleraque differat, & præsens in tempus omittat.

L'élegance & la grace d'un édifice consiste à mettre chaque chose à sa

place, & à n'y pas mettre ce qui n'y doit pas être.

Il ne faut pas employer dans l'interieur d'une maison les ornemens qui ne doivent être que dans l'exterieur. On doit placer chaque piece dans l'ordre qui convient au maître de la maison, dans la grandeur & avec la décoration qui conviennent à son usage, & on doit avoir l'attention de reserver les ornemens les plus précieux à mesure qu'on avance, & en faire le choix pour les placer à propos.

Quamobrem ædificii elegantia & lepores in eo potissimum versantur, ut suo sit quæque res posita loco : quæ partem domûs exteriorem decent ornamenta, interiorem non vestiant : in ordinandis partibus lex esse debet opportunitas heri, cujus ad usum ornanda & amplificanda domus est ; atque prout intrà sit progressus, pretiosissima servanda sunt decoramina & apposite collocanda.

In verbis etiam tenuis cautusque serendis.

Il faut beaucoup de menagemens pour se servir de mots nouveaux.

Les profils des moulures, & les autres parties qui composent un bâtiment, sont dans l'Architecture ce que les mots sont dans un discours. Il n'y a que trois sortes de lignes qui forment tous les édifices, la ligne droite, la ligne concave & la ligne convexe : ces trois lignes forment aussi toutes les moulures qui entrent dans les profils : il faut être fort reservé pour en faire de nouvelles, & ne les employer qu'aux endroits où elles peuvent être placées.

Tororum atque anaglyptorum scenographiæ, cæteræque aliæ partes quibus ædificium constat, idem sunt Architectis quod oratoribus & Poëtis verba & voces : triplici duntaxat linearum genere ædificium quod vis exstruitur, rectá scilicet, concavá & convexá ; quæ quidem tres lineæ omnia efficiunt anaglypta quæ in scenographiis admittuntur. In novis procreandis parcus, & cautus esto, easque in solis tantum locis adhibe quibus apertissime conveniunt.

. . . . notum sit callida verbum

Reddiderit junctura novum.

Les profils usités deviennent nouveaux suivant les endroits où ils sont placés

à propos.

Mais il faut autant qu'il est possible, que leurs contours & leurs assemblages soient tirés des profils employés dans les ouvrages Grecs ; & alors ils auront du crédit, & deviendront en usage.

Quas quidem scenographias, si quantum fieri potest, & ambitu & compagibus Græcas æmulentur, habituras fidem & in usum recipiendas non immeritò pronuntiaverim.

. . . . dabiturque licentia sumpta pudenter :

Et nova fictaque nuper, habebunt verba fidem, si

Græco fonte cadant.

Bien faire un profil, est en Architecture une chose très-difficile : il y a beaucoup d'art & de ménagement pour joindre les moulures les unes aux autres, pour leur donner une juste grandeur, une juste saillie & un contour élegant. Il semble qu'une doucine, un talon ou un autre membre d'Architecture soient toujours les mêmes : on se trompe. Il y a dans la maniere de profiler une grace & une élegance qui n'est gueres sentie que des maîtres de l'art, & à laquelle il est très difficile de parvenir. Il faut observer qu'elles soient de differentes grandeurs.

Scenographiam aptè exsequi in Architecturâ, non tenuis labor est : Ars multa requiritur, prudentia summa & concinna tractatio, ut tori sibi invicem copulentur, ut rectà adhibeatur altitudo, prominentia sapiens & elegans ambitus. Cymatium, lysis, aut aliud Architecturæ membrum, semper eadem esse nonnullis videntur. Apage talem sententiam. Et certè in variis scenographias delineandi modis sunt quidam lepores, venustas quædam & elegantia, quos nec percipere, nec assequi datur, nisi peritissimis. Diversæ esse magnitudinis, atque exiles magnis propinquè apponi partes præcipuè est observandum : aliæ aliis pretium addunt.

Syllaba longa brevi subjecta . . . .

Qu'auprès des grandes parties, il y en ait de petites : les unes font valoir les autres.

Que les contours en soient differents & mêlés de lignes droites, de lignes convexes & de lignes concaves, que les formes en soient simples, c'est-à-dire qu'une moulure soit seulement droite, ce que l'on nomme face ; ou qu'elle soit convexe, ce que l'on nomme quart-de-rond & tore ; ou qu'elle soit concave, ce que l'on appelle cavet & scotie ; ou qu'elle soit seulement composée d'une ligne concave & d'une ligne convexe, ce qui lui donne le nom de talon & de doucine ; on ne peut en mettre deux semblables l'une auprès de l'autre : la varieté forme une cadence à la vûë.

Si toutes ces parties étoient égales en hauteur & en saillie, le profil seroit lourd : si elles étoient de même forme, le profil seroit de mauvais goût : si toutes les parties étoient petites, le profil seroit sec & mesquin : si dans chaque partie il y avoit ensemble plusieurs lignes convexes ou plusieurs lignes concaves, elles dégénereroient en ondulations, & enfin on tomberoit dans le goût gothique, où toutes ces moulures sont placées sans distinction de grandeur, sans varieté dans les formes, ni dans les saillies, & sans modulation.

Ce mélange forme d'agreables con-

Non una sit in eorum ambitibus species, lineis tum rectis, tum convexis & concavis permisceantur : Formæ sint puræ, & solâ simplicitate divites ; id est anaglyptum, sit tant..m modò rectum, quod fascia nuncupatur ; sit convexum, quod echinus & torus columnaris ; sit concavum quod sima & scotia ; sit denique concava tantum & convexa compositum lineâ, quod talus & cymatium ; duas formas similes juxtà se invicem collocari non expedit, varietas quamdam harmoniam gignit quæ oculos recreat.

Et verò si omnes eæ partes eandem vel altitudinem, vel projecturam obtinerent, gravis nimium & ponderosa esset scenographia, si eandem formam, illepida & invenusta : si eandem tenuitatem, sicca & arrida : si in unâ quâque parte plus unâ lineâ convexâ, aut concavâ simul reperiretur, in ondulationis modum deflecteret ; atque inde gothicum illud resurgeret ingenium, quo omnia illa anaglypta sine ullo magnitudinis discrimine, sine ullâ tum in formis, tum in projecturis varietate, sine demùm modulatione ullâ incondite collocantur.

Quot discrimina grata nascuntur ex oppor-

traſtes dans toutes les parties. Si ces moulures ſont ornées de ſculptures, il faut y obſerver la même varieté. On doit rendre cette juſtice à M. Manſard Premier Architecte du Roi & Surintendant de ſes Bâtimens, qu'il a pouſſé cette partie du deſſein auſſi loin qu'il ſoit poſſible, & qu'il a donné à ſes profils une préciſion, une correction, & une élegance à laquelle il eſt difficile d'atteindre.

tunâ permiſtione! ſi tori illi ſculpturâ decorandi ſunt, eadem varietas ubiquè maneat ne ceſſe eſt. Ea debetur laus Domino Manſard, Primo Regis Architecto, nec-non ſummo Ædium Regiarum Præfecto, quòd hanc Ichnographiæ partem perfecerit ac promoverit admodùm, ſuaſque ſcenographias tam præciſè, tam emendatè, tam eleganter efformaverit, ut tantum ducem aſſequi vix liceat.

Res geſtæ, Regumque, Ducumque & triſtia bella
Quo ſcribi poſſint numero monſtravit Homerus.

Homere a enſeigné de quelle maniere on doit décrire les guerres & les actions des Rois & des grands Capitaines.

Les ordres d'Architecture employés dans les ouvrages des Grecs & des Romains, ſont pour les differens genres d'édifices, ce que les differents genres de Poëſies ſont dans les differents ſujets qu'elle veut traiter.

Les Grecs ont admis trois ordres, le ſolide qu'ils ont appellé Dorique; le plus leger, qui eſt l'ordre Corinthien; & celui qui eſt entre les deux extremités, qu'ils ont appellé Ionique.

L'ordre Dorique doit être employé aux ouvrages graves & majeſtueux. Il ſeroit convenu au temple d'Hercules; mais la ſcrupuleuſe délicateſſe des Grecs les empêchoit de l'employer aux temples, pour ne pas tomber en des irrégularités dans les métopes & les triglyphes qui font le caractere de cet ordre, qui exige que les métopes ſoient quarrés.

L'ordre Ionique d'une proportion plus délicate, & dont le chapiteau a été imité de la coeffure des femmes, convient à des ouvrages plus legers. Le Temple de Diane à Epheſe étoit de cet ordre.

L'ordre Corinthien étant encore plus leger, convient aux édifices auſquels il faut donner le plus de magnificence, tels qu'étoient les Temples de Junon & de Venus.

A ces trois ordres on a depuis ajoûté, l'ordre Toſcan, dont les proportions ſont encore plus materielles que celles de

Ut Ars Poëtica varios in argumentis modos ac numeros adhibet, ita Architecturæ ordines à Græcis & Romanis uſurpati vim & venuſtatem diverſis ædificiorum generibus ſuppeditant.

Triplex ordo apud Græcos obtinuit, ſolidus, qui Doricus, leviſſimus, qui Corinthius, & ille qui inter utrumque poſitus, Ionicus nuncupatur.

Doricus ordo in gravibus & magnificentiam majeſtatemque ſpirantibus ædificiis adhibendus eſt: ille Herculis fanum condignè decoraſſet; ſed ad tantam religionem devenerat Græca gens, ut illum in fanis adhiberi prorſus abnueret, ne forſitan incogitanter minus probè caſtigaret metopas & triglyphos, qui ſunt merum ingenium hujuſce ordinis, qui metopas omnes præter quadratas neſcit.

Delicatiorem Ionicum, cujus capitulum à calanucâ fluxit, leviora ædificia expoſtulant. Hic ordo Epheſiæ Dianæ templum adornabat.

Ordo Corinthius, ut leviſſimus, ædificiis congruit, qui ſplendidiorem exigunt magnificentiam, quibuſque major debetur reverentia & majeſtas. Talia erant ſacra Junonis & Veneris delubra.

Iis tribus adjunctus fuit Etruſcus ordo, qui ſuas proportiones etiam plus gravat proportione & materiâ, quàm vel Doricus &

l'ordre

l'ordre Dorique, & de l'ordre Compofite, qui n'eft different du Corinthien
que par les volutes du chapiteau, mais
que l'on a refervé pour être plus fuf-
ceptible d'ornemens, & qu'on a placé
(on ne voit pas par quelle raifon) au
deffus de l'ordre Corinthien, dont les
proportions font femblables, & le chapiteau plus leger.

Ces ordres d'Architecture, dont les
progreffions montent du ruftique au
fublime, ont des proportions relatives
à leur caractere & à l'impreffion qu'elles
doivent faire : chacun de ces trois ordres a une élegance qui convient à fon
efpece uniquement, & ne convient pas
à un autre.

Voulez-vous faire une avant-cour à
votre maifon ? ne la traitez pas de la
même maniere que le corps de logis
deftiné à votre habitation. Une écurie,
une menagerie, & une orangerie n'exigent pas une conftruction legere : elles
doivent tenir de la deftination du bâtiment & du travail neceffaire à la culture de la terre & des jardins. Un temple confacré à Cerés ne devoit pas être
traité comme celui de Flore, ni celui de
Diane comme celui de Junon.

Par la même raifon, lorfque dans la
même façade on employe ces ordres l'un
au-deffus de l'autre, l'ordre Dorique,
comme le plus folide, doit être placé
au rez-de-chauffée ; l'ordre Ionique au-
deffus, & l'ordre Corinthien comme le
plus leger, doit être au-deffus de l'ordre
Ionique. Si on plaçoit l'ordre Corinthien immédiatement fur le Dorique,
il deviendroit trop pefant comparé au
Corinthien : le Corinthien paroîtroit
trop leger comparé au Dorique ; il n'y
auroit plus la même grace la tranfition d'un de ces ordres à l'autre ; & il
n'y a que l'ordre Ionique, dont les proportions fe trouvent dans la progreffion
du Dorique au Corinthien.

Il n'eft pas toujours néceffaire pour
faire fentir ces caracteres differents,
d'employer dans les édifices des colomnes & des pilaftres avec leur entablement : les mêmes proportions de ces
ordres peuvent être données aux édifices
fimples & dénués de ces ornemens : Ces
fortes de bâtimens ont d'autant plus be-

*Compofitus, à Corinthio non difcrepans nifi
capitelli volutis, fed refervatus tamen ut majoribus ornamentis aptus foret, & nefcio
quâ ratione collocatus fuper Corinthium, cujus proportiones eâdem congruunt fimilitudine,
cujufque levius eft capitulum.*

*Illi autem Architecturæ ordines, quorum
progreffiones ex agrefti ad fublime paulatim
afcendunt, proportiones habent fuo confen-
taneas genio, quæ fpectantium animos, ut
decet, afficiunt. Ex tribus illis ordinibus fua
cuique elegantia eft & venuftas, quæ fuo
tantùm gaudens genere, aliud nefcit.*

*Domi tuæ aulam anteriorem cupis ad-
ftrui ? parte cum præcipuâ domi quam habi-
tas nullam habeat fymmetriam decet. Equile,
ftabulum, citrea cella tam leves ornatus non
exigunt; quippè quæ & agrorum & hortorum
frugibus fervandis accommodatiora effe de-
beant. Malè audiiffet qui Cereris & Floræ,
Dianæ & Junonis Templa iifdem inftruxif-
fet ornatibus.*

*Itaque cùm ex iis ordinibus alius alium
in eâdem facie fuftinet, Doricus ordo tanquam graviffimus & firmiffimus in ipfâ foli
fuperficie collocandus eft ; poftea Ionicus, quem
inde premet Corinthius, ut leviffimus. Si Corinthius Dorico proximè adhæreret, tunc
propter Corinthium, Doricus videretur gra-
vior, & vice verfâ Corinthius levior. Non
eandem venuftatem uterque compago obti-
neret : Doricum & Corinthium dimidiare foli
Ionico conceffum eft.*

*Ut iftæ fingulæ fpecies meliùs innotefcant,
haud neceffe reputo columnas & cum fuis tabulatis paraftatas in ædificiis erigere. Hi ordines in ædificiis vel fimpliciffimis & ab orna-
mento maximè remotis ufurpari poffunt. At
verò iftiufmodi ædificia tanto rectioribus principiis tractanda funt, ut bellè efficiantur,
quantò pluris fuo decore percellunt oculos or-
natiora ædificia.*

G

foin d'une jufte application des principes , pour les bien faire & pour y employer les juftes proportions , que les bâtimens plus ornés en impofent par la décoration.

. . . . Difficile eft propriè communia dicere . . .

Il eft très-difficile de bien traiter un édifice qui n'eft orné que par fa fimplicité.

Ædificium tractare arduum eft , cui fola fimplicitas addit pretium.

Defcriptas fervare vices , operumque colores ,

Cur ego , fi nequeo , ignoroque , Poëta falutor ?

Un homme qui ne connoît pas ces différens caractercs , & qui ne les fait pas fentir dans fes ouvrages , n'eft pas Architécte.

Cui & per quam ifta non fapiunt , hunc falutandum Architectum nego.

Verfibus exponi tragicis res comica non vult.

Une avanture comique ne doit pas être racontée en vers tragiques.

Une fale de feftins & une fale de bal ne doivent pas être faites comme une Eglife : fur ce même principe , la maifon d'un particulier ne doit pas être diftribuée & ornée comme le Palais d'un Souverain , ni le Palais d'un Prince comme une Eglife, & l'on peut trouver dans chacun de ces modes, ou ordres d'Architecture, les caracteres fignificatifs qui conviennent particulierement à chaque édifice.

Ad templi ftructuram componi non debet aula epularis , vel faltatoria. In privatis & Regiis , in Regiis & facris ædibus , difpar fit ratio. Singuli Architecturæ ordines proprias notas fibi vindicant , ad fignificandam cujuflibet ædificii fpeciem aptiores.

Si vis me flere , dolendum eft

Primùm ipfi tibi . . . . . .

Si vous voulez que je répande des larmes , il faut premierement que vous pleuriez vous-même.

Singula quæque locum teneant fortita decenter

Chaque chofe doit être faite fuivant la nature de l'édifice.

Suum quælibet pars locum teneat , omni obfervatâ ædificii naturâ.

Non satis est pulchra esse poëmata dulcia sunto
Et quocunque volent animum auditoris agunto.
Ut ridentibus arrident, ita flentibus adflent
Humani vultus . . . . .

Il ne suffit pas qu'un édifice soit beau, il doit être agréable, & que le spectateur ressente le caractere qu'il doit imprimer, en sorte qu'il soit riant à ceux à qui il doit imprimer de la joye ; & qu'il soit serieux & triste à ceux à qui il doit imprimer du respect ou de la tristesse.

Si l'on veut faire un cabinet de musique, un salon où se rassemble la compagnie, il faut qu'il soit riant par sa disposition, par la clarté, & par la maniere dont il est décoré. Si l'on veut faire un mausolée, il faut que l'édifice soit traité par la matiere, & par un genre d'Architecture & de décoration qui soit serieux & triste ; car la nature forme notre cœur susceptible de ces differentes impressions, & il est toujours remué par l'unison.

Perficiendum suscipis conclavè musicum, aut Atrium congregandis cœtibus idoneum ? situ, nitore, ornatu arrideat. Mausoleum exstruis? mæsto & lugubri apparatu dolorem loquatur. Sic enim à naturâ comparati sumus ut tacitâ quâdam, varias inter imagines, variosque animi motus, concordiâ, cerei flectamur.

. . . . Servetur ad imum
Qualis ab incepto processerit, & sibi constet.

Il faut dans un ouvrage suivre le même caractere depuis le commencement jusqu'à la fin, pour que toutes les parties soient relatives au tout.

Ille bonis faveatque & concilietur amicis,
Et regat iratos, & amet peccare timentes :
Ille dapes laudet mensæ brevis : ille salubrem
Justitiam, legesque & apertis otia portis :
Ille tegat commissa, Deosque precetur & oret,
Ut redeat miseris, abeat Fortuna superbis.

Qu'il protege les honnêtes gens, & qu'il soutienne les interêts de ses amis, qu'il appaise ceux qui sont en colere, & qu'il aime ceux qui craignent de faire du mal : qu'il loue la frugalité des repas ; qu'il exalte la justice, les loix & la tranquillité ; qu'il garde le secret qui lui est confié, & qu'il prie les Dieux que la fortune abandonne les superbes, & qu'elle soit favorable à ceux qui sont dans la misere.

La faine morale qu'Horace recommande d'employer dans le Poëme Dramatique, eft un utile précepte de ne fe fervir dans les édifices publics, que de formes décentes, des bas-reliefs, des tableaux, des ornemens & des attributs qui reprefentent des actions de vertu, de generofité, de reconnoiffance & de juftice. Il enfeigne que tout doit infpirer la tranquilité, le refpect pour les loix & pour la Religion, & les égards pour le public ; qu'il faut éviter tout ce qui peut caufer de la corruption dans les mœurs des citoyens, tout ce qui peut bleffer les honnêtes gens, & dont le libertinage prendroit l'exemple pour s'autorifer. Il faut enfin ne pas offrir aux yeux des objets méprifables & odieux, qui marquent de la rufticité & de la férocité, & ne préfenter au Public que des objets touchants, qui mettent l'efprit en repos, & qui recommandent la commifération, la juftice & l'innocence.

Quod potiffimùm vati præcipit Horatius, ne probos lædat mores, imò ut virtutis jura tueatur ac deffendat, illud ad ædificia transferri poteft. Nefas fit indecentes adhibere formas, effingere proftypa ornamenta, vel fymbola adumbrare, quæ non eximium quoddam virtutis, magnanimitatis, grati animi, & juftitiæ facinus exhibeant. Omnia tranquillitatis, ordinifque amorem, legum ac Religionis reverentiam, mutuam hominum fingulorum obfervantiam fuadeant. Nihil morum corruptelam redoleat. Cave, ne probis dolor ingenuus, diffolutis funeftum exemplar effluat. Abfint fpernenda & invifa, quæ nihil fpirant nifi rufticum & atrox. Illa imò exarentur, perquæ conquiefcit animus,& proprio motu ad commiferationem, ad juftitiam, & ad innocentiam vertitur.

Scribendi rectè, fapere eft principium & fons.

Rem tibi Socraticæ poterunt oftendere chartæ ;

Verbaque provifam rem non invita fequentur.

Le bon fens eft le premier principe d'un ouvrage ; vous le trouverez dans les écrits de Socrate : & quand la matiere fera bien préparée, les termes ne manqueront pas.

Pour faire un édifice, le jugement eft le plus grand des inftrumens : il y eft plus néceffaire que la regle & le niveau : il décide pour placer la maifon dans une belle fituation. On dit fouvent de quelque bâtiment, pourquoi ne l'avoir pas placé cinquante toifes plus loin fur ce côteau ? Il a en face pour objet une montagne. Pourquoi ne l'avoir pas tourné de ce côté ? il auroit une vûë agréable. Le proprietaire pour le placer ainfi a cru avoir de bonnes raifons : Il faudroit, dit-il, démolir ce pavillon qui fait toute ma commodité : je veux conferver cette écurie & cette grange. Mais quand la maifon a été bâtie, il a falu reprendre fous œuvre le pavillon, élever le plancher & les croifées, la dépenfe en a été plus grande en étayemens & en

In ædificii conftructione primus opifex inftrumentorumque optimum, fenfus communis eft, quem ducem fequi fatius eft, quam aut regulam, aut circinum, aut libelam. Hunc vel illum domui exftruendæ commodiorem fitum pronuntiat. Enim verò quis de quodam ædificio non audivit ? Mallem hanc domum ultra quinquaginta orgyas hoc clivo prominere. Profpectat montem, quidni verfa eft in illam partem : Pulcherrimo & hilari effet profpectu. Sic mihi fore commodum cenfui, ait dominus : nunc mutare fententiam nolim, neque præterea evertere hunc pupilionem qui mihi admodùm competit. Aliundè fervare ftatui hoc equile, hoc horreum. Vix autem exftructâ domo, ab ipfifmet fundamentis ille pupilo fuit reædificandus, atque ideò pluris conftitit domus & fulcimentis & inftaurationibus, quàm fi innovanda fuiffet, at-
reconftruction

reconſtruction , que ſi on l'avoit fait à neuf. L'écurie & la grange étoient mal placées & ne s'accordoient point avec le reſte de la maiſon : on n'a pû ſe diſpenſer de les refaire. L'œconomie a une ſorte de raiſon à ſes gages ; toute autre raiſon lui cede ; mais le bon ſens y manque : on nomme la maiſon la folie du nom de ſon maître : ſouvent l'Architecte y contribue de ſa part ; il ruine le proprietaire par ignorance , & le proprietaire ſe ruine par œconomie.

Quand même une maiſon ſeroit compoſée de parties bien proportionnées , & décorée d'ornemens recherchés, ſi elle peche par le défaut du bon ſens dans ſa Poſition , dans ſa Diſtribution & dans la convenance , elle perd en général tout le mérite qu'elle pourroit avoir d'ailleurs: c'eſt le bon ſens qui tire des beſoins la convenance , la proportion , la commodité , & enfin tout ce qui contribuë à la perfection d'un édifice.

En Architecture comme en autre choſe le bon ſens s'acquiert dans le commerce des honnêtes gens & des hommes de bon goût , dans la lecture des Philoſophes , par une longue experience de bien faire , & par la connoiſſance de la maniere de vivre dans le pays où l'on bâtit.

que integranda. Poſitione erant abnormia & equile & horreum, neque domo congruebant : ea reficere fuit neceſſarium. Quandam rationem quâlibet aliâ potentiorem , quaſi conductam & famulantem ſibi addicit parcimonia: ſed quod palmare & præcipuum eſt , ſenſus communis ſcilicet , requiritur. Stultitiam tota domus arguit , & ab herili nomine ſtultitia nuncupatur. Sæpè ex Architecto mali labes : Ad exhauriendam herilem fortunam conſpirant , & Architecti imperitia & heri parcimonia.

Domus eſto conſentaneis apprimè conflata partibus, exquiſitiſſima luxurient ornamenta, ſi Poſitionem , Diſtributionem & convenientiam recta ratio increpat , omnem prorsùs laudem amittit ſuam : Recta ratio ex ipſo neceſſitatis ſinu naſci voluit , Convenientiam , Proportionem , commoditates & quidquid ad ædificii perfectionem plurimùm valet.

Sic in Architecturâ , ſic & in omni artium & doctrinarum genere , maturam judicii ſagacitatem promovent virorum in arte ſuâ præcellentium familiaritas frequens , pertinax philoſophorum lectio , uſus , exercitationis auxilium , denique gentis ubi ædificatur morum ac ingeniorum diligens exploratio.

Reſpicere exemplar vitæ morumque jubebo.

Lorſqu'avec ces études & ces réflexions , on a bien examiné tout ce qui doit entrer dans la compoſition d'une maiſon, toutes ſes parties viennent d'elles-mêmes ſe ranger à leur place : les juſtes proportions s'y trouvent , & un édifice bien proportionné dans ſon plan , & dans les maſſes qui le compoſent , devient ordinairement bien proportionné dans ſon élévation.

Si ſemel inſpecta tibi pateat ædificiorum natura , compages , ordinatio , tunc omnes ejus partes, à ſeipſis appoſitè locum accipient ſuum , nullaque proportio deerit , indè fit ut ædificium cujus ichnographia & moles ritè ſunt diſpoſitæ, plerumque aſſurgendo elegantem ex omni parte pariat ſymmetriam.

Graïs ingenium , Graïs dedit ore rotundo
Muſa loqui.

Les Muſes ont appris aux Grecs l'art de bien parler.

H

Ils ont commencé à faire de beaux édifices : leurs ouvrages sont nos modeles : leurs proportions ont été applaudies & reçuës de la plupart des nations : elles ont passé jusqu'à nous : Nous ne pouvons nous en écarter, sans tomber dans un goût barbare, comme quelques nations ont fait, ou parce qu'elles ne les connoissoient pas, ou parce qu'elles ont voulu s'en affranchir par une présomption compagne de l'ignorance & de la folie.

L'observation exacte de ces principes, laisse encore pour la composition des édifices, une vaste carriere au génie, & il peut s'y exercer en cent & cent manieres ; mais il ne doit pas marcher sans être soutenu de ces principes, & ces principes sans le génie dégénerent dans une froide aridité.

Dedit pariter concinnare ædificia, ita ut posteros rectè ædificandi & graphicas commodulationes effingendi modum edocerent. Sic à plerisque gentibus ad nos usque invaluit, ut ab illo recedere sit nefas ; nisi quibus in rudem barbarumque ædificandi morem incidere sit, ut plerisque contigit sivè imperitiâ, sive nimiâ fiduciâ quæ comitatur ignorantiam stultitiamque.

Religiosa in serva...dis principiis diligentia non importunâ lege ingenium coërcet. Datur adhuc immenso in campo liberius excurrere, at fervidam ingenii vim moderari debent ista principia, ut principiorum inertiam fecundat ingenii calor.

Naturâ fieret laudabile carmen, an arte

Quæsitum est : Ego nec studium sine divite venâ,

Nec rudè quid prosit video ingenium : alterius sic

Altera poscit opem res, & conjurat amice.

On demande lequel, du génie naturel, ou de l'art, a plus de part à la production d'un bel ouvrage : Il est impossible de faire un édifice parfait, où il faut du feu & de l'imagination sans un génie & un talent naturel, mais cet ouvrage sera toujours rude & grossier, si l'art, l'étude des principes, l'experience & la réflexion ne corrigent & ne perfectionnent pas la seule production de la Nature.

Il suffit à plusieurs hommes de faire & d'aller toujours en avant : la plûpart ne veulent pas avouer qu'ils n'ont rien appris ; & contents de ce qu'ils imaginent & de ce qu'ils ont vû pratiquer en d'autres ouvrages & de ce qu'ils ont fait eux-mêmes, ils s'en tiennent sans réfléxion à ce terme, & ne font plus de progrès. Ils ne laissent pas cependant de trouver des approbateurs, mais il faut sçavoir s'ils ont connoissance des principes de l'Architecture ; si pour se former un bon goût, ils ont vû de beaux ouvrages ; & bien distinguer celui qui donne des louanges qui ne viennent

Sunt quibus satis est temerè & sine duce progredi ; nec fateri volunt plerique, se non ipsamet prima delibasse elementa : se & sua mirantes hærent in vestigio, nec statutam sibi metam transilire conantur. Non desunt tamen suffragia & præconia ; sed expendas an qui calculum posuerunt, Architecturæ principiis imbuti fuerint ; utrùm ad firmandam judicii integritatem, accurata propius inspexerint ædificia ; cujus laudes profundit ignorantia ; cujus præconia imperat adulatio ; cujus reprehensiones morositas vel dicacitas : tandem hic secernendus est ab illo qui fuci nescius peritusque artis, comprobat quæ comprobanda sunt.

que de l'ignorance ou de l'adulation , ou qui blâme par humeur ou par un esprit caustique , de celui qui approuve avec sincerité & avec connoissance.

    . . . . . Derisor verò plus laudatore movetur.

Celui qui se moque , loue avec plus d'excès que celui qui loue sincerement.

    . . . . . si carmina condes ,
Nunquam te fallant animi sub vulpe latentes.

Si vous faites un ouvrage , prenez garde que celui que vous consultez , ne fasse comme le Renard de la Fable.

Si vous voulez faire un ouvrage par-fait, prenez les avis d'un ami connois-seur & sincere. Il vous dira franchement changez cette disposition : la cour est trop petite : le principal appartement n'est pas bien exposé ; il ne profite pas de la plus belle vûë que peut vous four-nir la situation ; les chambres sont trop petites, ou trop grandes, ou trop sem-blables ; il manque une piece dans votre plan ; celle-ci est inutile ; donnez plus d'étenduë à votre escalier ; vous pouvez donner plus de longueur aux marches & en mettre cinq ou six de plus ; on montera plus facilement. Pourquoi fai-tes-vous monter à gauche ? vous pou-viez faire monter à droite. Cet appar-tement n'est pas bien dégagé : Il n'y a pas assez de commodités ; cette façade n'est pas bien proportionnée : ce tru-meau est choquant au milieu de la mai-son ; il y faut une croisée. Vous met-tez au-dessus du rez-de-chaussée un at-tique ; il est trop bas ; j'ai remarqué que plusieurs de ces étages en attique ont été souvent démolis, & qu'on a fait un étage plus élevé. La décoration est trop chargée d'ornemens ; mettez-y du repos; cette partie est trop nuë. Si vous répon-dez qu'on ne peut mieux faire, il vous dira en ami véritable , effacez, chan-gez sans miséricorde ; telle chose con-viendroit mieux que ce que vous voulez faire.

Opus omni ex parte absolutum animo meditaris? amicum ingenio, animo , sanâque eruditione notum tibi elige , & in consilium advoca. Apertè & audacter dicet , hanc-ce dispositionem immuta , novus hìc debetur ordo , nova facies , nova distributio ; contractior est aula ; præcipua pars domûs non benè posita est. Pulcherrimum tibi prospectum suppeditat felix & dives natura loci & lucro non apponis? attende obsecro ; contractiores , aut grandiores , aut consimiliores sunt cameræ : membrum reclamat quoddam linearis ædificii tui descriptio. Novum illud necessariò requiritur: hoc inanè est & super vacuum. Majorem, crede mihi, amplitudinem tuis adde scalis , se magis extendant gradus, & quinque aut sex ultrà numerentur sic facilior erit ascensus. Quæro, cur sinistrosum sit gradus? dextrosum fieri , me judice natura suadet. Hoc conclave non satis est convolutum , nec satis commoda subministrat. Facies nec rectam nec congruentem habet proportionem & symmetriam : spatium illud inter duas muri fenestras interjectum , mediâ in domo lædit oculos. Fenestram exigit locus. Super imam domi partem erigis atticum ordinem , bone vir , demissiorem puto ; fac tabulatum assurgat altius : Ex illis quæ gaudebant attico tabulatis, non semel annotavi multa postmodùm fuisse destructa , ut aliud altius assurgeret. Hic ornamenta luxuriant , rescinde ; da locum quieti; illic deficiunt. Quod si respondeas non posse quid melius , vel accuratius fieri , amicus reponet , corrige , verte , muta immisericorditer. Quod animo meditaris , nihil rectum sapit , ista & ista melius saperent.

Si defendere delictum , quam vertere malles ,
Nullum ultrà verbum , aut operam fumebat inanem :
Quin fine rivali teque & tua folus amares.

Mais fi vous aimez mieux foutenir votre deffein , il ne vous dira plus
rien , il s'épargnera une peine inutile , il vous laiffera une entiere liberté
de vous aimer feul & fans rival vous & votre deffein.

Je dis qu'il faut un ami fincere & con-
noiffeur ; mais où le trouver ? Un homme dont le goût n'eft pas bien formé ,
peut faire avec entêtement des correc-
tions ; & il changeroit en mal ce qui
feroit bien dans votre projet : c'eft à
vous à réfléchir fur fes critiques , à les
pefer , à vous y foumettre avec doci-
lité , fi elles font juftes , ou à dire les
raifons pourquoi elles ne le font pas :
votre experience fera écouter & approu-
ver vos idées , & la confiance qu'on aura à votre capacité furmontera les vai-
nes & fauffes critiques.

Il feroit à fouhaiter que ceux qui font
bâtir fuffent plus au fait de ce qui regarde la bonne Architecture. En France
chacun n'a pour objet que la commodité , & n'a aucun égard à la décoration exterieure. Les façades de la plûpart des grandes maifons ne font pas
plus diftinguées que celles des maifons
d'artifans. En Italie au contraire on a
beaucoup d'attention au public , à la re-
prefentation & à la décoration exterieure, & on néglige la commodité. Ne
peut-on pas efperer après tant d'exemples de maifons commodes en France
que le goût pour la décoration publique s'y introduira ?

Iterùm dico , amici finceri , emunctæ naris
& perfpicacis judicii confilium eft inquiren-
dum ; fed ubinam gentium talem invenire eft ?
Et verò qui eruditos non habet oculos , tam
imperitè quam pertinaciter permultas malè
fuadus imperat correctiones , quibus fi bonum
fit propofitum in malum rueret. Tuum ergò
eft illius cenfuras ad trutinam perpendere ,
illifque confidenter obfequi , fi rectæ fint ; fin
aliter , quid vitii habeant exponere. Tua tunc
experientia maximi erit ponderis , tuifque rationibus fidem fimul & plaufum conciliabit.
Tunc etiam cognita tua virtus & eruditionis
nomen parient fiduciam futilis & falfæ vi-
ctricem critices.

Quàm maximè optandum foret , utqui in
exftruendis domibus pecunias impendunt , fin-
ceris Architecturæ principiis imbuerentur !
Apud Gallos commodis tantùm , & exteriori-
bus ornamentis nullomodo confulitur. Non
aliam ferè frontem præferunt ædes principum
quàm opificum domus. Apud Italos non item :
Illud eft hujufce gentis ingenium , ut pofthab-
bitis commoditatibus , placere populo unicè ftu-
deat , atque exteriora adornare. Tot com-
memoratis domibus commodis quibus fcatet
Gallia , nonne erit fperandi locus fore ut vi-
geant exornatio & exterior venuftas ?

Omne tulit punctum , qui mifcuit utile dulci.

On a réuffi parfaitement quand on a joint l'utile à l'agreable.

. . .

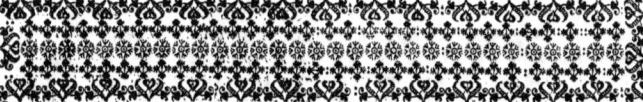

ESSAIS

Sur les Proportions que l'on peut donner aux trois Ordres d'Architecture, lorsque dans la façade d'un Edifice on les employe l'un sur l'autre.

SPECIMEN

De Proportionibus quas oportet ut habeant tres Architecturæ Ordines, quandò in Ædificii fronte, unus super alterum, admittuntur.

LEs Auteurs qui ont donné des regles pour les proportions des ordres d'Architecture, lorsqu'on n'en employe qu'un, ne nous ont point, ce me semble, donné des regles pour les proportions que doivent avoir les colomnes, quand on en met trois l'un sur l'autre.

Le regle générale & fondée sur le bon sens, est que le fort doit porter le foible ; & c'est sur ce principe qu'on doit mettre l'ordre Ionique sur le Dorique, & le Corinthien sur l'Ionique. Les proportions que l'on donne aux parties de ces trois Ordres font fondées sur ce principe : Elles font le caractere qui convient à chaque espece d'édifice, & elles établissent une regle pour la progression qui doit être d'un ordre à l'autre : c'est dans cette idée, & pour éviter un porte-à-faux imaginaire, que quelques Auteurs ont dit qu'il faloit que le diamettre du haut de la colomne inferieure, fût le diametre du bas de la colomne superieure ; ce qui doit déterminer la hauteur de chaque colomne.

Mais comment peut-on établir la proportion du diamettre du bas de la colomne superieure sur le diametre du haut de la colomne qui est au-dessous ? la diminution du haut d'une colomne n'est point la même dans tous les ouvrages antiques ni modernes, ni dans les livres des Architectes, & ne peut être la même par rapport à la hauteur où les colomnes font placées, & à la distance d'où

QUi de proportionibus Architecturæ ordinum præcepta dederunt Autores, cùm unus struitur solummodò, non, ut mihi videtur, de proportionibus quas decet habere columnas, quando tres collocantur, unus super alterum, ordines, documenta præstiterunt.

Lex generalis & quæ ratione innititur, ea est, ut pars validior tenuiorem ferat ; & juxtà istud principium ordo Ionicus super Doricum, & Corinthius super Ionicum debent imponi : Partibus trium horum ordinum quæ dantur proportiones eo valent principio : Designant quod unicuique ædificiorum speciei conveniat, & quæ debeat esse ab uno ordine ad alterum progressio præscribunt. Ea mente, & ut quædam ponderis commentitia inæqualitas vitaretur, dixere quidam autores oportere ut summa partis columnæ inferioris diametros adæquet diametron inferioris partis columnæ superioris, quod unius cujusque columnæ altitudinem assignare debet.

At verò quâ ratione stabiliri potest diametri imæ partis columnæ superioris proportio, super diametron supremæ partis columnæ, quæ est infrà? Non in antiquis cunctis operibus, nec etiam in recentibus, nec in Architectorum libris, imminutio columnæ verticis est eadem, neque esse potest, propter altitudinem ad quam sitæ sunt columnæ, & intervallum undè spectari possunt. Alta quadraginta pedes columna non adeò est imminuenda, quam illa quæ est alta

I

elles peuvent être vûës. Une colomne qui a quarante pieds de hauteur, doit être moins diminuée par le haut que celle qui n'a que vingt pieds de hauteur; & cette diminution ne doit point être la même au troifiéme ordre qui eft fort élevé, qu'au premier; parce que la diminution des objets eft fort fenfible dans la hauteur; ainfi ce ne peut être en général le diametre du haut de la colomne inférieure, qui doit regler le diametre du bas de la colomne fupérieure, & par confequent fa hauteur.

D'autres Architectes ont établi pour principe que la colomne du fecond ordre fût d'un module, c'eft-à-dire d'un demi diametre moins haute que la colomne du premier Ordre, & que celle du troifiéme Ordre eût auffi un module moins de hauteur que celle du fecond Ordre. Cette proportion a été fuivie dans quelques ouvrages antiques & modernes; mais cette diminution de hauteur ne peut être admife que lorfqu'il n'y a qu'un fecond Ordre fur le premier; & même on ne peut fuivre ce principe que lorfque ces Ordres ne font pas fort élevés; car la diminution de la hauteur eft beaucoup plus fenfible dans la partie qui eft plus éloignée de la vûë, que dans celle qui eft plus proche. C'eft par cette raifon que la hauteur réelle doit être différente de celle qui doit être apparente; & c'eft celle-ci qui doit déterminer la hauteur réelle que doit avoir chaque partie par rapport à la hauteur où elle doit être placée, & à la diftance d'où on peut la voir.

Il faut donc fe fervir d'un autre principe, par lequel on puiffe établir une regle pour placer ces Ordres l'un fur l'autre dans une proportion plus convenable; & je crois qu'on ne peut le faire que par les principes d'Optique; afin que chaque Ordre paroiffe à l'égard des autres dans la proportion qu'il doit avoir & dans la progreffion apparente & fuivie d'un Ordre à l'autre. C'eft donc pour la hauteur apparente, & non pour la hauteur réelle, que les proportions doivent être établies.

Pour faire fentir les effets de l'Optique fur les Ordres les plus élevés, j'ai marqué fur la Planche Ire Figure Ire les trois Ordres d'Architecture, fuivant la proportion de la diminution d'un mo-

viginti pedes; neque ad tertium ordinem qui maximè eft fublatus, non talis debet effe diminutio qualis ad primum, quia altitudo ad quam provehuntur res oculis objectæ, ex earum magnitudine multùm adimit; itaque fupremæ partis columnæ inferioris diametro non eft ftatuenda ima partis columnæ fuperioris diametros & confequenter ejus altitudo.

Quidam alii Architecti hanc inftituerunt legem, fcilicet ut fecundi ordinis columna foret ex modulo, feu femi-diametro minus alta quàm primi columna ordinis, & columna tertii effet etiam modulo minùs alta, quàm ea quæ ad fecundum attinet ordinem. In antiquis novifque operibus, hæc aliquando fervata fuit proportio; at hæc altitudinis imminutio non adhiberi poteft, nifi tantummodò fecundus fuper primum fuerit ordo: & pariter hæc non poteft fervari norma, nifi parùm elati fint ordines ifti, namque altitudinis imminutio magis fentitur in parte ab oculis remotiori, quàm in propinquiori. Ob hanc caufam realis altitudo difcrepare debet ab illâ quæ fpectabilis eft; & ifta ftatuenda eft realis altitudo quæ unicuique tribuenda eft parti, juxta celfitudinem ubi eft collocanda, & diftantiam undè afpicietur.

Alio igitur fundamento ftabilienda eft regula, quâ unus fuper alterum illi imponantur ordines fecundùm magis idoneam proportionem; & folis optices elementis illud effici poffe arbitror, ut unufquifque ordo, aliorum refpectu, proportionem debitam videatur fervare, & ex uno ad alterum ordinem demonftret confentaneum progreffum: igitur apparentem juxta altitudinem, non verò realem, dirigi debent proportiones.

Ut qualis in ampliùs elatis ordinibus ab optice exoriatur effectus, animadverti poffit, fuper tabulam primam & in primâ figurâ, notavi tres Architecturæ ordines, fecundùm proportionem imminutionis unius moduli ex dule fur chaque hauteur de la colomne ; aïnfi la hauteur de la colomne Dorique avec fa bafe & fon chapiteau , étant fuppofée de vingt-quatre pieds, fon diamettre dans le bas eft de trois pieds , & le module de dix-huit pouces. La colomne Ionique eft figurée de vingt-deux pieds fix pouces , & fon diamettre par le bas eft de deux pieds fix pouces , & le module de quinze pouces ; & la colomne Corinthienne a vingt-un pieds trois pouces de hauteur , fon diametre par le bas eft de deux pieds un pouce fix lignes , & fon module d'un pied & neuf lignes.

Outre cette proportion de la diminution d'un module fur la hauteur d'une colomne , & la diminution qui fe fait par l'éloignement du fpectateur & par l'élevation de l'objet , il y a encore une diminution fur la hauteur de chaque Ordre , par la difference de la hauteur de l'entablement ; car l'éntablement de l'ordre Dorique , fuppofé qu'il ait de hauteur le quart de la colomne, qui eft fix pieds, donne à l'Ordre entier trente pieds de hauteur.

L'entablement Ionique fuppofé de $\frac{2}{9}$-émes de la hauteur de la colomne , donne à l'ordre entier Ionique vingt-fept pieds trois pouces de hauteur , & l'entablement Corinthien fuppofé de la 5e partie de la hauteur de la colomne , donne à l'ordre entier Corinthien vingt-cinq pieds fix pouces ; lefquelles diminutions rendent l'ordre Corinthien mefquin & trop bas à proportion des deux autres Ordres. Sans même avoir égard à la diminution apparente qui fe fait par rapport à la hauteur à laquelle l'Ordre eft placé.

Ces trois Ordres ayant cette hauteur, ont enfemble quinze toifes , un pied , neuf pouces de hauteur marquée A. B. Figure I. y compris les focles des trois colomnes, que je fuppofe , pour fimplifier la propofition , de chacun de trois pieds de hauteur , & que l'on met quelquefois à la place des piedeftaux. Je place l'œil du fpectateur à la diftance double de la hauteur totale de l'édifice au point C. & à cinq de hauteur au-deffus du terrein D. A. que je fuppofe de niveau.

uniufcujufque columnæ altitudine. Sic pofito quòd Dorica columna , bafi & capitello comprehenfis , viginti & quatuor pedes fuerit alta, ejus in imâ parte diametron tres pedes erit , & decem & octo uncias habebit modulus. Ionica columna viginti duos pedes fexque uncias defcribitur excelfa , & ejus diametri pars ima duos pedes atque fex continet uncias , modulus verò uncias quindecim : Corinthia columna viginti & unum pedes trefque eft alta uncias ; ejus diametros pedes duos , unciam unam fex lineas comprehendit ; atque modulus unum pedem , & novem lineas.

Ultrà iftam proportionem diminutionis unius moduli ex columnæ altitudine , ac diminutionis quæ à fpectatoris diftantiâ & à rei objectâ elevatione procedit, altera eft adhuc imminutio ex uniufcujufque ordinis altitudine , propter difcrimen altitudinis quæ trabeationi , feu projecturæ tribuitur ; namque eo dato quòd ordinis Dorici trabeatio quartam habeat columnæ partem quæ fex pedibus altitudinis conftabit , totus ordo erit triginta pedes altus.

Ionica trabeatio , fi duas accipiat nonas partes altitudinis columnæ , efficit ut totus ordo Ionicus viginti & feptem pedes , trefque uncias altus debeat effe. Trabeatioque Corinthia , quintam accipiens altitudinis columnæ partem obtinens , jubet ut totus Corinthius ordo viginti & quinque pedes ac fex uncias teneat ; quæ immunitionæ ordinem Corinthium reddunt & tenuiorem & humiliorem aliorum duorum ordinum habitâ ratione ; quin etiam attendas apparenti diminutioni , quæ propter altitudinem ubi collocatur ordo , efficitur.

Cum tribus iftis ea detur altitudo ordinibus , quindecim hexapedas perticas , pedem unum & novem uncias alti funt , uti notatur A. B. Figurâ primâ , comprehendendo trium columnarum quadras , quibus , ut magis elucidetur fiatque fimplex propofitio , tres altitudinis affigno pedes , & quæ aliquoties in ftylobatarum locum fubftituuntur. Spectatoris oculum ad diftantiam quæ bis fit remotior quàm eft altum totum ædificium colloco in punčto C , & ad quinque pedum altitudinem fuprà terrenum D. A. quod effe pari libra pono.

Du point de vûë C. je trace les rayons visuels au bas de la colomne Dorique E ; & du même point de vûë C au haut de la colomne Dorique F ; lesquels rayons visuels déterminent sur le quart de cercle G H l'angle G I de sept degrés & demi, qui est la hauteur de la colomne Dorique.

Je trace ensuite les rayons visuels C K du bas de la colomne Ionique qui coupent le quart de cercle au point L, d'où je porte sur le quart de cercle les mêmes sept degrés ½ au point M, & je trace le rayon C M G qui marque la hauteur que devroit avoir la colomne Ionique qui seroit de vingt-quatre pieds neuf pouces pour paroître à cette hauteur, égale à la colomne Dorique qui est de vingt-quatre pieds.

Je trace ensuite au bas de la colomne Corinthienne le rayon C N. qui coupe le quart de cercle au point O : d'où je porte sur le quart de cercle les mêmes sept degrés & demi au point P ; d'où je tire le rayon C P Q qui marqueroit la hauteur de la colomne Corinthienne de vingt-sept pieds neuf pouces, si on vouloit qu'à cette hauteur & du point C. elle parût de la même hauteur que la colomne Dorique de vingt-quatre pieds.

On peut s'imaginer par ce principe, que si on mettoit au-dessus de l'ordre Corinthien un quatriéme Ordre, & si on vouloit que de cette même distance la colomne parût de la hauteur de la colomne Dorique, il faudroit qu'elle eût, suivant le rayon visuel C R S, trente-un pieds de hauteur ; ce qui seroit contre la regle du bon sens, qui veut que le fort porte le foible.

Cette proposition est fondée sur le principe d'Optique, par lequel les objets paroissent de differente grandeur, à proportion de la difference de l'angle qu'ils forment dans l'œil ; & par la même raison ils paroissent d'égale grandeur, quand l'angle est égal.

De la diminution d'un module dans la hauteur de chaque colomne, ainsi qu'elle est marquée à la premiere Figure, il s'ensuit une autre disproportion dans

E puncto visûs C. oculi radios in imâ Doricæ columnæ parte E, & ex eodem puncto in summâ ejusdem columnæ parte F. describo : quibus radiis super quartam circuli partem, id est 90. graduum G. H. angulus G. I. septem & semi-graduum describitur ; quâ altitudine constat columna Dorica.

Posteà oculi radios C. K. exano ab imâ parte Ionicæ columnæ ; qui radii quartam circuli partem secant ad punctum L. unde super istam quartam partem transfero eosdem septem gradus & semi-gradum ad punctum M. & describo radium C. M. G. qui denotat altitudinem, quæ esset tribuenda Ionicæ columnæ, & quæ viginti & quatuor pedes, unciasque novem habere deberet, ut ad hanc excelsitatem, videretur æquare Doricam columnam quæ est viginti & quatuor pedum.

Deinde ad imam partem columnæ Corinthiæ describo radium C.N. qui partem quartam circuli secat ad punctum O. unde super istam quartam partem eosdem septem gradus & semi-gradum refero ad punctum P. ex quo describo radium C. P. Q qui viginti & septem pedes, novemque uncias altitudinis columnæ Corinthiæ assignaret, si ad hanc altitudinem & à puncto C. requireretur ut visa foret æquè alta ac Dorica columna, viginti & quatuor habens pedes.

Eo posito principio, est intelligendum quod si super Corinthium ordinem quartus adderetur ordo, & postularetur ex eodem intervallo columna appareret æquè alta ac Dorica, opus esset ut secundùm radium oculi C. R. S. triginta pedes & unum foret alta ; quod non congrueret rationi, quæ vult ut tenuius à validiori sustineatur.

Hæc propositio nititur Optices regulâ, quâ res oculis objecta diversam putantur habere magnitudinem, pro ut differt angulus quem in oculo procreant, & eâ ipsâmet ratione, æqualiter videntur magna, quandò æqualis est angulus.

Ab imminutione quæ fit ex uno modulo in uniuscujusque columnæ altitudine, ut ad primam figuram videri potest, altera in intercolumniis sequitur inæqualitas, tum in eorum

les

les entrecolomnemens par rapport à leur largeur & à leur hauteur. L'entrecolomnement Dorique a quatorze pieds de large sur vingt-quatre pieds de hauteur. L'entrecolomnement Ionique a quatorze pieds quatre pouces de large sur vingt-deux pieds six pouces de hauteur ; & l'entrecolomnement Corinthien a quatorze pieds huit pouces de largeur sur vingt-un pied trois pouces de hauteur, ce qui le fait paroître fort écrafé , fans même avoir égard à la hauteur où il eſt placé : au lieu que l'entrecolomnement Corinthien doit paroître plus leger & plus fvelte que le Dorique.

Si même on regarde les arcades des Portiques de ces trois Ordres, on trouvera que l'arcade de l'ordre Dorique a onze pieds trois pouces de large fur vingt-un pieds fix pouces de haut fous clef ; que celle de l'ordre Ionique a la même largeur que la précédente, les pieds droits étant élevés à plomb fur ceux de l'ordre Dorique , fur vingt pieds fix pouces de hauteur ; & que l'arcade de l'ordre Corinthien eſt de la même largeur de onze pieds trois pouces, & n'a que dix-neuf pieds de hauteur ; ce qui rend ces deux derniers trop écrafés , non feulement par leur hauteur apparente , mais encore par leur hauteur réelle , & ce qui eſt entierement contraire à la progreſſion qui doit fe trouver du plus pefant au plus leger à la vûë.

Mais lorfqu'on employe les Ordres d'Architecture avec des piedeſtaux proportionnés à la hauteur des colomnes comme à des Portails d'Eglifes ou à d'autres grands édifices, ils doivent être plus hauts à l'ordre Ionique qu'à l'ordre Dorique , & plus hauts à l'ordre Corinthien qu'à l'ordre Ionique ; ce qui fait qu'ils donnent plus de hauteur à chacun de ces deux Ordres & en changent la proportion.

Après avoir marqué les inconveniens qui fe trouvent dans le principe de donner au diametre du bas de la colomne Ionique , le diametre du haut de la colomne Dorique , & de même à l'ordre Corinthien à l'égard de l'Ionique ; & après avoir fait fentir les dé-

latitudine , tum in altitudine. Doricum intercolumnium quatuordecim pedes eſt latum & viginti quatuorque altum pedes. Ionico datur intercolumnio quatuordecim pedum, quatuorque unciarum latitudo , ac viginti & duorum pedum atque fex unciarum altitudo. Corinthium verò intercolumnium quatuordecim pedum, octoque unciarum latitudinem , & pedum viginti unius , unciarumque trium altitudinem habet , quod efficit , ut magis quàm par eſt videatur fubmiſſum , quin etiam attendatur ad altitudinem ubi collocatum eſt ; cùm tamen iſtud Corinthium intercolumnium levius elegantiuſque Dorico apparere debeat.

Si etiam horum-ce trium ordinum infpiciantur Porticuum arcus , animadvertetur arcum feu fornicem ordinis Dorici undecim pedes & tres uncias eſſe latum , & viginti ac unum pedem atque fex uncias altum fub umbilico ; arcum ordinis Ionici ejufdem eſſe latitudinis ac eſt præcedens , dum paraſtatæ ad cathetum erunt erectæ viginti pedes & fex uncias altitudinis fuper Dorici paraſtatas ordinis. Arcum verò ordinis Corinthii eſſe quoque undecim pedes & tres uncias latum , & decem novemque pedes tantummodò altum ; quod iſtos poſtremos duos ordines , non folùm in apparente , fed etiam reali altitudine, nimium fubmiſſos humilefque reddit , atque obſtat omninò progreſſioni quam à re craſſiori ad leviorem reperire debet oculus.

At cùm Architecturæ adhibentur ordines cum ſtylobatis , qui columnarum altitudini æquâ conveniant proportione , uti in facrarum frontibus ædium aut aliorum magnorum ædificiorum , Ionicus altiores poſtulat ſtylobatas quàm Doricus ordo , & Corinthius quàm Ionicus : eo modo unicuique duorum iſtorum ordinum majorem præſtant altitudinem & eorum proportionem immutant.

Poſtquàm annotavi ſcrupulos feu errores in quos poteſt conjicere ufus dandi diametra imæ partis columnæ Ionicæ diametron fummæ partis columnæ Doricæ , & fic agendi in ordine Corinthio ergà Ionicum : atque poſtquam expofui vitia quæ occurrunt in methodo minuendi ex uno modulo columnam quæ

K

fauts qui se trouvent dans le principe, de diminuer d'un module la colomne que l'on veut placer au-dessus d'une autre; & après avoir expliqué par les principes d'Optique, de combien il faudroit augmenter la colomne du second Ordre à celle du troisiéme, pour qu'elles parussent à la vûë de la hauteur du premier; parce que par les raisons d'Optique, la hauteur apparente est differente de la hauteur réelle : je crois qu'il faut rentrer dans le principe du bon sens, qui exige que le fort porte le foible, & que l'on diminuë un module de la hauteur de chaque colomne ; mais que cette diminution soit faite de la hauteur apparente & non de la hauteur réelle ; parce que le jugement & l'habitude redressent ordinairement le sens de la vûë, qui nous abuseroit par le principe que l'on juge de la grandeur des objets par l'angle qu'ils forment dans l'œil : ainsi avant que d'entrer dans une allée d'arbres, dont la largeur du bout forme dans l'œil un angle plus petit que celui qu'elle forme à l'entrée, nous jugeons cependant qu'elle peut être d'une largeur égale; & par la même raison, lorsqu'on regarde un objet qui est élevé, & qui nous paroît petit, nous jugeons que sa hauteur réelle peut être plus grande : mais ce n'est pas assez, il faut encore qu'il nous paroisse d'une hauteur, qui soit proportionnée en quelque façon à la diminution qui doit se trouver entre les Ordres qui sont au-dessous ; & c'est dequoi on ne peut donner des regles générales, parce que la distance ou la hauteur de l'édifice plus ou moins grandes, les saillies & les retraites qui se trouvent dans son élévation, en changent les proportions.

Cependant pour prendre un parti dans ce problême d'Architecture, il me paroît, comme il est marqué pour la Figure I. de la Planche I. qu'à la colomne Ionique, au lieu de vingt-quatre pieds neuf pouces qu'elle devoit avoir suivant la regle de l'Optique, pour paroître égale à la hauteur de la colomne Dorique, on peut diminuer un module de la hauteur apparente, qui est de dix-neuf pouces, moyennant quoi elle seroit réduite à la hauteur de vingt-trois pieds quatre pouces, suivant le principe du bon sens que le fort doit porter le foible, ainsi qu'il est marqué par la Figure II.

super alteram est erigenda ; cumque juxtà Optices elementa, explicuerim quantùm esset augenda secundi columna ordinis, & columna tertii, ut viderentur adæquare altitudinem primi ; quoniam regulis Optices apparens altitudo à reali discrepat ; credo redeundum esse ad normam judicii, quod jubet ab validiori geratur tenuius, & ut ab altitudine cujusque columna minuatur modulus, sed quod exigit ut ista diminutio ab apparente, non à reali fiat altitudine, quia mens & habitus corrigunt visûs sensum, qui nos deciperet, eò quòd de objectarum magnitudine rerum dijudicatur angulo quem in oculo figurant. Sic antequàm ingrediamur ambulationem inter duos arborum ordines positam, & cujus latitudo extremitatis remotæ angulum in oculo efformat minorem, quàm est angulus qui efficitur ad introitum, intelligimus tamen hanc esse ab omni parte æqualiter latam posse; & juxtà hanc rationem, cùm excelsam rem objectam inspicimus, quæ nobis videtur parva, existimamus ejus majorem esse posse altitudinem realem. At hoc non sufficit, oportet adhuc ut ejus altitudo quodammodo appareat accommodata ad imminutionem quæ reperiri debet inter ordines, qui infrà collocantur, & super hanc rem generales non possunt assignari regulæ, quia ædificii distantia vel altitudo major minor-ve, projecturæ & contractiones quæ secundùm ejus constructionem factæ sunt, illius mutant proportiones.

Hoc in Architecturæ problemate, ut aliquid nihilominus statuatur, censeo, sicuti tabulæ primæ Figura prima demonstrat, è columna Ionicâ quæ viginti & quatuor pedes & novem uncias habere deberet juxtà Optices regulam ut videretur adæquare Doricæ columnæ celsitudinem, imminui posse modulum apparentis altitudinis, qui decem & novem uncias habet. Eo modo ad altitudinem viginti & trium pedum, quatuorque unciarum redigeretur, præcipiente judicio tenuius à validiori esse sustinendum, ut secunda docet Figura.

Que la colomne Corinthienne qui devroit avoir vingt-fept pieds neuf pouces de hauteur, fuivant la regle d'Optique Figure I. pour paroître égale à la hauteur de la colomne Ionique, qui forme dans l'œil un angle de fept degrés & demi, peut être diminué de la hauteur d'un module apparent, qui eft d'un pied neuf pouces fuivant la regle d'Optique, moyennant quoi elle feroit réduite à la hauteur de vingt-cinq pieds fix pouces, & paroîtroit à cette diftance & à cette élevation, moins haute d'un module que la colomne Ionique ; ce qui mettroit ces deux dernieres colomnes dans une proportion relative à la colomne Dorique, & par l'augmentation de la hauteur donneroit aux entrecolomnemens & aux arcades de ces deux derniers Ordres une hauteur mieux proportionnée à l'entrecolomnement & à l'arcade de l'ordre Dorique.

Il faut remarquer que ces proportions ne conviennent que fuivant la hauteur & la diftance ci-deffus marquées ; mais qu'elles doivent varier fuivant que l'édifice eft plus ou moins haut, & à proportion de la diftance d'où l'Architecte juge qu'on peut le voir : auxquels hauteurs & diftances on peut appliquer la même regle d'Optique.

Cette augmentation de hauteur réelle à la colomne Corinthienne me paroît d'autant plus néceffaire, que le fuft de la colomne Ionique entre la bafe & le chapiteau eft plus grand que celui de la colomne Corinthienne qui eft diminué par la hauteur de fon chapiteau, qui eft beaucoup plus haut que celui de la colomne Ionique.

J'eftime auffi, que par rapport à la hauteur d'un édifice, au lieu de donner à l'entablement de la colomne Ionique trois modules & demi, on pourroit lui donner quatre modules de hauteur, & qu'au lieu de donner quatre modules de hauteur à l'entablement Corinthien, on pourroit lui donner quatre modules & demi.

Je prie encore les hommes verfés dans l'art d'Architecture, de me permettre de dire mon fentiment fur la modulation

Arbitrorque Corinthiam columnam, quæ viginti & feptem pedes, unciafque novem deberet effe alta juxtà Opticem, Figurâ primâ, ut videretur adæquare Ionicæ columnæ altitudinem quæ in oculo feptem graduum cum femi-modulo pingit, minuendam effe fecundùm Optices regulam ex apparentis altitudine moduli, qui uno pede & novem unciis conftat ; tuncque ad viginti & quinque pedum & fex unciarum altitudinem reduceretur, & ad hanc diftantiam & celfitudinem minùs alta ex uno cerneretur modulo, quàm Ionicâ columna. Quod proportionem relativam conciliaret inter duas illas poftremas columnas & Doricam ; & altitudinis auctione, intercolumniis & arcubus horum-ce duorum ultimorum ordinum altitudinem præftaret concinniùs refpondentem & intercolumnio & arcui Dorici ordinis.

Annotandum eft proportiones iftas admitti debere tantummodò, cùm altitudo & diftantia fuprà obfervatæ adhibentur ; at variandas effe prout ædificium vel magis vel minùs extollitur, & ratione habitâ diftantiæ unde Architectus cenfet illud fore videndum : in quâ altitudinum & diftantiarum diverficate, ufui effe poteft eadem Optices regula.

Iftud ad columnam Corinthiam altitudinis realis augmen, eò pluris mihi neceffarium videtur, quò Ionicæ columnæ fcapus, bafim inter & capitellum, major eft columnæ Corinthiæ fcapo, qui fui minuitur altitudine capitelli, quod multò eft procerius Ionicæ capitello columnæ.

Autumo etiam quòd habitâ ratione altitudinis ædificii, loco trium modulorum & femi-moduli, quatuor altitudinis poffent dari moduli Ionicæ columnæ trabeationi feu projecturæ, & altitudo trabeationis Corinthiæ poffet effici è quatuor modulis & femi-modulo, non verò quatuor modulis.

Viros in Architecturâ exercitatos adhuc deprecor, ut meam opinionem mihi liceat profferre de modulatione columnarum trium ifto-

des colomnes de ces trois Ordres, lorſqu'on les met en œuvre l'un ſur l'autre; & je le dirai d'autant plus librement,
que perſonne ne ſera obligé de le ſuivre. J'avance donc qu'on pourroit donner à la colomne Dorique, qui me paroît trop lourde à la vûë, à proportion
de la colomne Ionique, & de la colomne
Corinthienne, ſeize modules & demi, au lieu de ſeize : qu'à la colomne
Ionique on pourroit ne donner que dix-
ſept modules & demi au lieu de dix-
huit ; parce qu'elle paroiſt trop menuë
à proportion de la colomne Dorique ;
& qu'à la colomne Corinthienne on
peut toujours donner vingt modules,
afin de donner à ces Ordres une proportion & une progreſſion plus relatives de l'un à l'autre.

Comme ce Problême d'Architecture
ne peut être reſolu en général par rapport à la différence de hauteur & de
l'éloignement, c'eſt à l'Architecte qui
fait un ouvrage, à en donner la ſolu-
tion par les principes ci-deſſus établis.

*rum Ordinum, quandò unus ſuper alterum
erigitur ; eamque exponam liberiùs, quia ad
illam complectendam nemo adigitur. Dicam
igitur, Doricæ columna, quæ aſpicienti craſſa
nimis videtur, reſpectu Ionicæ & Corinthiæ
columnarum, ſex-decim poſſe dari modulos
& ſemi-modulum, pro modulis ſex-decim ;
columnam Ionicam ſtrui poſſe ex decem &
ſeptem modulis & ſemi-modulo, pro decem
& octo ; quia Dorica comparata columnæ,
nimium tenuis apparet ; atque Corinthiæ columnæ viginti ſemper dari modulos ; ut in Ordinibus iſtis proportio ac progreſſio magis rela-
tiva ex uno ad alterum ſerventur.*

*Cùm iſtud Architecturæ problema prop-
ter altitudinum diſtantiarumque diſcrimen
ſolvi nequeant, Architecti eſt qui aliquod ex-
ſtruit opus, ejus ſolutionem præſtare ſecun-
dùm principia, quæ ſuprà ſtabilita ſunt.*

PLANCHE I.

Pl. 1.er

Proportions des ordres d'Architecture

lorsqu'on les met l'un sur l'autre.

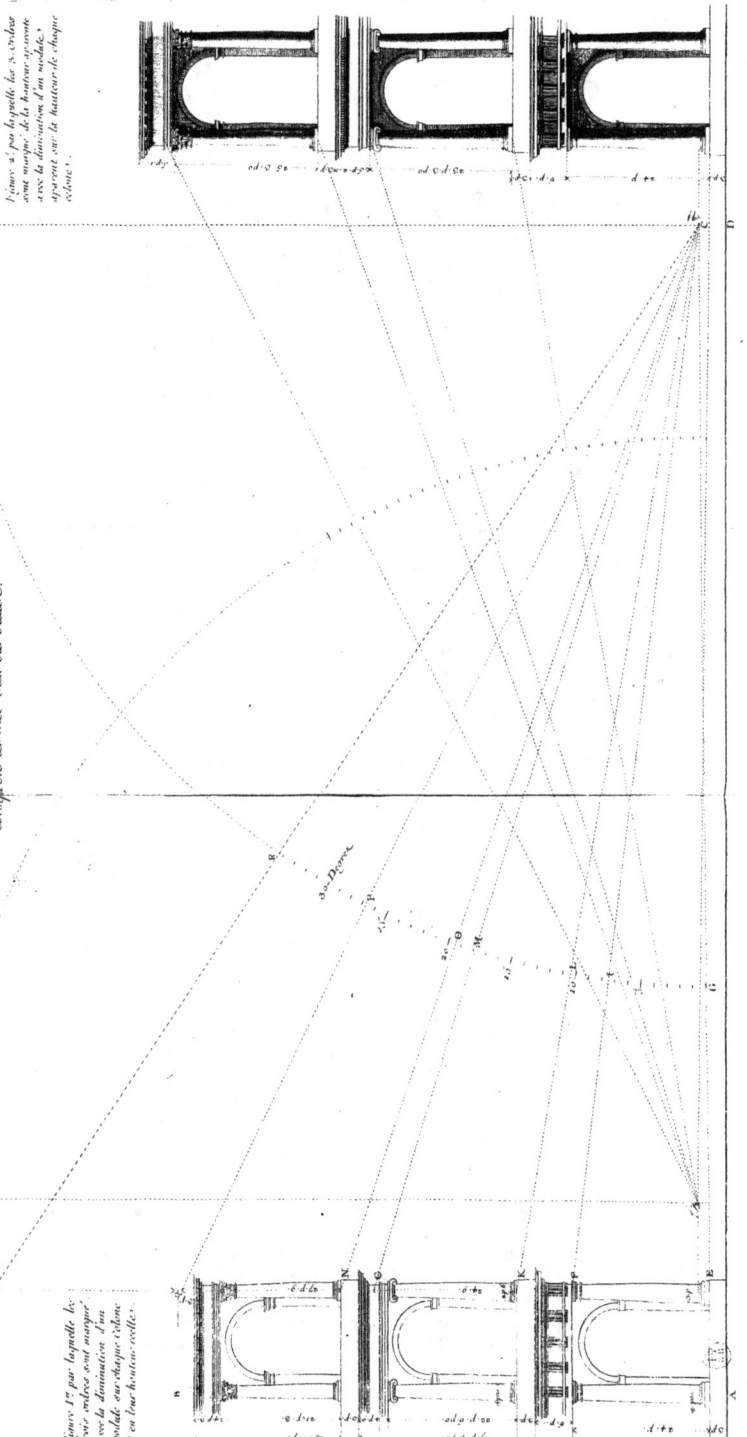

Figure 1.er par laquelle les
trois ordres sont marqué
avec la diminution d'un
module sur chaque colone
et en leur hauteur réelle.

Figure 2.e par laquelle les 3. ordres
sont marqué de la hauteur apparente
avec la diminution d'un module.
apparent sur la hauteur de chaque
colone.

P.t Tardieu Sculp.

DES DECORATIONS INTERIEURES ET DES AMEUBLEMENTS.

DE ORNAMENTIS INTERIORIBUS ATQUE SUPELLECTILE.

LEs Décorations interieures des Appartemens font à préfent à Paris une partie confiderable de l'Architecture ; elles font négliger la décoration exterieure , non feulement des maifons particulieres , mais encore des Palais & des Edifices publics qui doivent être diftingués des maifons des marchands & des artifans. La Décoration publique touche peu un particulier qui n'a d'attention qu'à ce qui le regarde perfonnellement pour fa commodité & pour l'ornement du dedans de fa maifon ; il dépenfe pour cela des fommes confiderables, & ménage une fomme modique qui honoreroit fa maifon & décoreroit la capitale du Royaume. L'œconomie eft encore plus mal placée par le peu de folidité de la plupart des bâtimens ; ils font de fi peu de durée que le paffage dans les rues eft toujours embaraffé par des materiaux , par les voitures qui les amenent , & par les étayemens pour les reprendre par fous œuvre.

Les Décorations interieures confiftent en des plafonds & des corniches de plâtre, quelquefois unis , quelquefois ornés de fculpture : ils font un ornement & beaucoup de propreté ; mais ces plafonds de plâtre échauffent & pouriffent les bois en peu de temps , & obligent à de fréquentes & de groffes réparations : les bois apparents des planchers durent deux ou trois cens ans , & ceux

INteriora ædium ornamenta partém Architecturæ præcipuam nunc Lutetiæ fibi vindicant , dum negligitur decoratio exterior , non domorum privatarum duntaxat , fed Palatiorum , publicaramque ædium , quæ quidem à mercatorum & opificum tabernis præftantiâ debent fecerni. Exteriora & publica ornamenta parum tangunt civem privatum qui fibi , non aliis ædificat , & nihil curat præter fua commoda decorationemque internam : ut privatæ fatisfaciat utilitati fumptus facit ingentes , & exiguæ pecuniæ parcit quæ & fuam foris commendaret domum , & urbem Regni Principem decoraret. Turpior adhuc parfimonia eft dum ædificiorum plerorumque foliditati tam male confulitur , ut collabentibus non longo poft tempore ædibus , femper viæ impeditæ fint , vel faxorum atque materiarum congerie , vel plauftris quæ illa advehunt , vel trabibus ad fulcimentum & reparationem ædium prominentibus.

Ornamenta interiora fita funt & in laquearibus , & in laquearium coronâ, è gipfo compactis , planis aliquando , aliquando fculptis : hinc decor & nitor accedit ædibus. Sed habent hoc incommodi laquearia ifta è gipfo confecta quod ligna paulatim exurant putrefaciantque, & frequentes poft fe difpendiofafque reparationes trahant. Laquearium ligna quæ apparent ducentos aut trecentos perdurant annos : quæ gipfo confecta funt vix ad

L

qui font recouverts de plâtre ne durent que quarante & cinquante ans, & souvent moins ; on ne voit pas quand les poutres & les folives recouvertes de plâtre font caffées & pouries, le plancher peut tomber, & on court rifque d'être écrafé ; il ne feroit pas impoffible de faire ces planchers de maniere qu'ils fuffent agréables & folides.

Les murs des chambres font ordinairement couverts de tapifferies reprefentant des hiftoires, des payfages, ou d'autres fujets ; les belles tapifferies font rares, & lorfqu'elles font bien deffinées, on ne doit point les couvrir de tableaux qui fouvent font mauvais ou médiocres. Quelquefois elles font de velours ou d'autres étoffes de differentes couleurs pour l'hyver, & de taffetas pour l'été, qui y donnent un air de fraicheur & y diftinguent les faifons : fur ces fortes de tapifferies on peut mettre des tableaux : mais en général il ne faut pas mettre de mauvais ornemens lorfqu'on peut s'en paffer ; il faut même éviter de les placer avec profufion & fans fonds fur ces tapifferies d'étoffes ; une chambre ne doit pas reffembler à un magafin de marchand.

On boife quelquefois les chambres, mais les tapifferies conviennent mieux au chambres à coucher que les lambris de menuiferie, qui font plus convenables à des cabinets & à de petites pieces qu'à de grandes : dans de petits cabinets on peut vernir la menuiferie, en forte qu'on y voye la couleur du bois, mais il n'eft pas poffible d'éclairer les chambres en couleur de bois lorfqu'elles font grandes & hautes, il n'y a que le blanc & les couleurs claires qui puiffent être éclairées. Lorfque les lambris de menuiferies font ornés de fculpture, il faut que les maffes de fculpture y foient bien diftribuées, & fans confufion; qu'elles foient bien deffinées & bien travaillées, il y faut éviter les faillies trop fortes qui font paroître les lieux petits, & éviter pareillement les ornemens trop plats & trop déliés qui deviennent fecs & mefquins, imitants les grotefques de peinture qui ne conviennent même

quadraginta aut quinquaginta ad fummum annos perveniunt. Quæ detrimenta fiunt in trabibus gipfo opertis non facile animadvertas: hinc fæpè laquearia labefactantur, & incolas domûs improvifo lapfu obruunt. Deberent, ac, me judice, poffent fic conftrui laquearia ut jucunditati fimul ac foliditati confuleretur.

Cubiculorum parietes aulæis vulgò conteguntur, in quibus aut res geftæ, aut pictarum aut aliaquævis argumenta confpiciuntur. Sunt aulæa vel materiâ, vel arte pretiofâ : neque porro cum ejufmodi funt, imponendæ fuper tabellæ, quæ vulgò vel inficetæ, vel mediocres. Aulæa nonnumquam è panno ferico, aut aliis ejufmodi craffioribus pannis verficoloribus, hibernæ tempeftati idoneis : nonnumquam è pannis fericis levidenfis per æftatem, qui quidem frigidiores oculo & tempeftates difcriminant. Non male hujufmodi pannis tabellas applices, dummodo concinnas & elegantes & parcè conjectas : neque porrò civis ingenui ac liberalis cubiculum mercatoris pinacothecam debet referre.

Aliquando cubiculorum parietes ligneis veftiuntur tabulis : fed thalamos melius aulæa decorant, quam incruftationes materiæ, quæ mufcis ac minoribus cubiculis magis aptæ funt ; fuper tabulas ligneas, quæ minorum cubiculorum parietes conveftiunt, poteft induci vernix, quæ nativum ligni colorem confervet. Sed in amplis ac præaltis cubiculis, fi ligni retineatur color in tabulis, vix fas eft iis lucem impertire : fola fuperficies alba, aut albo proxima, lucis capax eft, quam hujufmodi cubicula poftulant. Cum materiæ tabulæ fculptilibus decorantur ornamentis neceffe eft fculpturæ globi aptè difponantur, collocentur fine tumultu, delineentur accuratè, concinnè elaborentur. Vitandæ acriores projecturæ, quæ loca nimium contrahunt. Nec minùs fugienda planiora & graciliora ornamenta, quæ arida & jejuna funt, nec malè imitantur monftrificas quafdam picturæ effigies, quas nifi in locis mediocriter amplis nemo admittat. Cohæreant & connectantur invicem ornamenta, ità ut tota eorum feries qu'à des lieux de moyenne grandeur, ces ornements doivent être liés ensemble pour que leur forme & leurs contours ne faffent qu'un tout avec les compartiments de la menuiferie, & contribuent à faire paroître les lieux élevés : il faut rejetter les ornements de travers qui font contre la régularité, qui ne peuvent être admis que lorfque des enfants, ou des genies portent des cartouches, ou quelques attributs ; lorfque les ornements font dorés, l'or y doit être diftribué avec moderation, par maffes diftinctes, en forte que le deffein général foit fuivi par la dorure, & que le fond le faffe valoir.

Lorfque dans un appartement il y a plufieurs chambres de fuite, on les meuble quelquefois de la même étoffe & de la même couleur, mais il n'y a plus de choix pour refter dans une chambre plutôt que dans une autre ; en ce cas une fuffiroit, & les autres deviennent inutiles.

La cheminée dans une chambre eft de néceffité plutôt que d'ornement ; cependant c'eft ordinairement la partie qu'on a foin de décorer le plus par le marbre, les glaces, les bras de bronze, & la dorure : mais il faut toujours conferver le rapport qui doit fe trouver en toutes les parties ; car fi l'une eft ornée plus que les autres, elle les rend trop fimples, & il n'y a plus d'accord. La grandeur de la cheminée doit être proportionnée à celle de la chambre : une petite cheminée dans une grande chambre eft ridicule, de même qu'une grande cheminée dans une petite chambre. Les glaces rendent les lieux fombres ; lorfque les lumieres en font proches, elles réfléchiffent le mur oppofé qui eft fombre, parce qu'il eft éloigné des lumieres : c'eft le mur oppofé qu'il faut éclairer, ce qui fait auffi paroître la chambre plus grande.

Les glaces dans les appartements y font un grand ornement lorfqu'elles font bien placées, & principalement lorfqu'elles réfléchiffent la lumiere de l'air & une vûë agréable, lorfqu'elles font bien proportionnées à la grandeur du lieu, lorfque leur hauteur eft bien proportionnée à leur largeur, lorfqu'elles font placées les unes vis-à-vis des autres ; ce qui augmente les enfilades des appartements & réfléchit en differentes

quiddam unum faciat cum ligneis tabulis, & ad extollenda cubicula concurrat. Rejice ornamenta contorta, quæ contra regulam peccant, nec admittenda unquam, nifi cum pueri aut genii volutas aut emblemata fuftinent. Cum ornamenta aurata funt, parcè inducatur aurum, per globos diftinctos, ita ut laquearium fequatur feriem, eique vis ac decor ex ipfo fundo addatur.

Cum in eâdem æde plura & contigua cubicula funt, fupellex nonnumquam ex eodem panno, eoque unicolori, omnibus ac fingulis impertitur ; fed nihil eft cur in uno cubiculo magis quam in alio velis immorari ; tunc unicum fufficeret cubiculum, reliqua nihil juvant.

Caminus magis ad utilitatem quam ad ornamentum extruitur. Pars illa nihilominùs præ reliquis ornatur, & marmoribus, & fpeculis, & ære, & auro : femper cohæreant partes, & fervetur æqualitas. Nam fi una pars plus habeat ornamenti, reliquæ apparebunt nudæ ac fimplices, & tolletur proportio ; camini amplitudo cubiculi magnitudini refpondeat : caminus in magno cubiculo exiguus, vel in exiguo magnus, res eft æque abfurda. E fpeculis nafcitur obfcuritas cum faces propius admoventur. Parietem reflectunt oppofitum qui obfcurus eft, quia diftat ab illo lumen ; collocandæ faces in parte fpeculo oppofitâ, fic lux cubiculis, imo & amplitudo accedet.

Ad ornamenta ædium fpecula plurimum conferunt, fi aptè collocentur, ac præcipuè fi lumen reflectant acris, afpectumque jucundum, fi locorum amplitudini cohæreant, fi eorum altitudo latitudini refpondeat, fi opponantur invicem, quod cubiculorum feriem ac ordinem auget & multiplicat, facefque mille modis reflectit. Faces ad fex circiter pedum altitudinem collocentur. Aliter lucem præberent malignam oculis, quos percuterent nimis & excavarent. Neque porro fonti-

façons les lumieres ; ces lumieres ne doivent être placées qu'environ à six pieds de hauteur, elles rendroient les yeux battus & enfoncés ; les Dames ne le pardonneroient pas.

Les meubles contribuent beaucoup à l'agrément des appartements, & principalement lorsque les tapisseries, les tables les sophas, les chaises, & autres meubles, paroissent être faits pour la place dont ils doivent suivre les plans & les contours ; ils doivent être proportionnés à la grandeur de la chambre, & suivre sa magnificence ou la simplicité du reste des ornemens ; ils doivent dans chaque chambre être variés suivant son usage & sa destination, & augmenter en beauté à mesure qu'on avance d'une piece dans une autre.

Les lieux vastes comme les Sallons & les Galeries exigent un autre genre de décoration, toutes les parties en doivent être grandes & bien unies ensemble, en sorte que dans la hauteur elles doivent paroître de grandeur naturelle. La peinture y doit representer les objets tels qu'ils sont : les figures plus petites que nature, ne peuvent jamais faire une illusion. En général toutes les parties d'Architecture, de Sculpture, & de Peinture ne doivent faire ensemble qu'un seul & même tout.

bus speculis læsæ ignoscerent mulierculæ.

Nec minus ad ornamenta ædium supellex confert. Imprimis cum aulæa, mensæ, lecti, sedilia, & alia ejusmodi sic aptè thalamo cohærent, sic loci dispositionem sequuntur ut ad hoc ipsum videantur facta. Operæ prætium est ut cubiculi magnitudini respondeat supellex, ædiumque magnificentiam vel simplicitatem sequatur. Varianda in quolibet cubiculo, juxta usum ad quem destinatur, & simul atque ex uno thalamo in alium progrediare, ibi comptiora & elegantiora invenias omnia.

Loca ampliora, ut atria & porticus, aliud requirunt ornamentorum genus. Membra grandia sint, & aptè æqualia, ita ut partes omnes, juxta altitudinem sumptæ, unum quiddam ac totum faciant. Res quævis seu picta, seu sculpta naturæ proportionem sequatur. Pictura rerum simulacra effingat qualia sunt. Minores naturâ figuræ nunquam insidias poterunt struere oculis. Omnes denique Architecturæ, Picturæ & Sculpturæ partes unum & idem totum constituant.

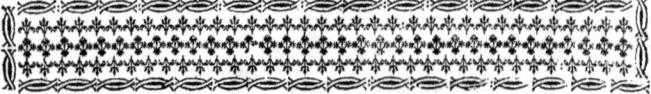

BOUCHEFORT.

Maison de Chasse de Monseigneur Maximilien-Emanuel Electeur de Baviere, situee à deux lieües de Bruxelles, au-dessus du Village de Bouchefort, dans la Forêt de Sogne.

BUCCAFORTH.

Venatoria Domus illustrissimi Domini Maximiliani - Emanuelis Bavariæ Electoris, quæ Bruxellarum ab urbe duas leucas distat, & sita est ultrà Pagum Buccafortensem, in Sylvâ Sognensi.

SOn Altesse Electorale avoit dans le village de Bouchefort une Maison de Chasse, qui étoit trop petite : il résolut d'en faire faire une plus grande & plus commode. Elle fut placée dans la Forêt de Sogne au-dessus du village. Elle consiste en une Cour ronde de cent cinquante toises de diametre, au centre de laquelle est un Pavillon octogone, avec quatre Portiques de colomnes de marbre d'ordre Ionique, terminés par des frontons, dont celui du côté de l'entrée est orné des Armes de Son Altesse Electorale, & les autres de sujets de chasse. Quatre vestibules ou sales conduisent à un salon de dix toises de diametre, qui comprend deux étages quarrés, & un troisiéme dans la coupole percée de seize croisées qui éclairent le salon & les galeries au pourtour, qui communiquent à plusieurs appartemens au premier & au second étage. Celui du rez-de-chaussée est occupé par Leurs Altesses Electorales, & leur Cour est assemblée dans le salon qui est au milieu du Pavillon. Du centre de ce salon on découvre plusieurs routes dans la Forêt par lesquelles on peut voir à perte de vûë passer la chasse, & desquelles on découvre le Pavillon, au haut duquel est un fanal, pour que la nuit les chasseurs reconnoissent la maison.

La cour est partie en terrasse, d'où on découvre le village de Bouchefort qui est au-dessous, les étangs & la plaine

IN pago Buccafortensi, ad Suam Celsitudinem Electoralem pertinebat Venatoria Domus ; quæ cùm nimis pusilla foret, accidit ut illi in mentem veniret consilium ampliorem commodioremque exstruendi. In Sognensi Sylvâ, ultrà pagum fundata fuit. In Areâ consistit rotundâ, cujus diametros centum & quinquaginta perticas hexapedas habet, & in cujus medio octogonum ædificium assurgit cum quatuor porticibus ; quas columnæ marmoreæ ex ordine Ionico sustinent, & quæ desinunt in fastigia, quorum illud, quod ad ingressum vertitur, gentilitiis exornatur insignibus Suæ Celsitudinis Electoralis ; alia verò Venatoriis decorantur argumentis. Quatuor vestibula, seu atria, ad aulam ampliorem ducunt quæ stat in medio, cujus diametros ad perticas hexapedas decem usque extenditur, quæ duobus tabulatis constat quadratis, tertioque ad tholum, cui grandes sexdecim fenestræ transmittunt lucem, & ad plurimas primi & secundi tabulati habitationes traducunt. Quod in soli superficie adjacet domicilium tenent Suæ Celsitudines Electorales, ac in aulâ â ampliori, quæ in ædificii medio constituitur, conveniunt aulici. Ex ejus centro plures in sylvâ inspiciuntur viæ, quibus etiam longissimè spectari venationis potest transitus, & ex quibus vicissim aspicitur ædificium, in vertice cujus posita fuit lucerna, ut de noctu domum agnoscere possent venatores.

Pars Areæ terrenis aggeribus constat, undè Buccafortensis pagus, qui est infrà, apparet; videnturque stagna & plani campi ; quod ocu-

M

qui forme une vûë agréable , & à la tête des maffifs des bois qui font féparés par les routes ; il y a des bâtimens qui fervent à des corps-de-gardes, des cuifines , des écuries , des remifes & à un chenil.

Cette maifon a été commencée par Son Alteffe Electorale ; mais fon voyage en France quelque temps après , en fit difcontinuer l'execution.

EXPLICATION DES PLANCHES.

La feconde reprefente le plan general.
La Planche troifiéme , le plan de l'étage au rez-de-chauffée.
La Planche quatriéme reprefente le plan du premier étage diftribué à plufieurs appartemens , de même que le fecond étage (Planche V) , dégagés par des corridors , qui ont vûë fur le Salon.
La Planche fixiéme reprefente la face d'un des quatre côtés du Pavillon.
La Planche feptiéme reprefente la coupe du bâtiment par le milieu du Salon.

los admodùm delectat. Antè denfas nemorum partes quæ viis fejunguntur , exftructa fuere tecta , ubi funt excubiæ , culinæ , equilia , rhedaria receptacula , canumque ftabulum.

Hæc domus inchoata fuit Suæ Celfitudinis Electoralis juffu ; at pauco poft tempore , ejus in Galliam iter prohibuit ne perficeretur.

TABULARUM EXPLICATIO.

Secunda generalem exhibet ichnographiam.
Tertia Tabulati in foli fuperficie pofiti ichnographiam offert.
Tabula quarta oculis fubjicit ichnographiam primi Tabulati , quod veluti fecundum Tabulatum (Tabula V) pluribus diftribuitur domiciliis, quæ fecernuntur xyftis afpectum aulæ præbentibus.
Tabula fexta frontem unius è quatuor partibus ædium repræfentat.
Tabula feptima fcenographiam ædificii per medium Aulæ ad perpendiculum fecti , dat videndam.

PLANCHES II. III. IV. V, VI. & VII.

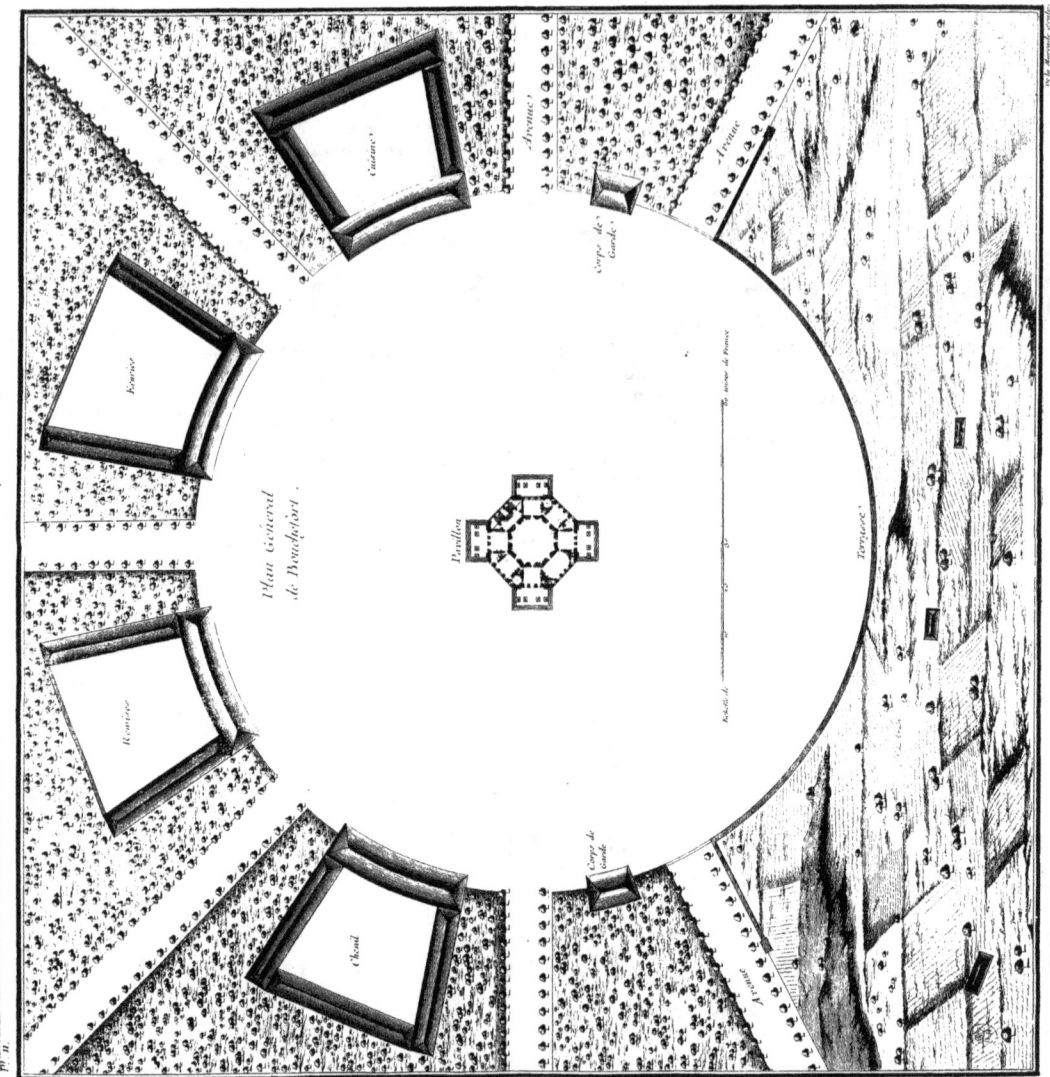

Plan Géneral
de Rochefort.

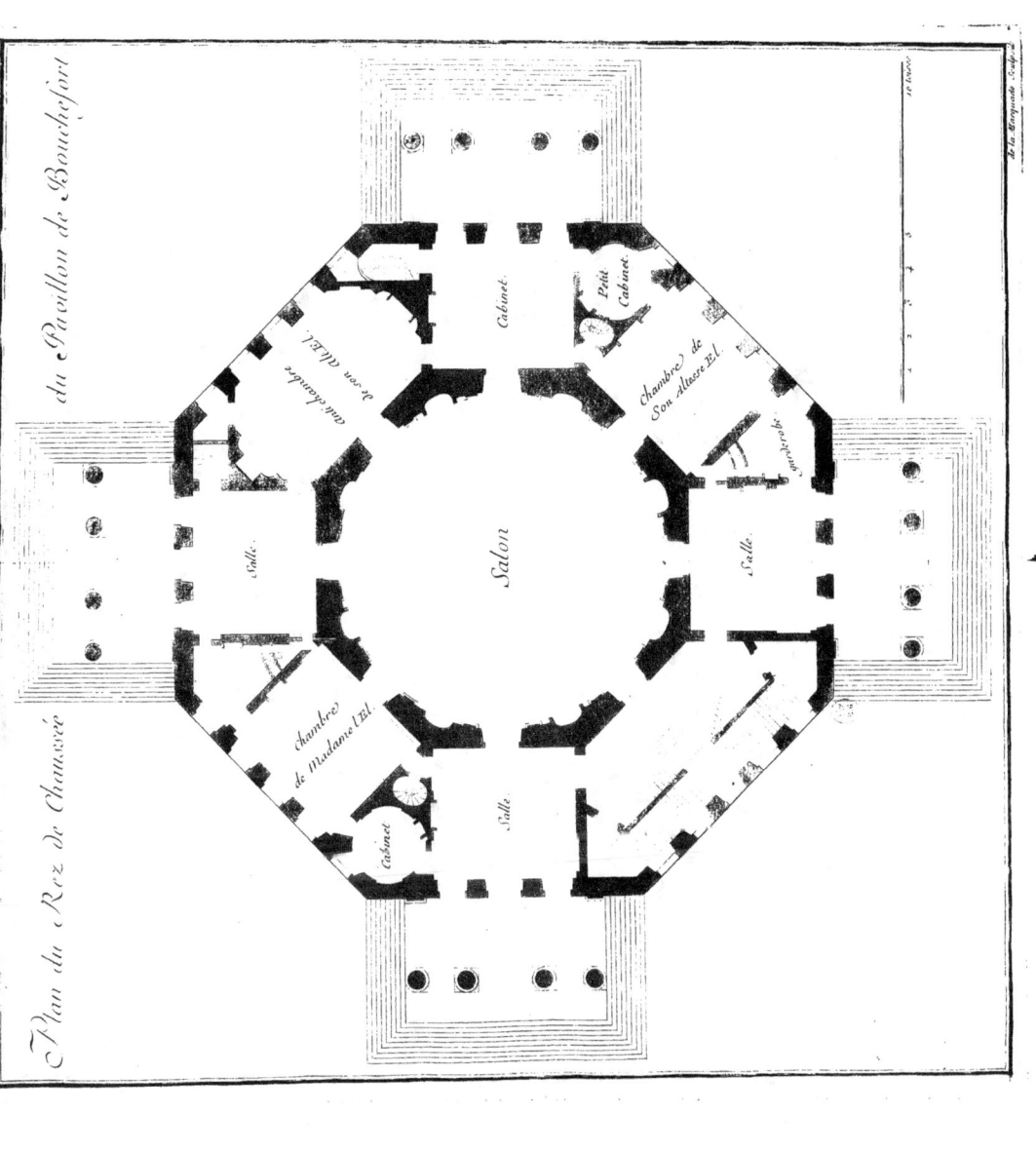

Plan du Rez de Chaussée   du Pavillon de Bouchefort

Salon

Cabinet
Petit Cabinet
chambre de Son Altesse El.
Garderobe
Salle
chambre de Madame El.
Cabinet
Salle
chambre de son Altesse El.
Salle

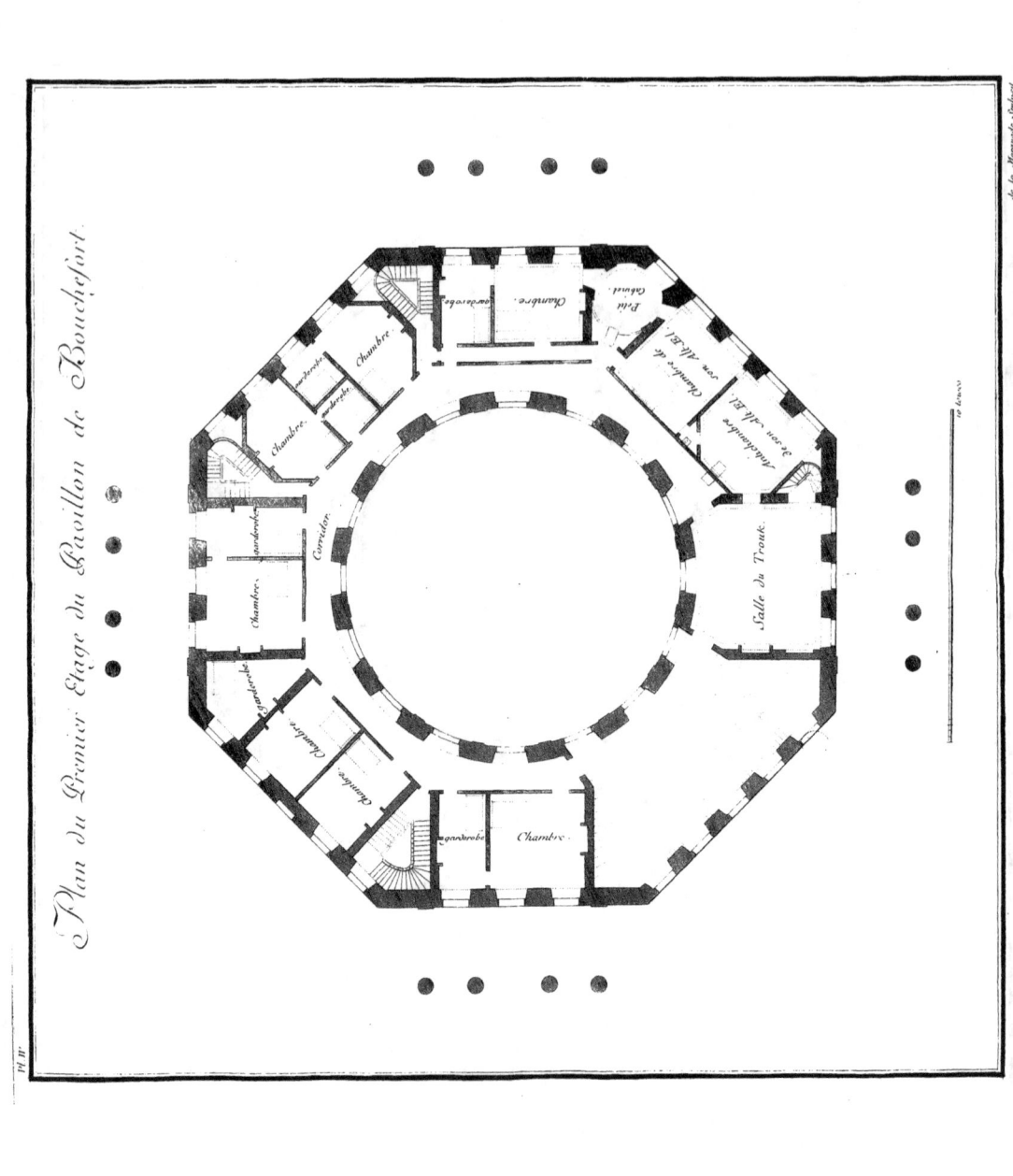

Plan du Premier Etage du Pavillon de Bouchefort.

Salle du Trone.

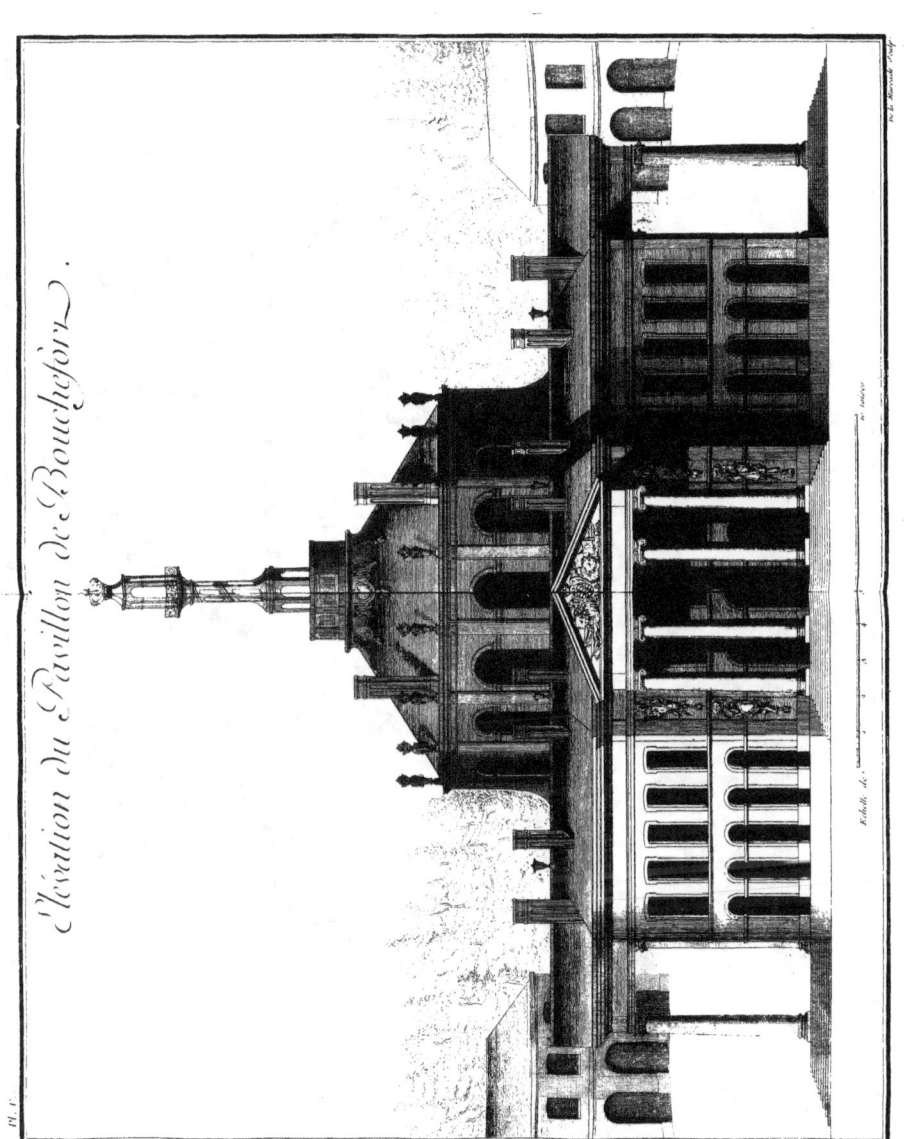

Élévation du Pavillon de Boucheserr.

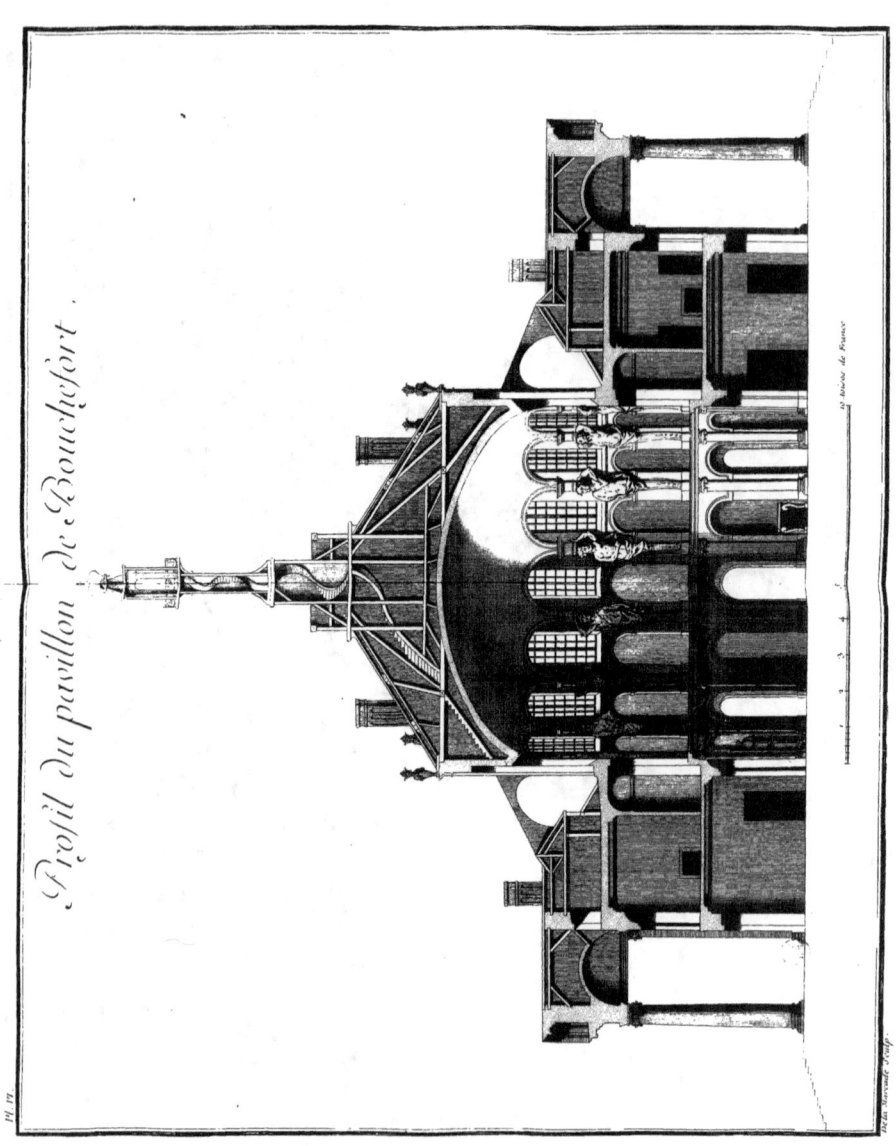

Profil du pavillon de Bouchefort.

Pl. 14.

De la Nouvelle Feuill.

Au Bavière de France.

PALAIS
DE NANCY.

LE principal corps de logis de ce Palais, fous lequel eft l'entrée, eft conftruit au bout de la Carriere, qui eft une grande place à l'entrée de la vieille ville. Il eft placé fur le terrein de l'ancien Palais qui étoit la demeure ordinaire des Ducs de Lorraine. Ce bâtiment étant fort ancien & fort irrégulier, a été démoli en partie, & Son Alteffe Royale le Duc Leopold, dont j'avois l'honneur d'être le Premier Architecte, m'ordonna de faite un projet général, pour faire en premier lieu le principal corps de logis, & en continuer dans la fuite l'execution fur le même plan.

Sous toute la face de ce principal corps de logis du côté de la carriere, il y a un portique vouté, en demi-lune, qui fe préfente du bout de la carriere. L'entrée du Palais eft par un veftibule en voute d'arefte portée par quatre rangs de colomnes d'ordre Dorique, qui forment cinq paffages pour entrer dans la principale cour, entourée d'un portique vouté pour communiquer à couvert dans toutes les parties du bâtiment, lequel portique conduit à un grand efcalier à deux rampes pour monter au premier étage, où eft l'appartement de Leurs Alteffes Royales, qui d'un côté a vûe fur la carriere, & en retour fur des Jardins placés fur les remparts, & d'où l'on découvre une fort belle vûe fur la campagne. Cet appartement, quoiqu'interrompu par la demie-lune de la façade, forme une enfilade dans toute la longueur de ce bâtiment.

La façade fur la carriere & celle en retour fur les Jardins, font ornées au-deffus du rez-de-chauffée par des colomnes

PALATIUM
NANCETI.

PRæcipua hujufce Palatii pars, per quam fit ingreffus, fita eft quà definit platea ingens, in ipfo antiquæ urbis introitu fpectanda, quam curriculum vocitant. Suprà veteris Regiæ folum, quæ Ducum Lotaringiæ olim erat Sedes, novæ conftructionis moles affurgit. Cùm ædificium vetus, tum antiquitate, tum inconcinnâ operis formâ obfolefceret, quo ad maximam partem dirutum eft. Hinc adeò Sua Celfitudo Regalis Dux Leopoldus, qui me ædificiis fuis, tanquam Primarium Architectum præfecerat, juffit ut generalem quemdam profpectum delinearem, qui exftruendæ præcipuæ Palatii hujufce faciei inferviret, ut, juxtà exaratum à me exemplar, labores fubinde continuarentur.

Sub tota hujus præcipuæ partis domi facie, curriculum verfùs, Porticus eft Camerata, cornutam imitans lunam, & quæ è curriculi finibus fe oculis objicit. Aditum præbet ad Palatium veftibulum, cujus fornix eft angulata, & quatuor Doricarum ordinibus columnarum fuftinetur; ità ut quinque tranfitibus ad principalem poffis pervenire Aream, quæ circumdatur arcuatâ porticu, ut fub tecto ad omnes ædificii partes poffit effe communicatio; quæ porticus ad magnum duplexque ducit fcalare, quo afcenditur ad primum tabulatum, ubi Sua habitant Regiæ Celfitudines; quodque ex unâ parte curriculi afpectum præbet, atque videndos lateraliter dat hortos qui fuper valla collocantur, & undè gratiffimi patent campi. Licet hæc habitatio à lunatâ facie interrumpatur, continuum per totam hujus ædificii longitudinem rectum præbet tranfitum.

Verfùs curriculum frons, & illa quæ ad hortos lateraliter fpectat, iifdem columnis atque paraftatis fuprà imam domi partem ex-

N

& pilaſtres d'ordre Corinthien, qui comprennent la hauteur de deux étages : celle ſur la cour eſt compoſée de trois Ordres d'Architecture : celui du rez-de-chauſſée eſt Dorique, celui du premier étage eſt Ionique, & le troiſiéme Corinthien, avec des colonnades ſaillantes qui forment des balcons couverts dans chaque milieu des quatre côtés de la cour.

Tout le rez-de-chauſſée eſt voûté ſous le plain-pied du premier étage, & eſt employé au Corps-de-Garde des Cent-Suiſſes, & du Regiment aux Gardes. Il y a auſſi quelques appartemens pour des Seigneurs & des Officiers, & des Salles à l'uſage de la Cour.

Au plain-pied de l'appartement de Leurs Alteſſes Royales il y a des appartemens pour les Princes & les Princeſſes du Sang.

Le portique autour de la cour communique auſſi à la Chapelle Palatiale de ſaint George, du côté de la ville, & au fond de la cour à une ſalle de Comedie, adoſſée à la ſalle d'Opéra ci-devant faite, & qui eſt fort bien diſpoſée avec des machines & des décorations magnifiques.

Le ſecond & troiſiéme étages ſont employés à des logemens d'Officiers de la Cour. On a conſervé d'anciennes cours pour les offices & pour d'autres commodités de ce Palais

Explication de la ſeptiéme Planche.

Elle repreſente le plan du rez-de-chauſſée.

RENVOIS.

1. Portique ſous la façade du Palais.
2. Veſtibule.
3. Corps de Garde.
4. Cour.
5. Logemens d'Officiers de la Cour.

6. Portique au pourtour de la cour.
7. Grand eſcalier.
8. Autre eſcalier.
9. Veſtibule communiquant à la cour de l'ancien Palais.
10. Veſtibule communiquant aux Jar-

ornantur Corinthiis, quæ duorum tabulatorum amplectuntur altitudinem. Facies verò quæ ad aream vertitur, tribus Architecturæ componitur ordinibus : ad imam partem ſtat ordo Doricus, ad primum tabulatum Ionicus ; tertius autem ordo Corinthius eſt, cum ſeriè columnarum eminentium foris, quæ operta meniana, ſeu podia efformant in unoquoque medio quatuor areæ partium.

Ima pars Palatii cameratur ſub primi tabulati planitie, & occupatur excubiis centum Helvetiorum & Prætorianâ Legione : illic etiam reperiuntur quædam Procerum atque Miniſtrorum ſedes, & œci ad aulæ uſum.

Ad planum pedem ædium in quibus Suæ Celſitudines Regiæ habitant, ſunt quoque domicilia Principibus tum maſculis tum fæmincis è Sanguine natis deſtinata.

Per porticum quæ circumdat aream, ad Sacellum Palatiale ſancti Georgii itur, urbem versùs ; & in intimâ areâ ad Comœdiæ aulam, quæ jungitur Muſicæ aulæ, cujus ordinatio, machinæ & ornatus ſunt ſplendidi.

Ad ſecundam & tertiam contignationem collocatæ fuerunt aulicorum, Adminiſtratorum manſiones. Veteres conſervatæ ſunt areæ, ut ibi fructuariæ & vaſariæ cellæ, aliæque ponerentur commoditates.

Explicatio ſeptimæ Tabulæ.

Imæ partis domi ichnographiam exhibet.

NUMERI RELATIVI.

1. *Porticus ſub Palatii fronte.*
2. *Veſtibulum.*
3. *Statio.*
4. *Area.*
5. *Aulicorum Adminiſtratorum habitationes.*
6. *Porticus in areæ ambitu.*
7. *Magna ſcala.*
8. *Aliæ ſcala.*
9. *Veſtibulum, quod cum areâ priſci Palatii communicat.*
10. *Veſtibulum, quod communicat cum*

Plan du Rez de chaussée du Palais de Nancy

Cour

Carriere

5   10   15   20. Toises

Hérisset Sculp.

Pl. VIII.

Plan du premier etage du Palais de Nancy

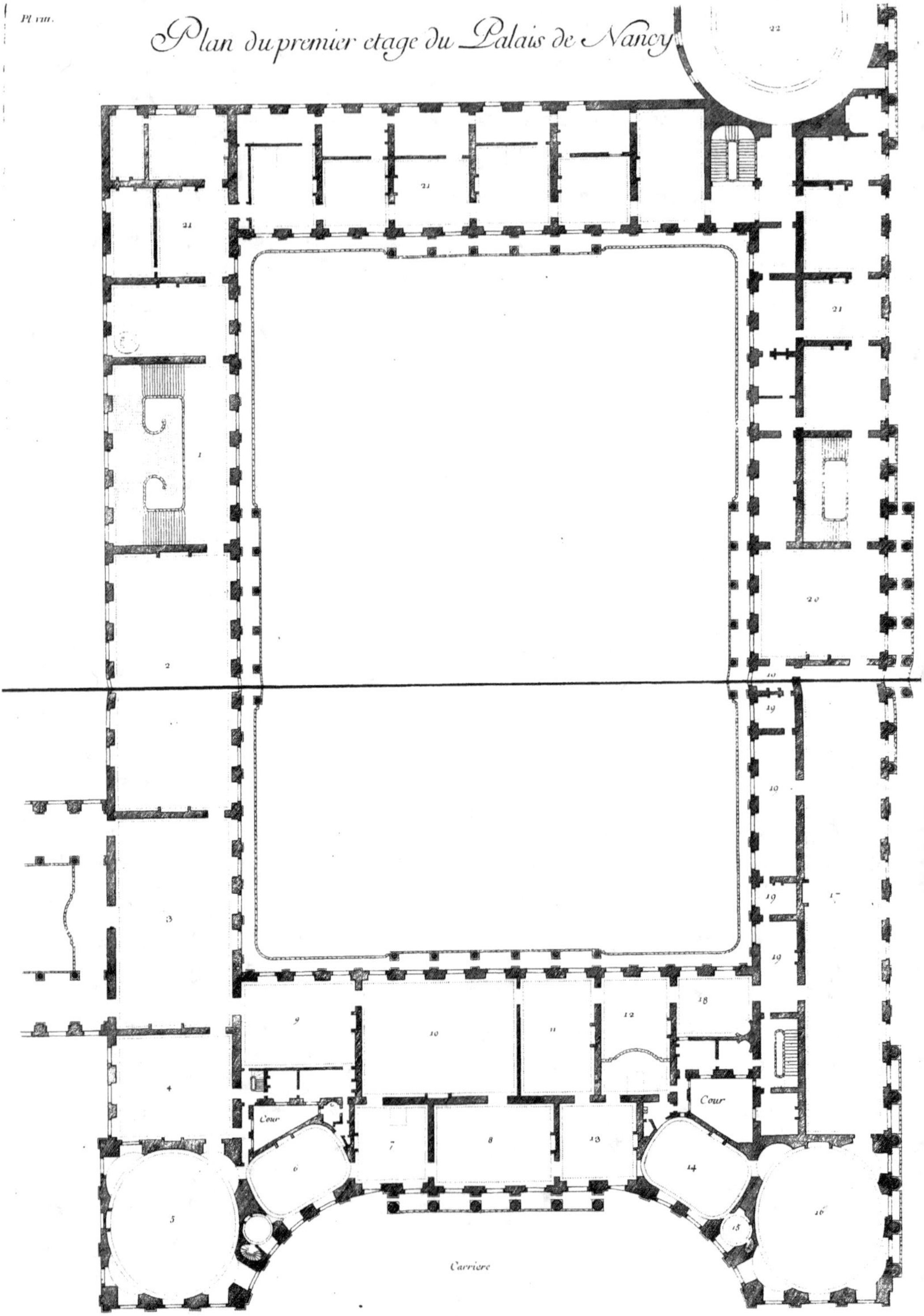

21

21

22

21

1

21

20

2

19

19

3

10

19

17

19

18

9

10

11

12

18

4

Cour

7

8

13

Cour

6

14

5

15

16

Carriere

5   10   15   2o Toises

Pl. IX.

Façade du Palais de Nancy.

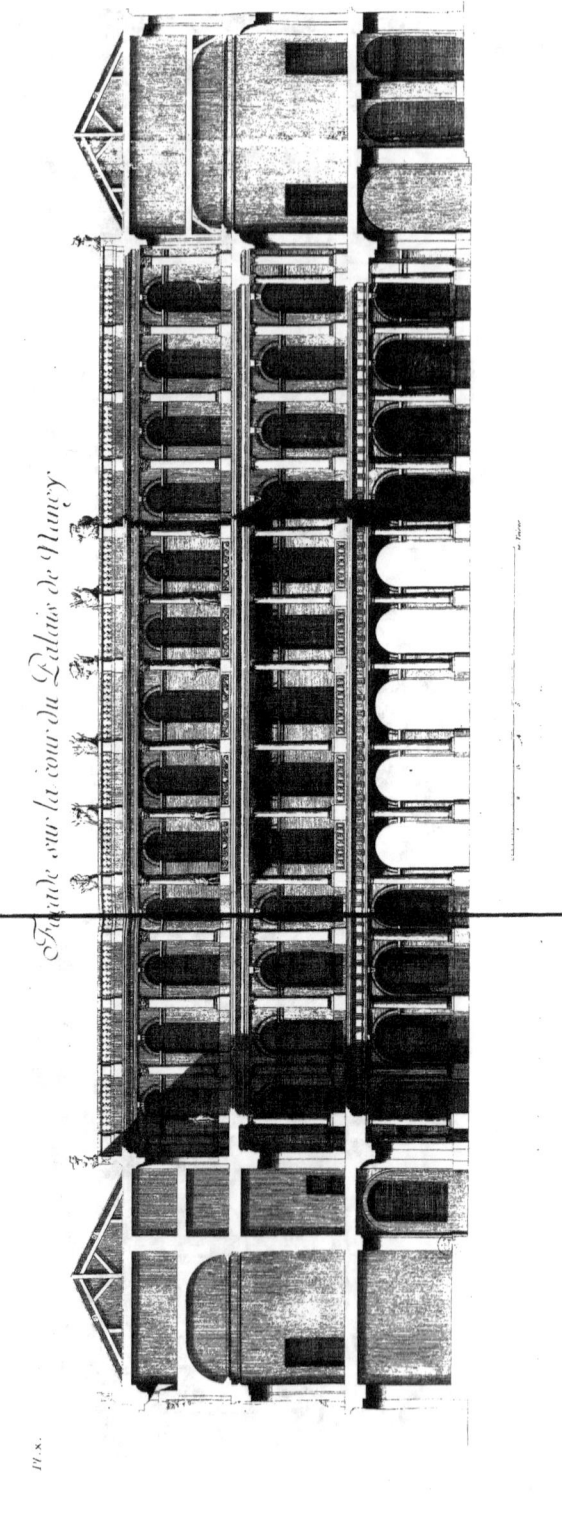

Façade sur la cour du Palais de Nancy.

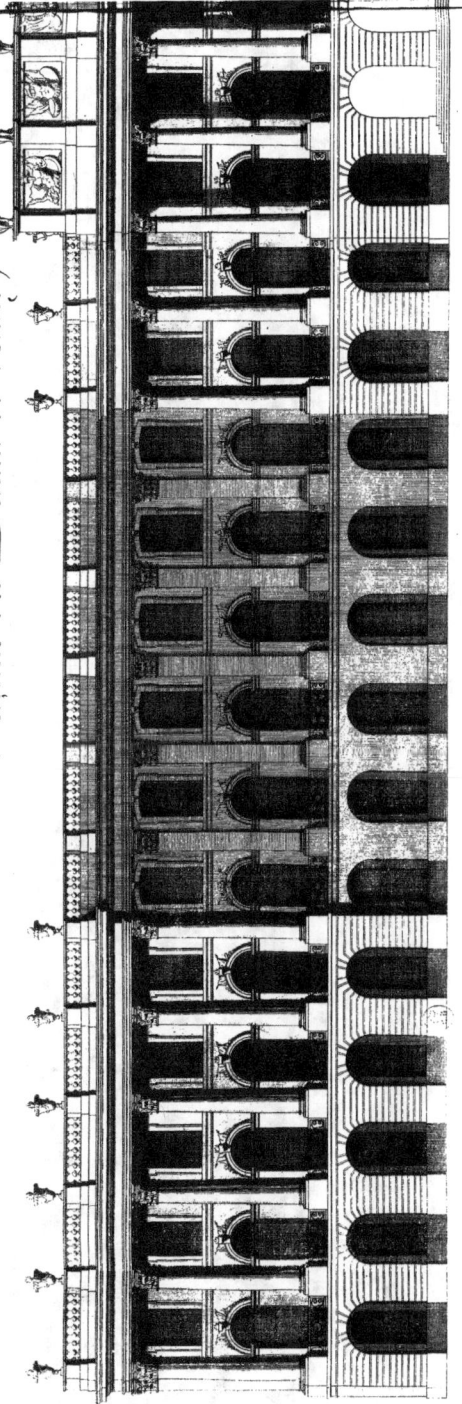

Façade du _Palais de Nancy_

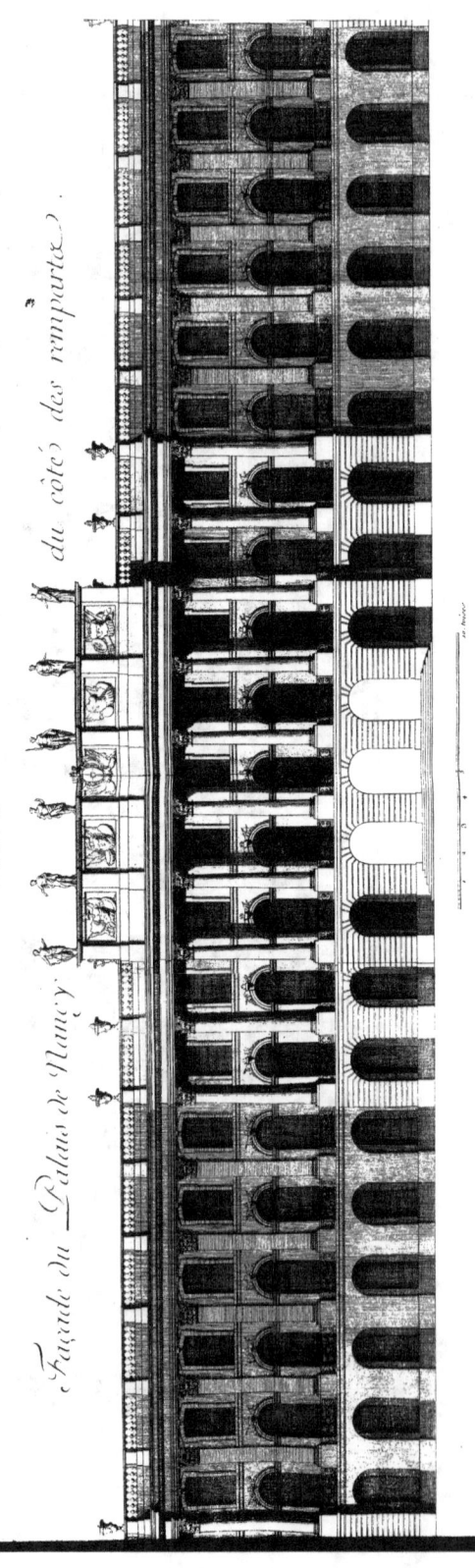

Façade du Palais de Nancy, du côté des remparts.

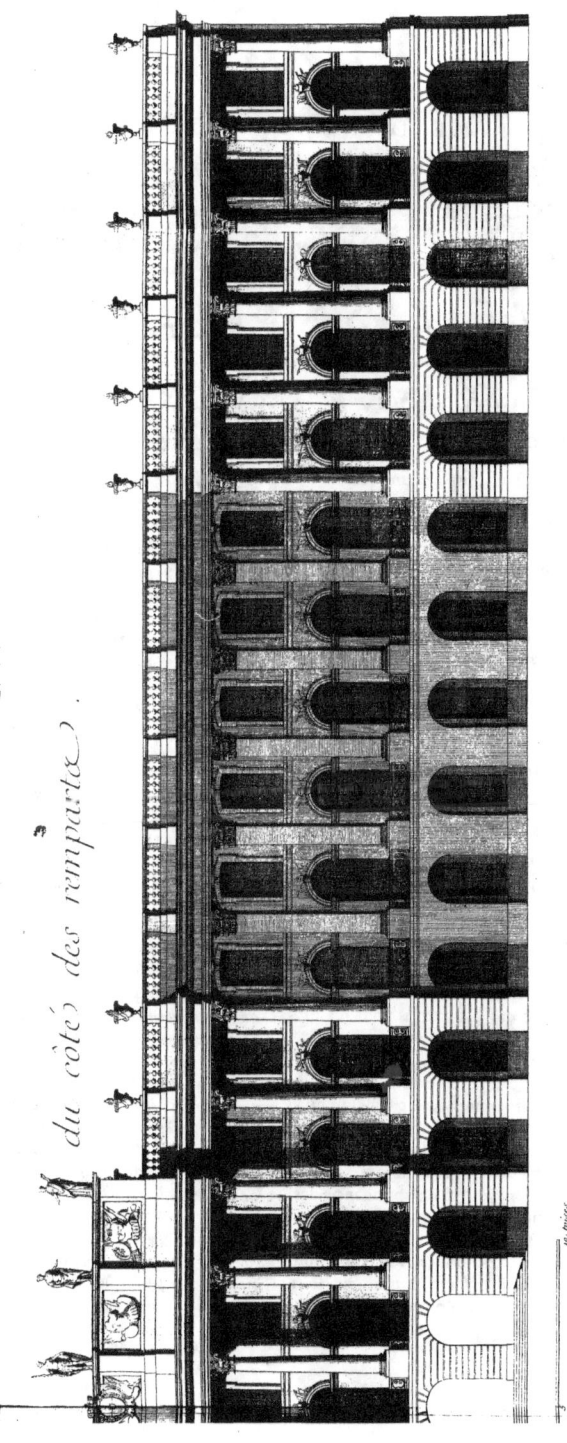

du côté des remparts.

PALAIS
DE LA
MALGRANGE.

PALATIUM
MALGRANGENSE.

CE Palais est situé à un quart de lieuë de la ville de Nancy, en sortant par le fauxbourg d'Allemagne. Les Ducs de Lorraine y avoient une petite Maison & une Ménagerie. Le Duc Leopold trouvant la situation fort belle, prit le dessein d'y faire une Maison assez grande pour s'y loger avec partie de sa Cour, en attendant que son Palais de Nancy fût achevé.

Le principal corps-de-logis est placé sur un côteau, dont la pente est fort douce, pour y faire de grands jardins, au bout desquels la riviere de Meurte forme un canal naturel d'une demie lieue de longueur, dans une plaine terminée par des côteaux fort ornés. Un bois de haute-futaye se trouve placé sur la droite de la maison, & sur la gauche on découvre la ville de Nancy, & la vallée de Boussiere, dont la vûë est fort agréable & étenduë.

Deux grands corps-de-logis à côté de l'entrée, y devoient former une grande cour, avec des basse-cours pour les logemens & commodités nécessaires. La cour devoit être précédée d'une grande avant-cour, à laquelle on seroit arrivé par plusieurs routes, dont celle au milieu de ce Palais se seroit étenduë jusqu'aux côteaux de Vandeuvre, qui étant arrosés par des ruisseaux & des fontaines, auroient fourni en abondance des eaux naturelles à la maison & aux jardins.

Le principal corps de logis a cinquante-quatre toises de face, sur vingt-huit toises de profondeur. L'entrée est sous un peristile de six colomnes d'ordre com-

PAlatium istud distat ab urbe Nanceto leucæ quartâ parte, si per Germaniæ suburbium exeatur. Lotharingiæ Duces ibi villam angustam & vivarium, seu locum pecorosum, possidebant. Cùm Duci Leopoldo naturâ loci arrideret ut plurimùm, decrevit Princeps ibi domum exstruere, in quâ & ipse & aulicorum pars possent consistere, donec Palatium ejus Nancetense perficeretur.

Præcipuum ædificii membrum exstructum est supra collem, qui leniter declivis hortos amplos continet, quorum ad extremam partem, amnis Morta canalem efficit dimidiâ leucâ longum, in plano campo, quem colles peramæni terminant. Dextræ parti ædium nemus adjacet altis arboribus consitum. A lævâ, urbs Nancetum sese exhibet, cum valle Boussieriâ, cujus prospectus in latum patens jucundissimus est.

Duo ingentia ædium membra juxtà ingressum posita, cavædium grande debebant efficere, cum minoribus cavædiis, ad constituendas ibi alias domos cæterasque res commodas. Istud cavædium debebat antecedere aream ingens, ad quam perducturæ erant multiplices viæ, quarum illa quæ mediæ ædificiorum parti inerat, ad colles usque Vandeuvri extendebatur. Hi colles rivis ac fontibus irrigati, aquas domi & hortis nativas & uberes subministrassent.

Præcipuum Palatii membrum quinquaginta quatuor perticas hexapedas in longum, & viginti octo in profundum patet. Ostium sub peristylio est, quod constat sex columnis or-

O

poſite de trente-cinq pieds de hauteur, ſous lequel on peut deſcendre de carroſſe à couvert. La premiere piece eſt la ſalle des Gardes de douze toiſes quatre pieds de long, ſur trente-huit pieds de large, & de quarante-deux pieds de hauteur ſous plancher, laquelle hauteur comprend celle du rez-de-chauſſée & du premier étage : elle conduit à un ſalon ovale de même hauteur, de dix toiſes de long ſur ſept toiſes de large, d'où l'on arrive à deux grands appartements ſur le jardin. La ſalle des Gardes communique auſſi à deux grands appartements ſur la cour. Entre ces appartements, il y a d'un côté un grand eſcalier qui conduit au premier étage diſtribué en pluſieurs appartements dégagés, dont les antichambres ont des tribunes ſur la ſalle des Gardes & ſur le ſalon. De l'autre côté oppoſé au grand eſcalier, il y a un veſtibule & une Chapelle Palatiale, & de chaque côté une cour pour éclairer le grand eſcalier, la chapelle, & les garde-robes de ces appartements. La cour qui eſt enſuite de la Chapelle eſt terminée par un corps-de-logis qui fait le côté du bâtiment, & dans lequel eſt une ſalle à manger fort vaſte, & qui comprend la hauteur des deux étages : la cour qui eſt enſuite du grand eſcalier, eſt terminée par un corps-de-logis, dans lequel il y a des cabinets & autres pieces qui lient de ce côté les deux grands appartemens, & font le coté de ce principal corps-de-logis.

D'autres eſcaliers communiquent au ſecond étage, à pluſieurs appartemens dégagés par ſix corridors, qui s'étendent dans toute la longueur & la largeur de ce corps-de-logis.

dinis compoſiti ; quarum altitudo quinque & triginta pedum. Periſtylium iſtud opertum ac rhedis pervium eſt. Primò ſeſe offert prætorianum atrium, cujus longitudo perticarum hexapedarum duodecim cum quatuor pedibus ; latitudo octo & triginta pedum ; altitudo quadraginta cum duobus, ſub contabulatione : quæ quidem altitudo imæ & primæ contabulationis altitudinem complectitur Veſtibulum prætorianum perducit ad atrium ovale, cujus altitudo eadem eſt atque altitudo veſtibuli, longitudo perticarum hexapedarum decem, latitudo verò ſeptem. Ex iſto atrio devenitur ad duas habitationes magnas, quæ hortos reſpiciunt. Prætorianum veſtibulum ad duas itidem perducit habitationes quæ cavædium ſpectant. Inter hæc cubicula, hinc aſſurgit ſcalare majus, quod ad primam ducit contabulationem, ubi varia cubicula, quorum antithalami pluteos habent qui prætorianum veſtibulum & atrium ovale, de quo dixi, reſpiciunt : illinc, ſcilicet in parte ſcalari oppoſitâ, veſtibulum eſt & Palatii Sacellum. Ex utraque parte cavædium eſt, ut magno ſcilicet ſcalari nec-non Sacello, ac cellis familiaricis lux impertiatur. Quod Sacello adjacet cavædium ædificii membro terminatur, quod latus eſt majoris ædificii & ubi triclinium eſt peramplum, cujus altitudo duas contabulationes comprehendit. Cavædium quod magno ſcalari proximum eſt, habet in parte extremâ ædem, ubi muſæa & anguſta quædam hujuſmodi cubicula reperias, quæ hac parte, majora duo domicilia connectunt, & alterum iſtius majoris ædificii latus conſtituunt.

Alia ſunt ſcalaria, per quæ, in ſecundâ contabulatione, pervenitur ad varia domicilia. Ea ſex diviſionibus, hoc eſt, opertis itineribus diſcriminantur, quæ quidem per totam hujus ædificii longitudinem latitudinemque excurrunt.

Explication des Planches.

La douziéme Planche repreſente le plan du rez-de-chauſſée du principal corps-de logis.

Tabularum Explicatio.

Tabula duodecima imæ partis præcipuarum ædium exponit ichnographiam.

Nº. 1. Periftile où l'on defcend de car-
roffe à couvert.
2. Salle des Gardes.

3. Salon.
4. Antichambre de Son Alteffe Royale.
5. Seconde Antichambre.
6. Chambre.
7. Cabinet.
8. Chaife.
9. Garderobe.
10. Petit Cabinet.
11. Antichambre de Son Alteffe Royale
Madame.
12. Chambre de Toilette.
13. Chambre.
14. Cabinet.
15. Garderobes.
16. Corridor qui joint les deux appartements ; & entrefole au-deffus des
Chambre Nº 9. 10. & 15.
17. 18. 19. 20. & 21. Grand Appartement.
22. Salle à manger.
23. Buffet & entrefole au-deffus.
24. 25. 26. & 27. Appartemens.
28. Chapelle.
29. Grand Efcalier.

Nº 1. Periftylium ubi in operto à rheda defcenditur.
2. Prætorianum veftibulum, feu Cuftodum
fedes.
3. Oecus.
4. Antithalamus Suæ Celfitudinis Regiæ.
5. Alter antithalamus.
6. Cubiculum.
7. Conclave.
8. Sella.
9. Cella familiarica.
10. Parvum conclave.
11. Antithalamus Dominæ Suæ Regiæ Celfitudinis.
12. Ad mundum muliebrem cubiculum.
13. Cubiculum.
14. Conclave.
15. Cellæ familiariæ.
16. Xyftus, qui duo connectit domicilia, nec-
non depreffa & brevis contignatio fuper
cubicula Nº. 9. 10. & 15.
17. 18. 19. 20. & 21. Grandis ædium pars.
22. Triclinium.
23. Armarium feu repofitorium, & brevis
contignatio fuprà.
24. 25. 26. & 27. Ædium partes.
28. Sacellum.
29. Magnum fcalare.

Explication de la Planche XIII.

Elle reprefente le plan du premier Etage.

Nº 2. Salle des Gardes, qui comprend
la hauteur du rez-de-chauffée & du
premier Etage.
3. Salon, qui comprend la hauteur des
deux Etages.
4. Paffage de communication aux Appartemens des Princes & Princeffes,
fur le Jardin & fur la cour.
5. Chapelle Palatiale, qui comprend
toute la hauteur du bâtiment.
6. Tribunes.
7. Salle à manger, qui comprend la hauteur du rez-de-chauffée & du premier
Etage.
8. Tribune.
9. Grand Efcalier qui arrive au premier
Etage.

Explicatio Tabulæ decimæ-tertiæ.

Primi Tabulati offert ichnographiam.

Nº. 2. Atrium prætorianum, quod imæ partis domûs & primi tabulati altitudinem
adæquat.
3. Aula quæ tàm alta eft quàm duo tabulata.
4. Tranfitus, qui communicationem conciliat
cum Principum habitationibus, & versùs
hortos & versùs aream.
5. Sacellum Palatiale, quod totius ædificii
habet altitudinem.
6. Plutei, five fuggefta.
7. Triclinium, cui imæ partis ædium & primi tabulati data fuit altitudo.

8. Pluteus.
9. Magnum fcalare, quod ad primum tabulatum ducit.

10. Efcaliers qui montent au fecond Etage.

10. *Scalaria quæ ad fecundam contabulationem perveniunt.*

Explication de la Planche XIV.

Explicatio Tabulæ decimæ-quartæ.

Elle reprefente le plan du fecond Etage.

Ichnographiam fecundi tabulati exhibet.

RERVOIS.

NUMERI RELATIVI.

1. Corridors qui dégagent tous les Appartemens du fecond Etage.
2. Voute de la Chapelle.
3. Voute du grand Efcalier.
4. Efcaliers qui montent de fond au fecond Etage.
5. Garde-meuble.
6. Terraffe.

1. *Xyfti, quibus omnia fecundi tabulati domicilia liberiora fiunt.*
2. *Camera Sacelli.*
3. *Camera magni fcalaris.*
4. *Scalaria quæ ab imo folo ad fecundum tabulatum afcendunt.*
5. *Supellecticaria cella.*
6. *Terrenus agger.*

Explication de la Planche XV.

Explicatio Tabulæ decimæ-quintæ.

Elle reprefente la Façade fur la cour.

Subjicit oculis ædificii frontem aream versùs.

De la Planche XVI.

Tabulæ decimæ-fextæ.

Elle reprefenre la Façade fur le Jardin.

Repræfentat frontem hortum versùs.

De la Planche XVII.

Tabulæ decimæ-feptimæ.

Elle reprefente la Façade du bout du Bâtiment.

Frontem extremitatis ædificii offert.

De la Planche XVIII.

Tabulæ decimæ-octavæ.

Elle reprefente la coupe du Bâtiment par le milieu de la Salle des Gardes & du Salon.

Ædificii fcenographicam fectionem per medium atrii prætoriani & aulæ exhibet.

PLANCHES XII. XIII. XIV. XV. XVI. XVII. XVIII.

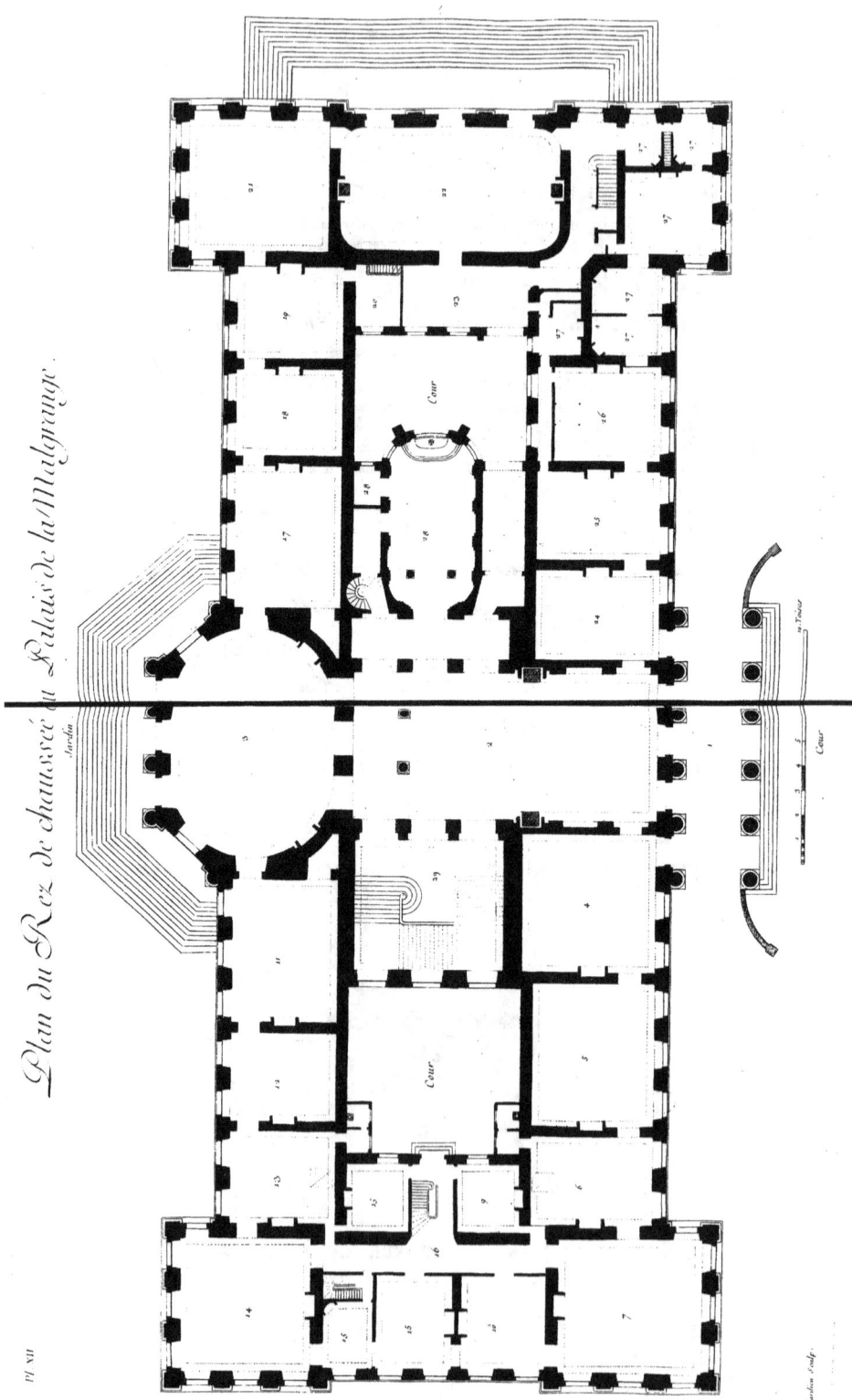

Plan du Rez de chaussée du Palais de la Malgrange.

Pl. XII

Jardin

Cour

a Tudor

Cour

Vardien Sculp.

Pl. VII.

Plan du premier Etage du Palais de la Malgrange.

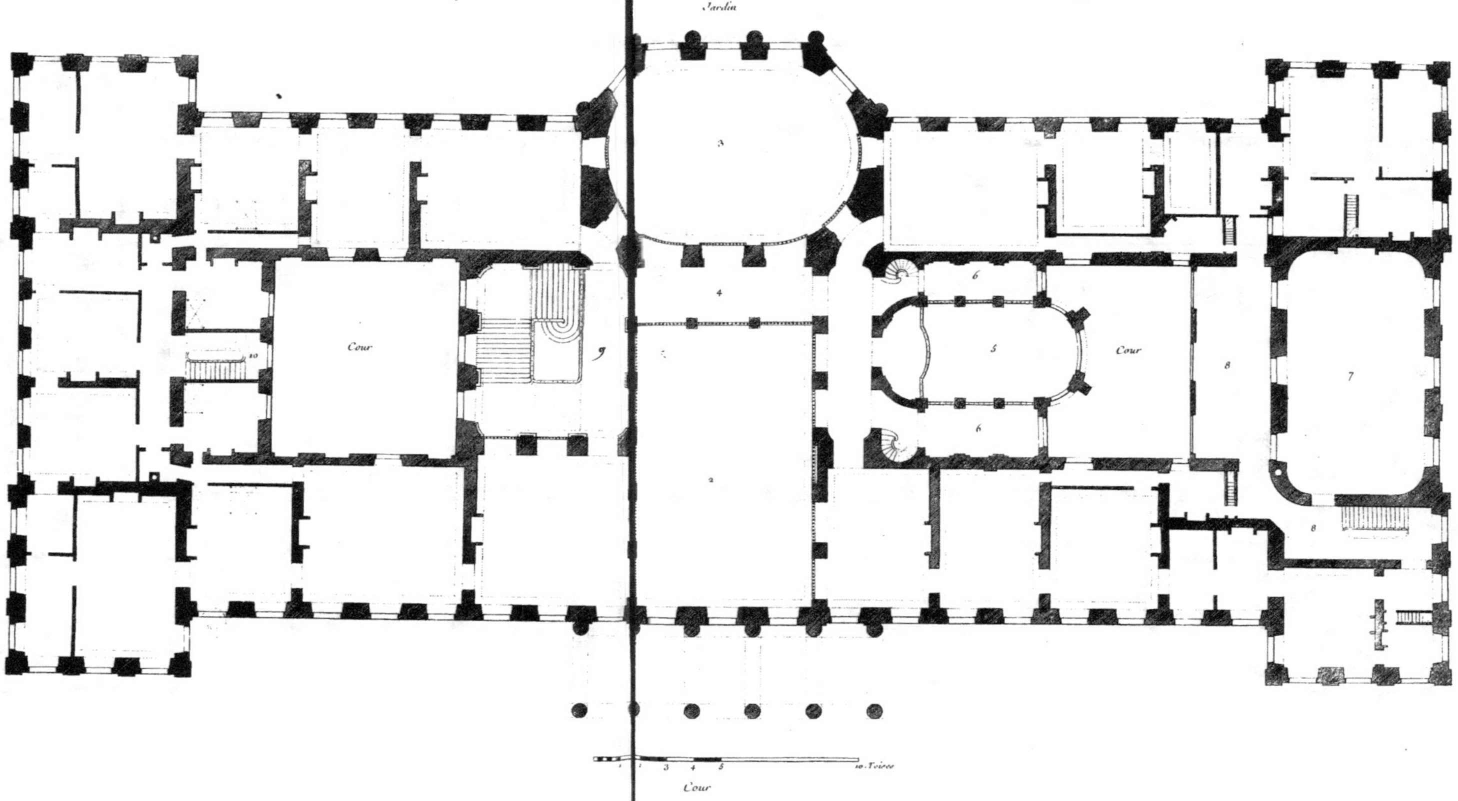

Plan du 2.e Etage du Palais de la Malgrange.

Pl. XI.

Façade du Palais de la Malgrange du coté de la cour.

Toises

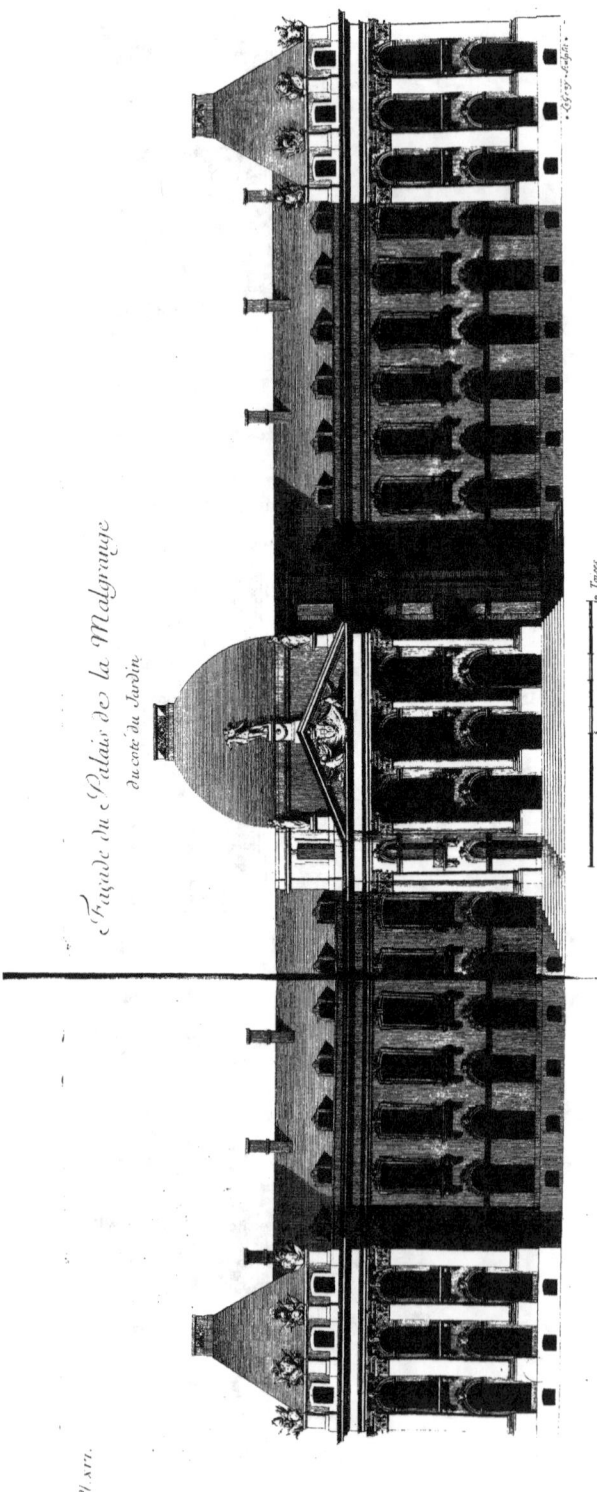

Façade du Palais de la Malgrange
du côté du Jardin

Pl. XVI.

Pl. XIII.

Façade du bout du Palais de la Midonange

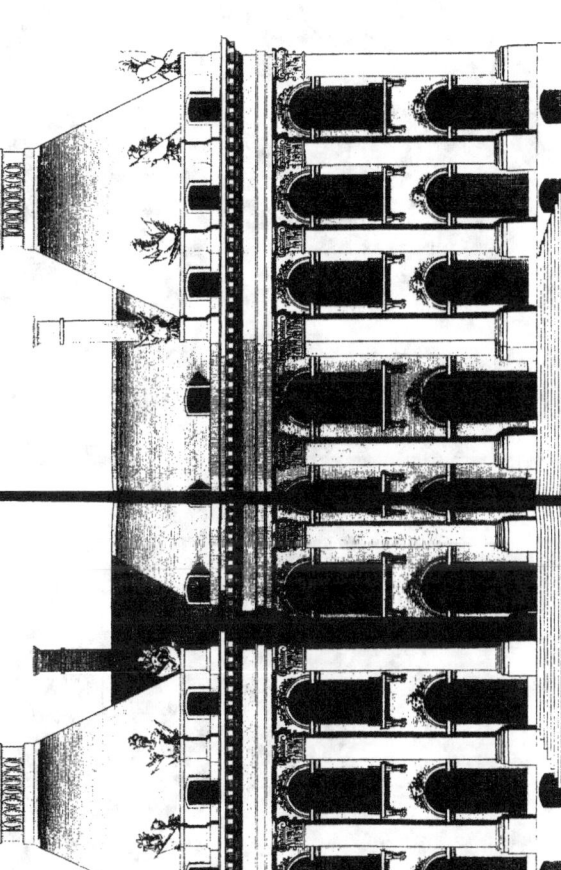

Pl. XVIII.

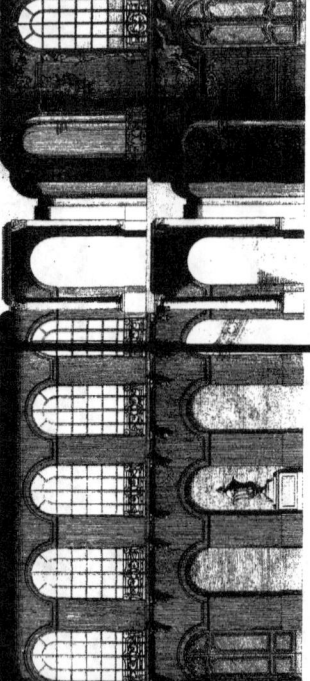

Profil de la Salle des Gardes et du Sallon de la Maliquant

SECOND PROJET DU PALAIS DE LA MALGRANGE.

DISPOSITIO ALTERA PALATII MALGRANGIENSIS.

QUoique ce projet n'ait pas eu la préference fur le premier, j'ai cru pouvoir le joindre ici par rapport à fa difpofition, qui n'eft pas ordinaire.

Il devoit être bâti dans la même place que le premier. Il eft compofé au rez-de-chauffée d'un Sallon de dix toifes de diametre pour raffembler la Cour, d'une gallerie au pourtour pour la garde, & d'une pareille galerie au premier étage, qui communique aux appartemens. Ce Sallon au rez-de-chauffée eft foutenu par vingt-quatre colomnes de feize pieds de hauteur d'ordre Ionique, dont vingt-deux font de marbre & deux de bronze, pour fervir de poëles pour échauffer toute la maifon dans le centre, par le moyen d'un fourneau fous le rez-de-chauffée.

Du milieu du Sallon on découvre quatre appartemens, qui d'un bout à l'autre forment deux enfilades en ligne diagonale, entre lefquelles d'un côté un grand efcalier fert à monter au premier étage ; après lequel efcalier eft une galerie qui lie les deux appartemens. Du côté oppofé à l'efcalier fe trouve une falle à manger qui a fon iffuë fur un periftile de fix colomnes.

Ce bâtiment eft décoré d'un ordre Ionique de trente pieds de hauteur, flanqué aux quatre angles de pavillons qui s'élevent au-deffus de l'entablement, de même que le Sallon du milieu, qui eft percé de douze croifées qui l'éclairent. Ce Sallon eft foutenu dans fon pourtour par des arcs-boutans qui en empêchent l'écartement.

QUamvis hæc forma priori fuerit poftpofita, operæ pretium duxi hìc illam inferere, propter ejus difpofitionem, quæ minimè vulgaris eft.

Huic eadem, quæ priori deftinebatur fedes. A folo furgit atrium, cujus eft diameter decem perticarum hexapedarum, & in quo aulæ proceres poffent confiftere. Circum appofita eft porticus, quæ Prætorianam cohortem contineat. In primá contabulatione exftat altera porticus, quæ majora cubicula conneftit. Atrium de quo dixi fuftinent viginti & quatuor columnæ Ionicæ, quarum altitudo fexdecim pedum. Harum duæ & viginti marmoreæ funt, & duæ ex ære, quæ ope camini infrà pofiti totam intus calefaciant domum in vicem hipocauftorum.

E medio atrii quatuor profpiciuntur majora domicilia, quæ ex alterá parte ad alteram duos in tranfverfum efficiunt congeftorum thalamorum ordines, quorum in medio hinc fcalare majus affurgit, per quod ad primam contabulationem datur afcenfus, & quo fuperato fefe offert porticus quæ majora duo domicilia conneftit : illinc, fcilicet in parte fcalari oppofitá, triclinium eft, quod exit in periftylium fex columnis infigne.

Totam ædem decorant columnæ Ionicæ, quarum altitudo triginta pedum. Exftant in quatuor angulis ædes quadratæ ftructuræ, quæ tabulatum extremum fuperant, quemadmodum atrium in medio pofitum, cui lux per feneftras duodecim impertitur. Atrium cingunt ex omni parte ac fuftinent lapidei arcus, qui parietes à diffolutione & effractione tuentur,

P

Explication de la Planche XIX.

Elle repreſente le plan du rez-de-chauſſée.

RENVOIS.

1. Salle des Gardes.
2. Sallon.
3. Antichambre.
4. Chambre.
5. Cabinet.
6. Petit Cabinet.
7. Garderobe.
8. Salle à manger.
9. Periſtile.
10. Grand Eſcalier.
11. Galerie qui joint les deux appartemens.
La Planche XX. repréſente la façade
du côté de la Cour, & celle du côté
du Jardin.
La Placnhe XXI. repreſente la façade
des bouts du bâtiment.
La Planche XXII. repreſente la coupe
du bâtiment par le milieu de ſa longueur.

Explicatio Tabulæ XIX.

Ea tabulatum inferius exhibet.

NUMERI RELATIVI.

1. *Prætorianum veſtibulum.*
2. *Atrium.*
3. *Antithalamus.*
4. *Thalamus.*
5. *Muſæum.*
6. *Muſæum minus.*
7. *Veſtiarium.*
8. *Triclinium.*
9. *Periſtylium.*
10. *Scalare majus.*
11. *Porticus quæ majora duo domililia connectit.*
*Tabula vigeſima exhibet frontem ædificii ver-
ſus aream, & frontem quæ ſpectat ad
hortum.*
*Tabula vigeſima-prima repræſentat faciem
extremitatum domûs.*
*Tabula vigeſima-ſecunda objicit ſcenogra-
phicam ſectionem ædificii per medium longi-
tudinis ejus.*

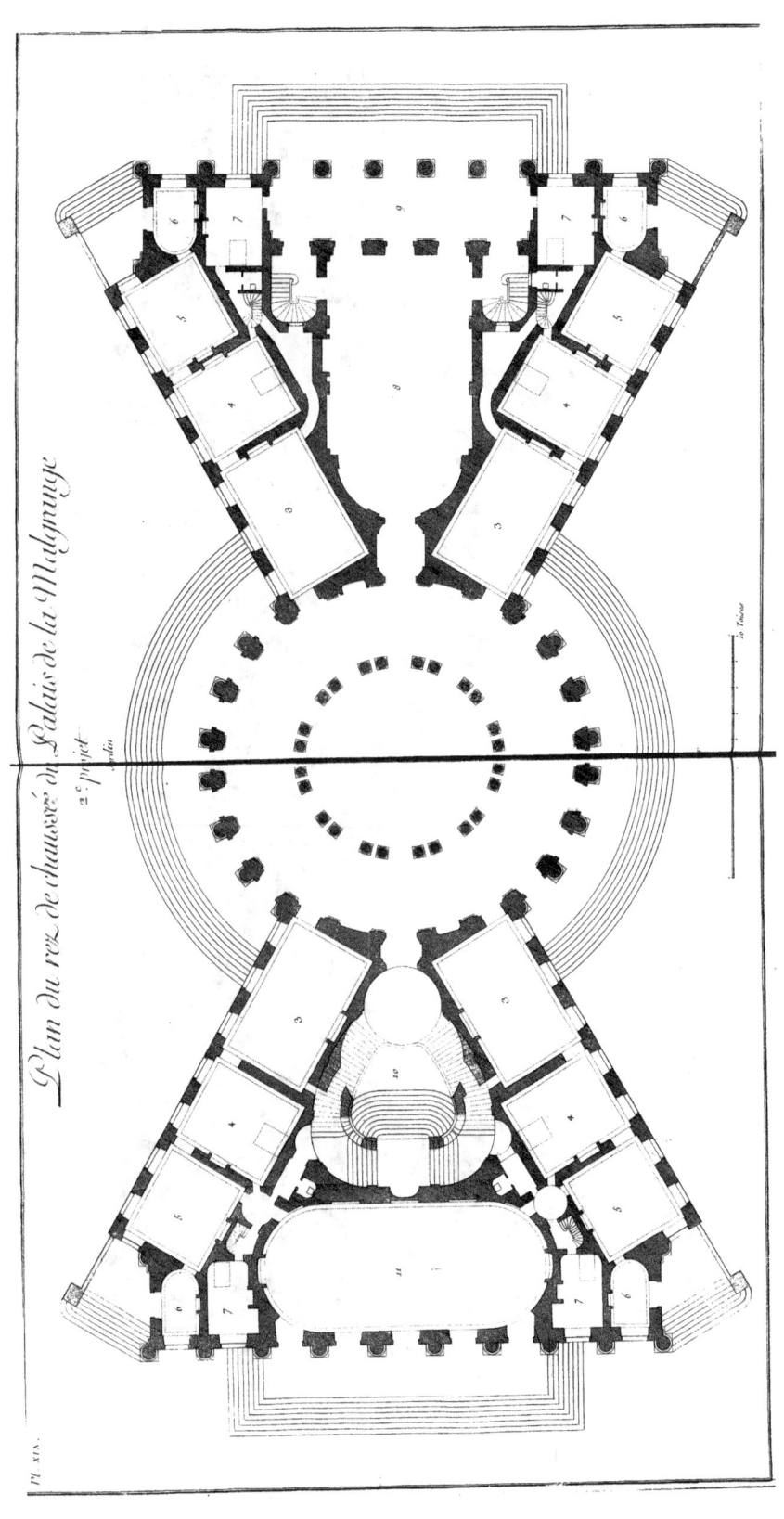

Plan du rez de chaussée du Palais de la Malgrange
2.ᵉ projet

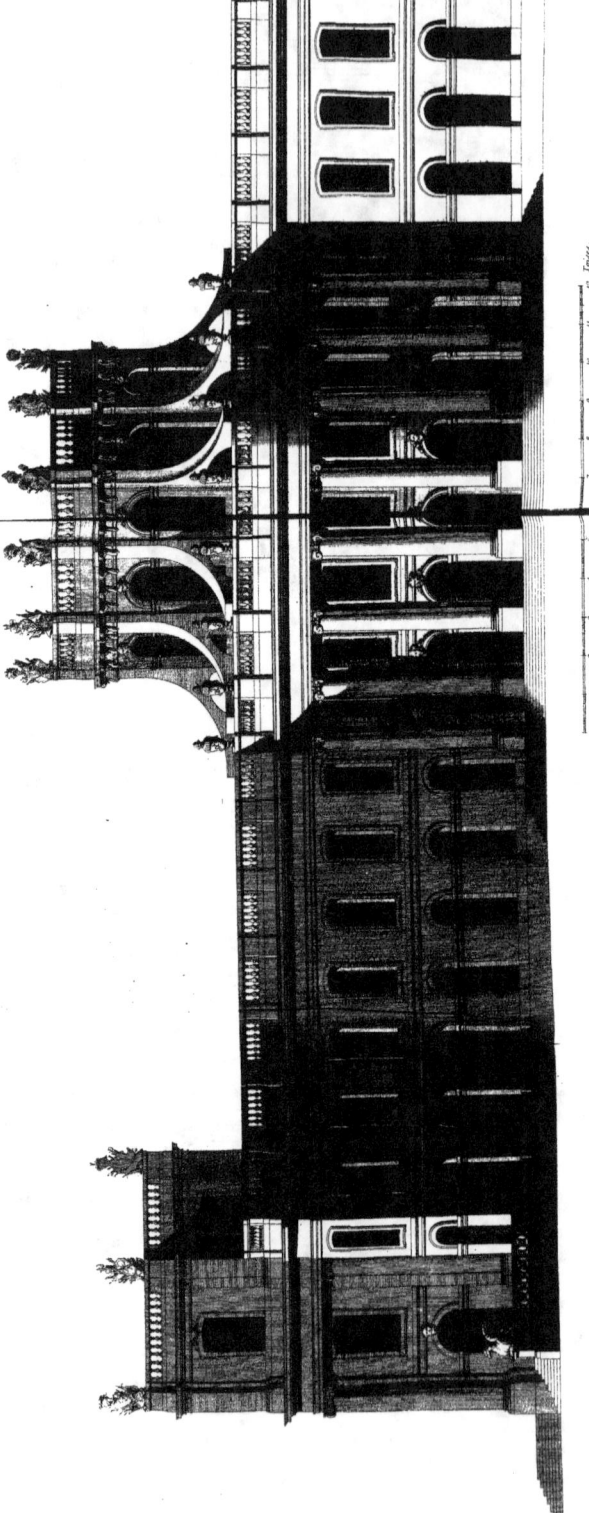

Façade du 2.ᵉ projet du Palais de la Malgrange
tant sur la cour que sur le jardin.

N. xx.

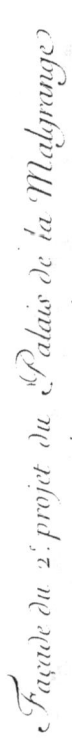

Façade du 2.^e projet du Palais de la Malgrange
tant sur les cour que sur le jardin.

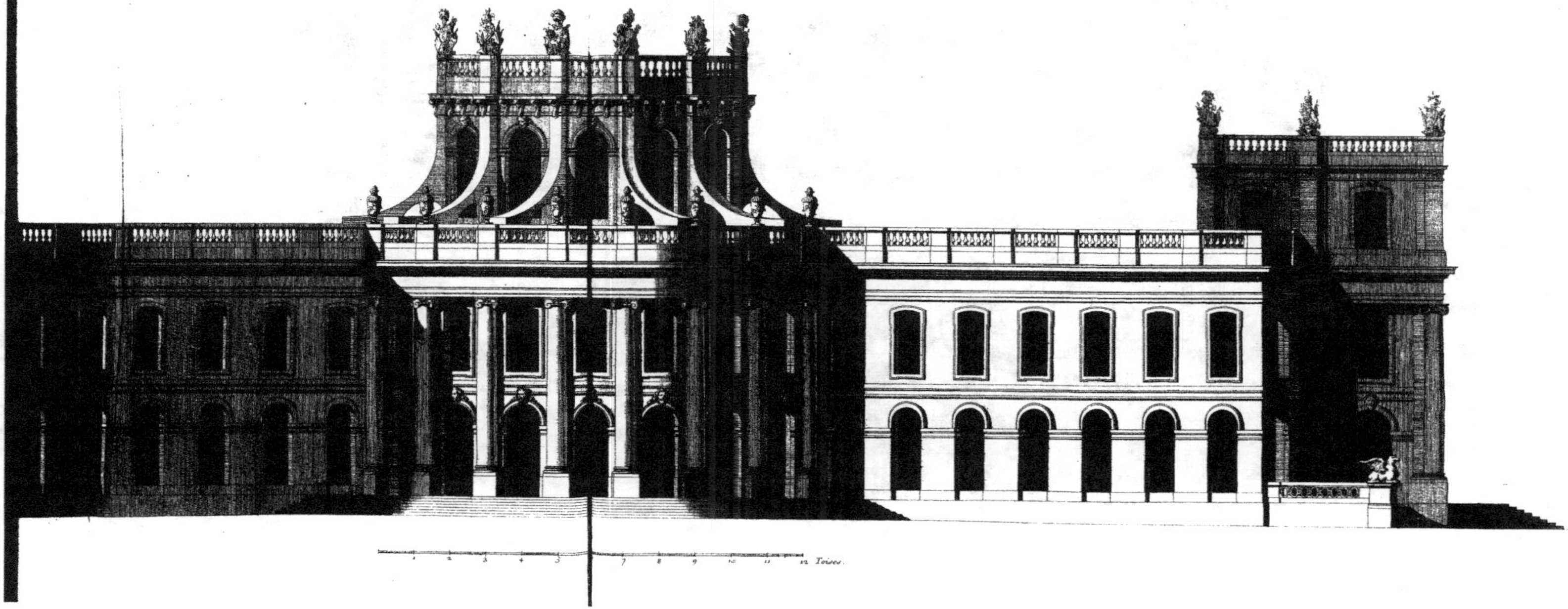

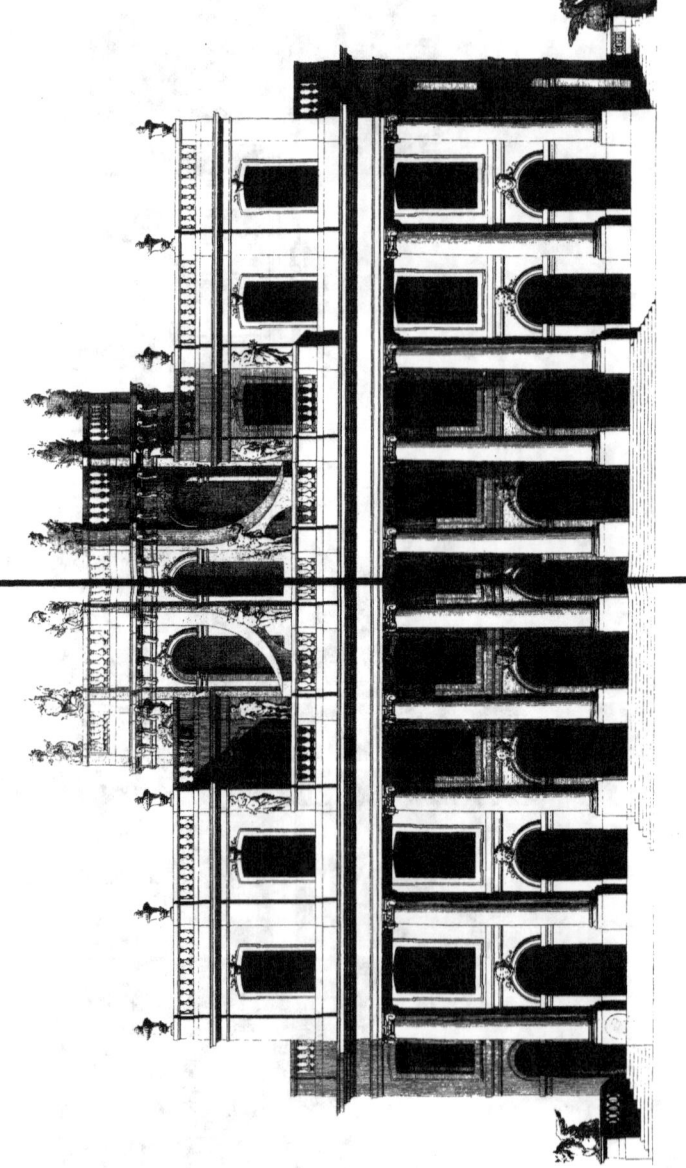

Pl. XXII.

Façade latérale du Palais de la Malgrange
2. part

Blondel sculp.

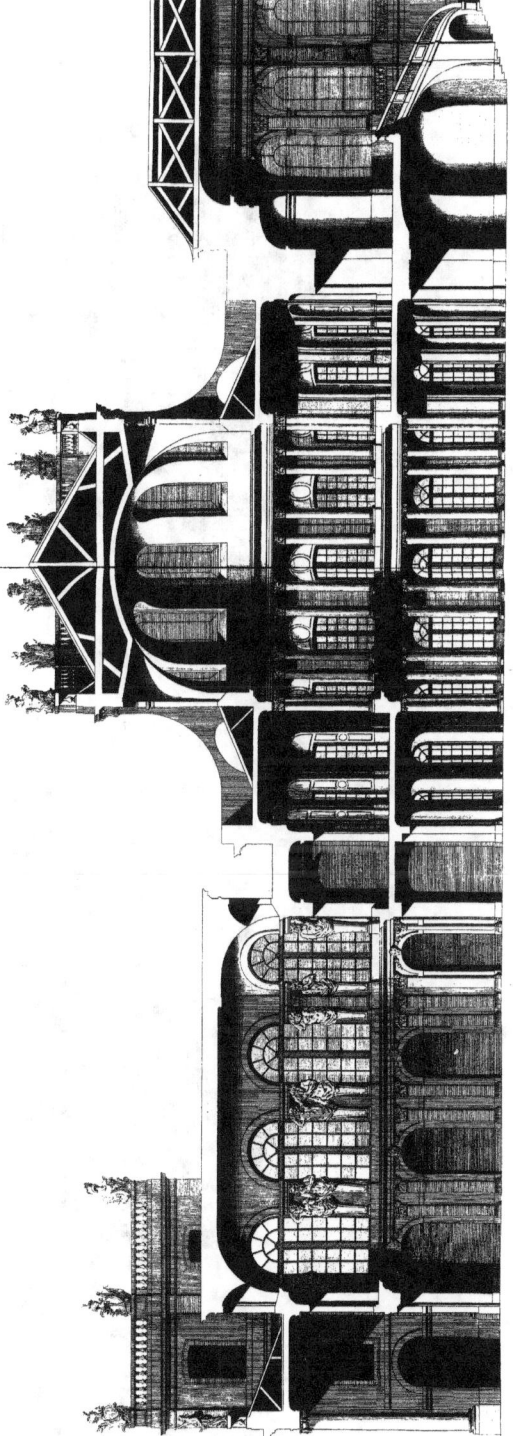

Profil du 2.ᵉ projet du Palais de la Malgrange sur sa longueur

Héré del. Sculp.

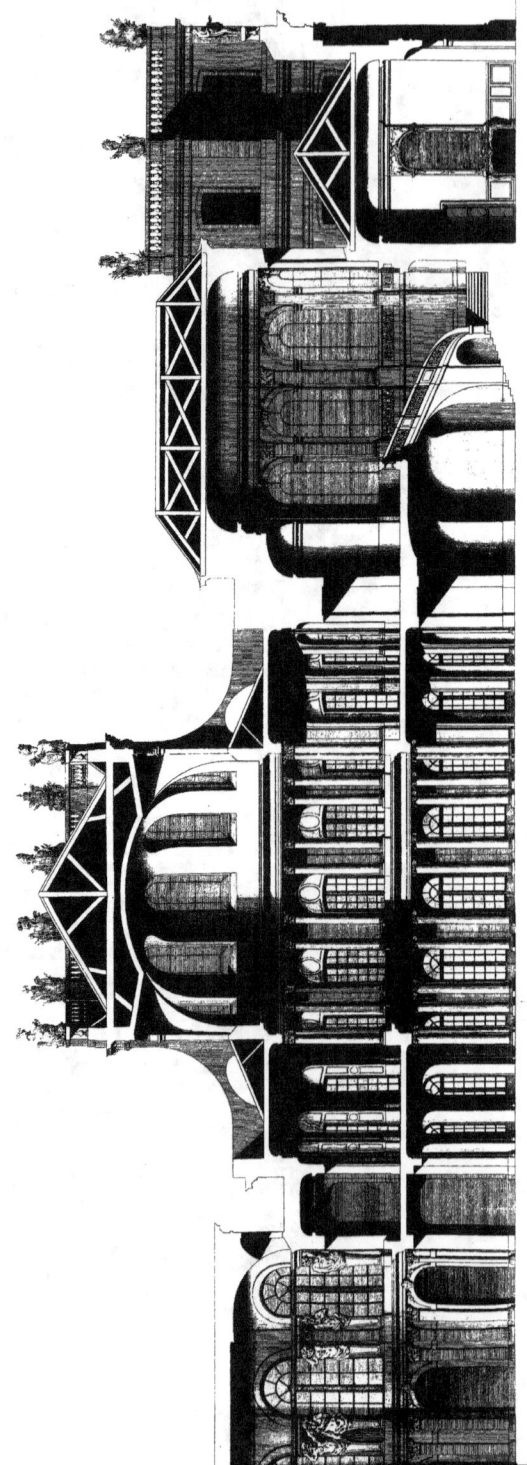

Profil du 2.ᵉ projet du Palais de la Malgrange sur sa longueur

CHASTEAU DE LUNEVILLE. LUNEVILLÆ CASTELLUM.

CEtte Maison étoit pendant l'Eté la réfidence de Son Alteffe Royale Leopold Premier Duc de Lorraine, qui pendant l'hyver occupoit le Palais de Nancy.

Celui de Luneville eft dans l'enceinte de la Ville fur le grand chemin d'Allemagne ; fon entrée eft par une avant-cour, aux côtés de laquelle il y a deux corps de logis, qui au rez-de-chauffée font appliqués à deux écuries voutées, & au deffus à trois étages fervant de logemens aux Officiers de la Cour.

La feconde Cour eft feparée de l'avant-cour par une grille de fer, & fermée à fes côtés par deux aîles du principal corps de logis, dont l'une fert aux logemens des Filles d'Honneur, & l'autre à des appartemens des Seigneurs de la Cour. Le corps de logis flanqué de deux Pavillons fur la feconde cour, eft employé à un veftibule percé de neuf arcades, dont trois dans l'avant-corps du milieu donnent paffage dans la troifiéme cour. Ce veftibule communique par une rampe de chaque côté aux appartemens des aîles fur la troifiéme cour, dont l'un à droite eft occupé au rez-de-chauffée par Leurs Alteffes Royales, & au premier étage par les Princes & Princeffes du Sang. L'aîle gauche du côté de la riviere, n'eft pas faite & étoit deftinée aux logemens des Princes Etrangers.

De l'appartement de Leurs Alteffes Royales on communique au rez-de-chauffée, à la Chapelle Palatiale ; & au premier étage aux tribunes qui font autour de la Chapelle, lefquelles font portées au rez-de-chauffée par des colomnes d'ordre Ionique, & au premier étage par des colomnes d'ordre Corinthien.

ÆStivo tempore hæc domus erat manfio Suæ Celfitudinis Regiæ Leopoldi Primi Lotharingiæ Ducis, qui hiemali in Nanceti habitabat Palatio.

Lunevillæ ædes fitæ funt intrà urbis circuitum, in itinere quod ad Germaniam ducit. Earum ingreffus eft per prius atrium, ad cujus latera duæ affurgunt ædium partes quæ infrà adhærent duobus cameratis equilibus, atque fuprà ad tria applicantur tabulata, ubi Aulicorum Adminiftrorum funt habitationes.

Secundum atrium à priori fejungitur ferreis clathris, & ad utrumque latus clauditur duabus præcipui ædificii alis, quarum in unâ refident Puellæ nobiles de comitatu Dominæ Principis, in alterâ verò verfantur Primates Aulici. Præcipuum ædificium quod in fecundò atrio comitantur ad latera duæ ædes quadratæ ftructuræ, occupatur veftibulo novem arcubus aperto, quorum tres in mediâ parte quæ prominet præbent aditum ad tertium atrium. Ex eo veftibulo, fcalaribus in utrâque parte pofitis, itur ad domicilia alarum quæ ad tertium atrium fpectant. Una ala in inferiori parte à Suis Celfitudinibus Regiis habitatur, & ad primum tabulatum à Principibus è Sanguine natis. Ala finiftra versùs flumen, nundum exftructa eft : hæc ad Principum Extraneorum deftinabatur habitationem.

E domicilio Suæ Celfitudinis Regiæ, ad Sacellum Palatiale in imâ parte tranfitur ; & in primo tabulato ad pluteos quibus Sacellum circumdatur, quique fuftinentur inferius columnis Ionicis, atque in primo tabulato columnis ex ordine Corinthio.

Q

A côté de l'appartement de Son Altesse Royale, il y a un Jardin à fleurs & un Bosquet particulier. Ce Jardin à fleurs est clos par deux corps de logis en aïle, dont l'un est employé à des logemens de Seigneurs & Dames de la Cour, & l'autre à la Chancellerie.

Une Grille de fer sepáre la troisiéme cour des Jardins, qui sont spacieux, en terrasse du côté de la riviere de la Vezouze & fermés de l'autre côté par des bosquets.

Ad latus domicilii Suæ Celsitudinis Regiæ sunt coronarius hortus & privatum nemus. Hortus iste clauditur duo inter alaria ædificia : in altero Aulici Primates & Dominæ resident, aliud Cancellariæ attribuitur.

Clathris ferreis tertium atrium secernitur ab hortis, qui sunt ampli, & versùs Vesuram flumen aggerati, nemoribusque circumdati ad alteram partem.

Explication de la XXIV. Planche.

Explicatio XXIV, Tabulæ.

Elle represente le plan général des bâtimens du Château de Luneville.

Ichnographiam generalem ædificiorum quæ Castellum Lunevillæ continet, oculis exponit.

RENVOIS.

NUMERI RELATIVI.

1. Ecuries.	1. *Equilia.*
2. Vestibule.	2. *Vestibulum.*
3. Salle des Gardes.	3. *Prætorianum Vestibulum.*
4. Salle de la Livrée.	4. *Antithalamus.*
5. Sallon.	5. *Aula.*
6. Chambre de la Toilette.	6. *Thalamus involucri.*
7. Chambte de S. A. R. Madame.	7. *Thalamus.*
8. Cabinets.	8. *Musæum.*
9. Garderobes.	9. *Thalami Vestiarii.*
10. Antichambre de S. A. Royale.	10. *Antithalamus Celsitudinis Regiæ.*
11. Chambre de S. A. Royale.	11. *Thalamus Celsitudinis Regiæ.*
12. Cabinet.	12. *Musæum.*
13. Salle à manger avec une machine par laquelle les plats montent de la chambre qui est dessous.	13. *Triclinium cujus mensam machina subter ministrat.*
14. Chancellerie.	14. *Cancellaria.*
15. Appartement des Princes du Sang.	15. *Pars ædis è stirpe Regiâ Principum.*
16. Autre Appartement.	16. ⎫
17. Autre Appartement.	17. ⎬ *ædes aliæ.*
18. Autre Appartement.	18. ⎭
19. Appartemens pour les Princes Etrangers.	19. *Pars ædis Externorum Principum.*
20. Autre Appartement.	20. *ædes alia.*
21. Logement des Filles d'Honneur & Chambres au-dessus.	21. *Pars ædis Puellarum è comitatu Dominæ Principis.*
22. Appartement.	22. *Pars ædis.*
23. Passage.	23. *Sacelli atrium.*
24. Chapelle.	24. *Sacellum.*
25. Sacristie.	25. *Sacrarium.*
26. Jardins à Fleurs.	26. *Hortus Florum.*
27. Bosquet.	27. *Silvula.*

PLANCHES **XXIV. XXV. & XXVI.**

Pl. XXIV.

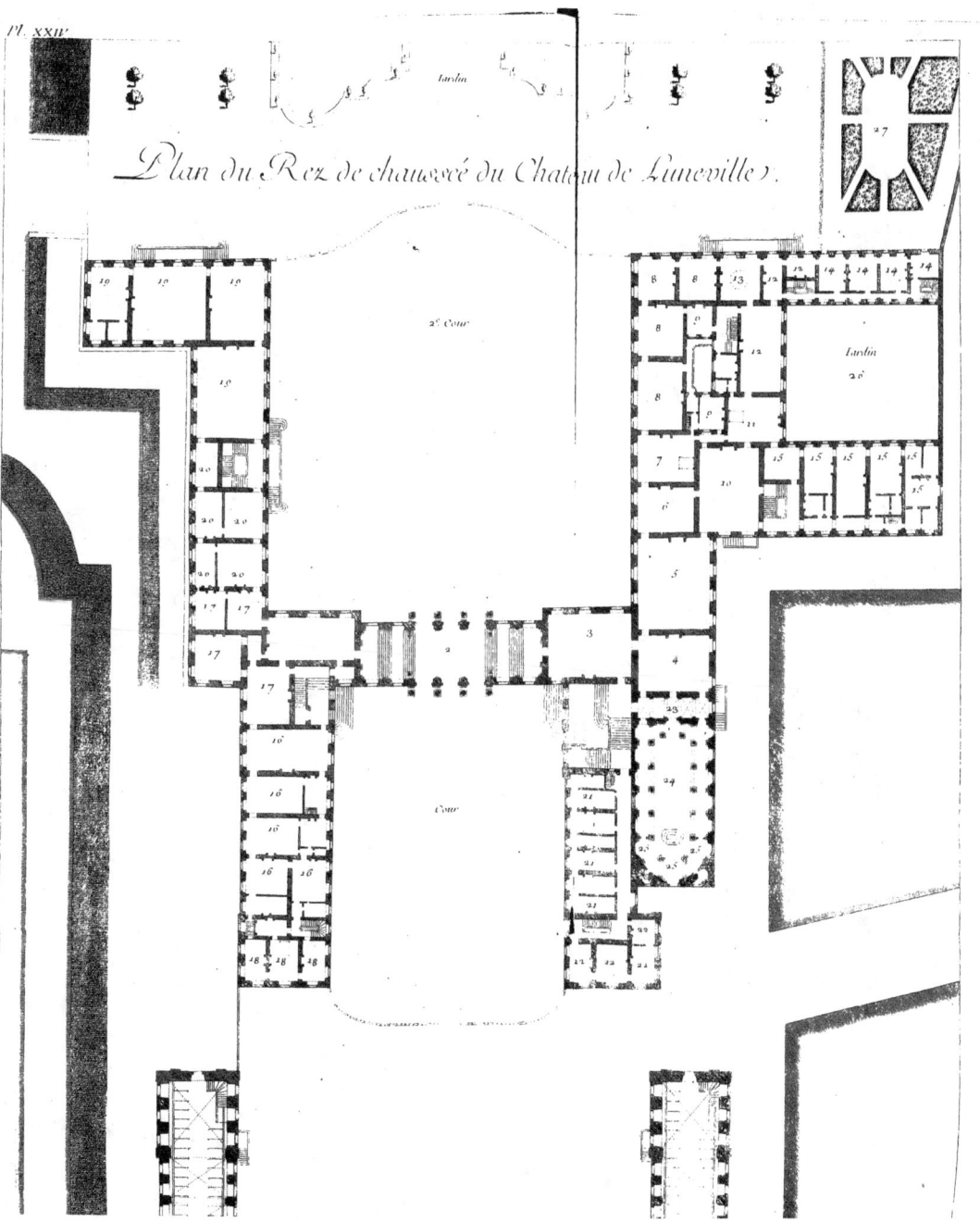

Plan du Rez de chaussée du Chateau de Luneville.

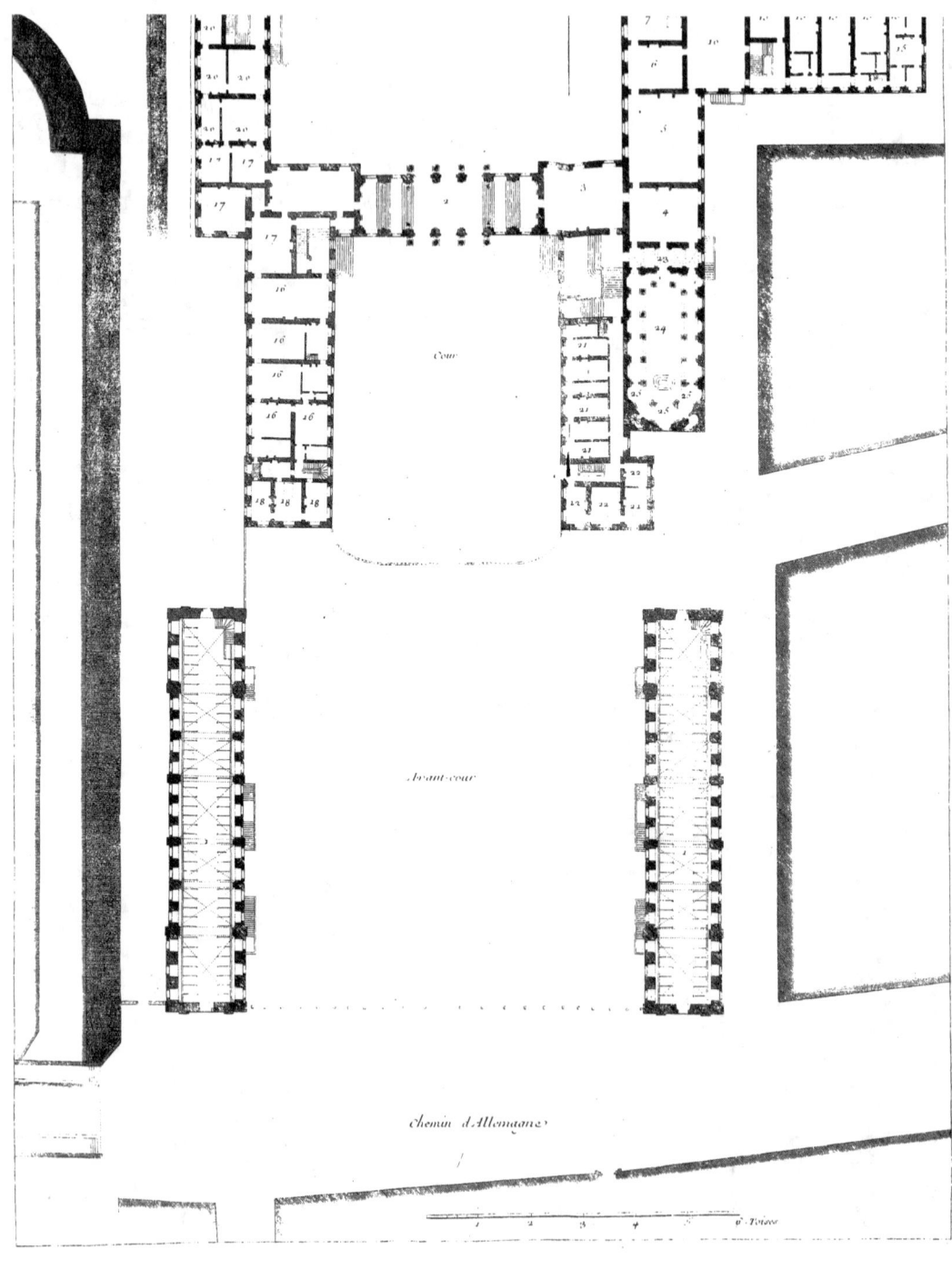

Cour

Avant-cour

chemin d'Allemagne

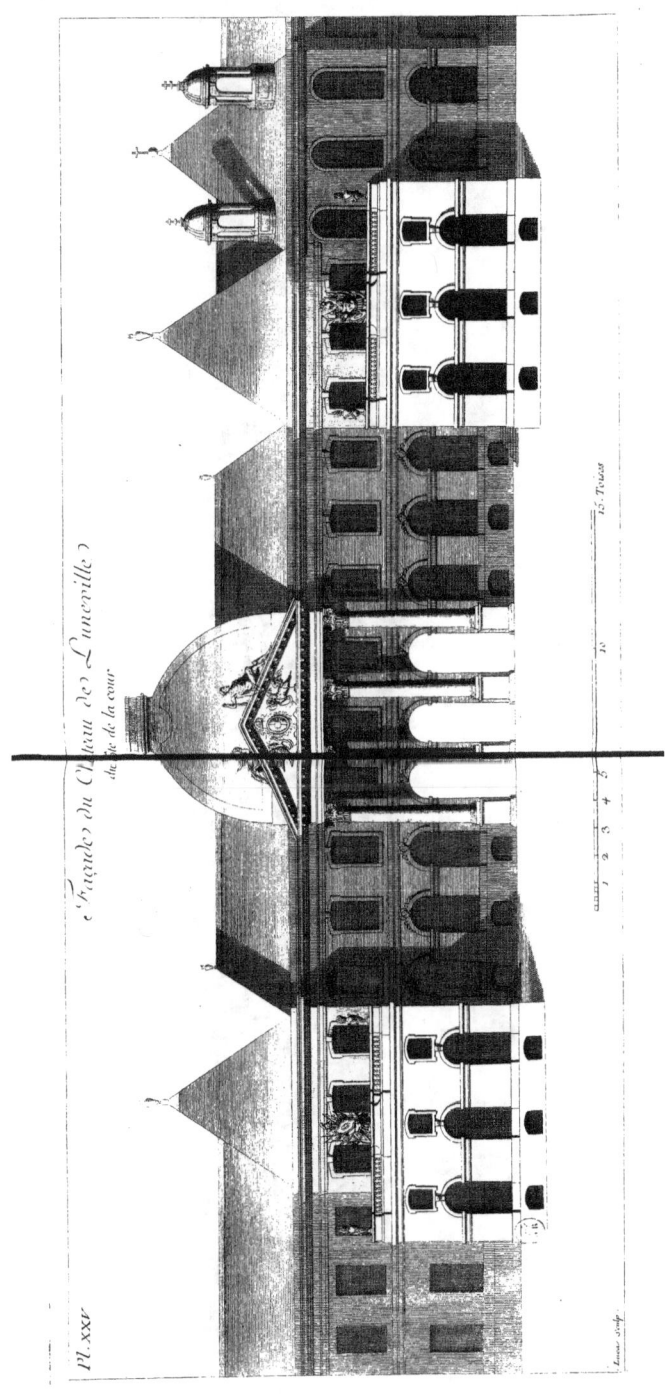

Pl. xxv.

Façade du Château de Luneville
du côté de la cour

15. Toises

Lucas Sculp

Pl. XXIV

Façade de l'aile sur la premiere Cour

Profil du corps de logis entre les deux cours
du Chateau de Luneville

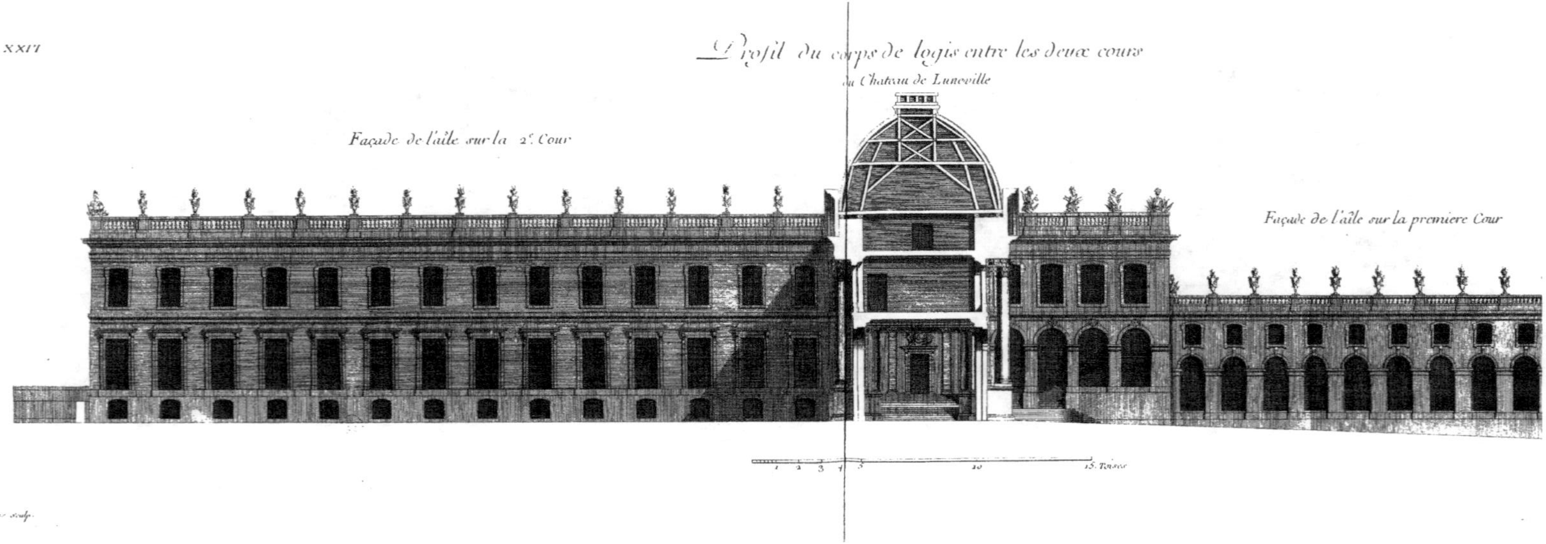

15. Toises

Façade de l'aile sur la 2e Cour

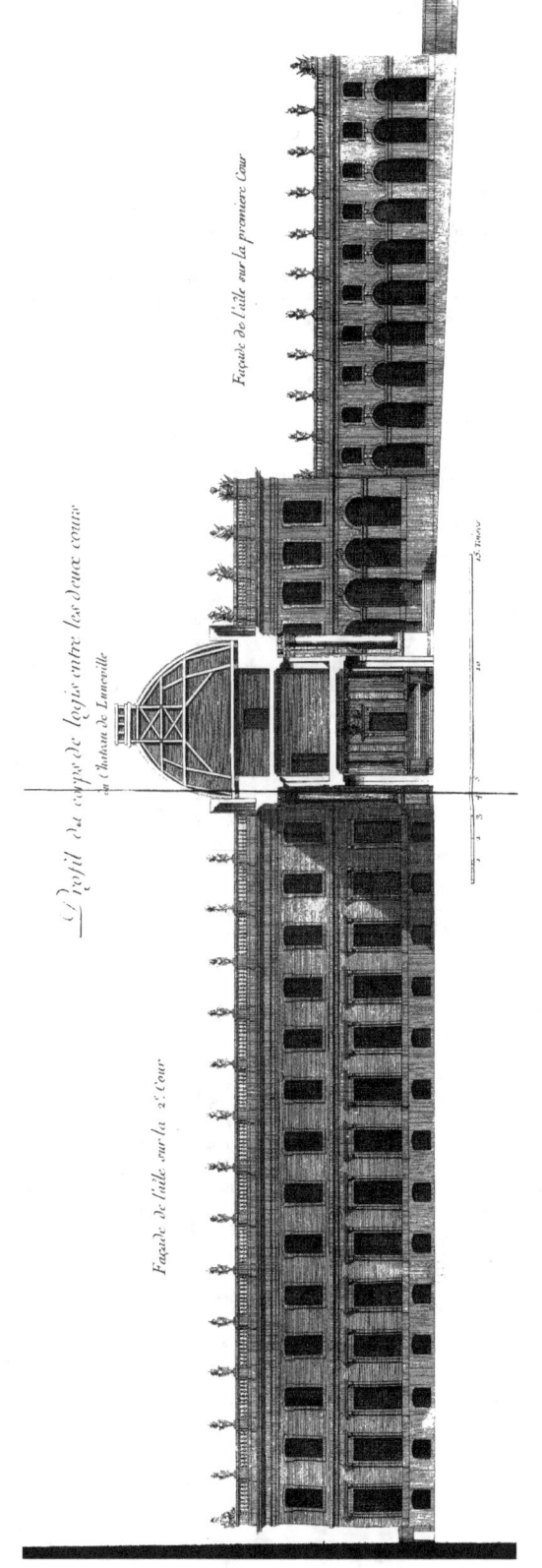

Profil des corps de logis entre les deux cours
au Chateau de Luneville

Façade de l'aîle sur la premiere Cour

Façade de l'aîle sur la 2.ᵉ Cour

HOTEL

DE

MONTMORANCY,

Situé à Paris rue S. Dominique.

ÆDES

MONMORENTIANA,

PARISIIS,

In viâ, quàm S. Dominici vocant, extructa.

Et Hôtel est composé d'une Cour ovale à côté de laquelle il y a deux Bassecours avec des Ecuries, Remises & Cuisines, d'un corps de logis entre Cour & Jardin, & de deux aîles sur la Cour ovale.

Quoique la Cour soit d'une forme ovale, les chambres des appartemens sont d'une forme réguliere & composent au rez-de-chaussée un grand appartement, & au premier étage un grand & deux autres appartemens. La façade sur la cour est décorée d'Architecture d'ordre Composite qui comprend deux étages, & l'entrée de la cour est décorée d'un ordre Ionique.

Domus constat cavædio ovali, juxta quod cavædia minora duo, cum rhedarum receptaculis, & culinis. Ædificii membrum est inter cavædium & hortum, cum duabus alis, quæ in cavædium ovale extenduntur.

Quamvis cavædii forma sit ovalis, recta nihilominus, & ad regulæ normam extructa cubicula: quæ quidem à solo constant æde peramplâ, & in primâ contabulatione æde itidem perampla duabusque minoribus. Faciem quæ cavædium spectat Architectura decorat ordinis Compositi, quæ duas contabulationes continet. Cavædii aditum columnæ exornant Ionicæ.

Explication de la Planche XXVII.

Elle represente le plan du rez-de-chaussée.

Explicatio Tabulæ XVIII.

Soli ichnographiam exhibet.

RENVOIS.

Nº 1. Porche d'ordre Ionique à l'entrée de la cour.
2. Chambre du Suisse.
3. Remises.
4. Ecuries, & au-dessus garderobes en entresol pour le premier étage.
5. Cuisine & gardemanger & une office en entresol au-dessus.
6. Vestibule.
7. Grand Escalier.
8. Salle.
9. Antichambre.

NUMERI RELATIVI.

1. *Propilæum ordinis Ionici in ipso cavædii introitu.*
2. *Janitoris Cella.*
3. *Rhedarum Receptacula.*
4. *Equilia, quibus imposita sunt vestiaria, ad usum primæ contabulationis interjecta.*
5. *Culina, Penaria cella, cum Officinâ desuper, breviori tabulato interjecta.*
6. *Vestibulum.*
7. *Scalare majus.*
8. *Oecus.*
9. *Antithalamus.*

R

10. Sallon.
11. Cabinet.
12. Chambre.
13. Garderobe accompagnée de trois autres Garderobes au deſſus de l'écurie.
14. Salle à manger.

10. *Atrium.*
11. *Muſæum.*
12. *Thalamus.*
13. *Veſtiarium, cum tribus aliis conjunctum veſtiariis, ſuprâ equile.*
14. *Triclinium.*

Explication de la Planche XXVIII.

Elle repreſente le plan du premier étage.

Explicatio Tabulæ XVIII.

Primæ contabulationis deſcriptionem continet ichnographicam.

RENVOIS.

1. Palier de l'Eſcalier.
2. Salle.
3. Antichambre.
4. Sallon.
5. Cabinet.
6. Chambre.
7. Garderobes.
8. Chambre.
9. Garderobe.
10. Chambre.
11. & 12. Cabinet & Garderobes.
13. Greniers.
Le ſecond étage eſt diſtribué en pluſieurs chambres dégagées par un Coridor.

NUMERI RELATIVI.

1. *Scalaris area.*
2. *Oecus.*
3. *Antithalamus.*
4. *Atrium.*
5. *Muſæum.*
6. *Thalamus.*
7. *Veſtiaria.*
8. *Thalamus.*
9. *Veſtiarium.*
10. *Thalamus.*
11. & 12. *Muſæum cum veſtiario.*
13. *Horrea.*
Secunda Tabulatio pluribus conſtat cubiculis, ad quæ tectum hinc & inde perducit iter.

Explication de la Planche XXIX.

Elle repreſente la façade developpée du corps de logis & des aîles ſur la cour ovale.

Explicatio Tabulæ XXIX.

Præcipui ædium membri, nec-non alarum in aulam excurrentium rectam ac planam faciem exhibet.

La Planche XXX.

Repreſente la façade ſur le jardin.

Tubula XXX.

Faciem quæ hortos reſpicit indicat.

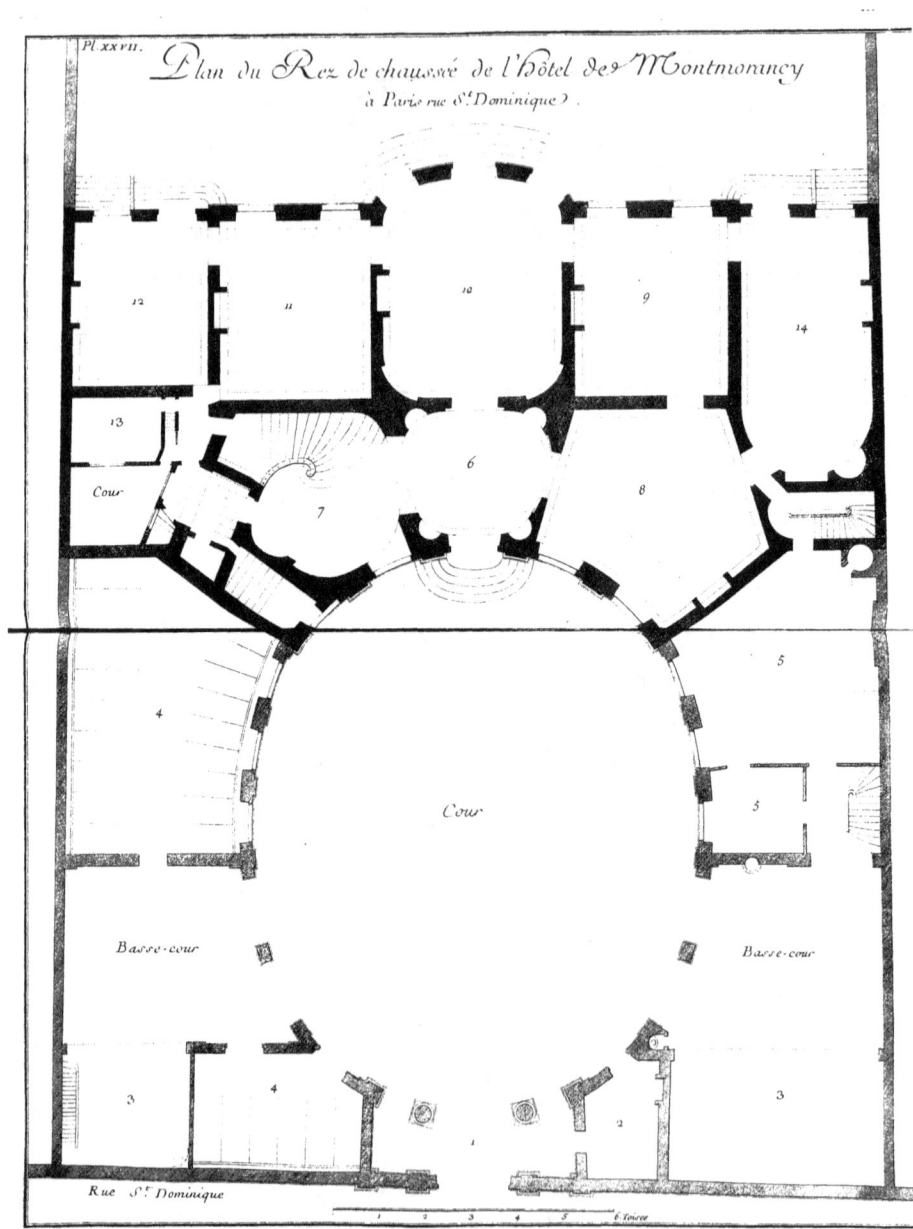

Pl. XXVII.

Plan du Rez de chaussée de l'hôtel de Montmorency

à Paris rue St. Dominique.

12   11   10   9   14

13

Cour

7   6   8

5

4

Cour

5

2

Basse-cour   Basse-cour

3   4   2   3

1

Rue St. Dominique

1   2   3   4   5   6 Toises

Pl. xxiii.

Plan du premier Etage de l'Hôtel de Montmorency

Jardin

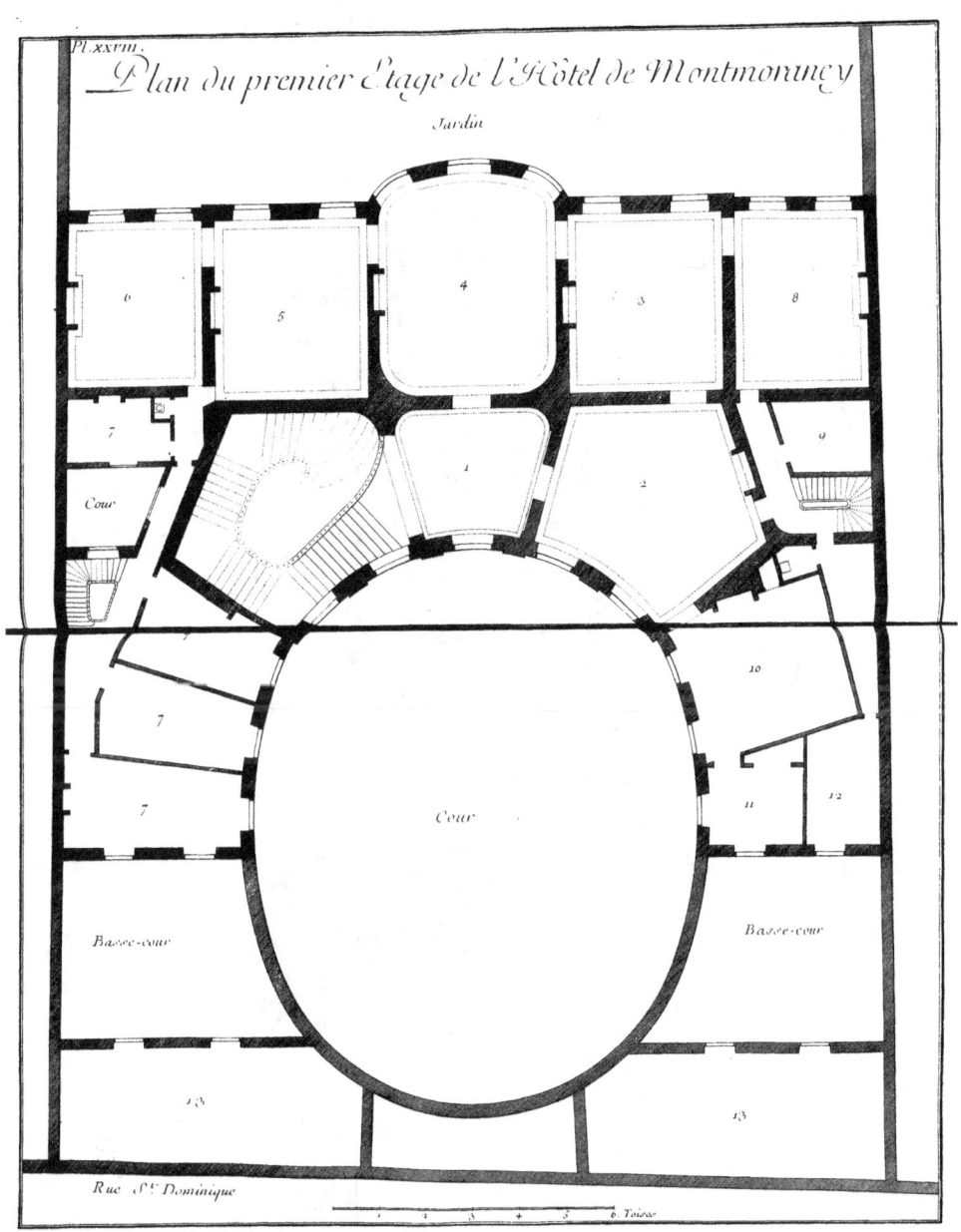

Cour

Basse-cour

Basse-cour

Cour

6. Toises

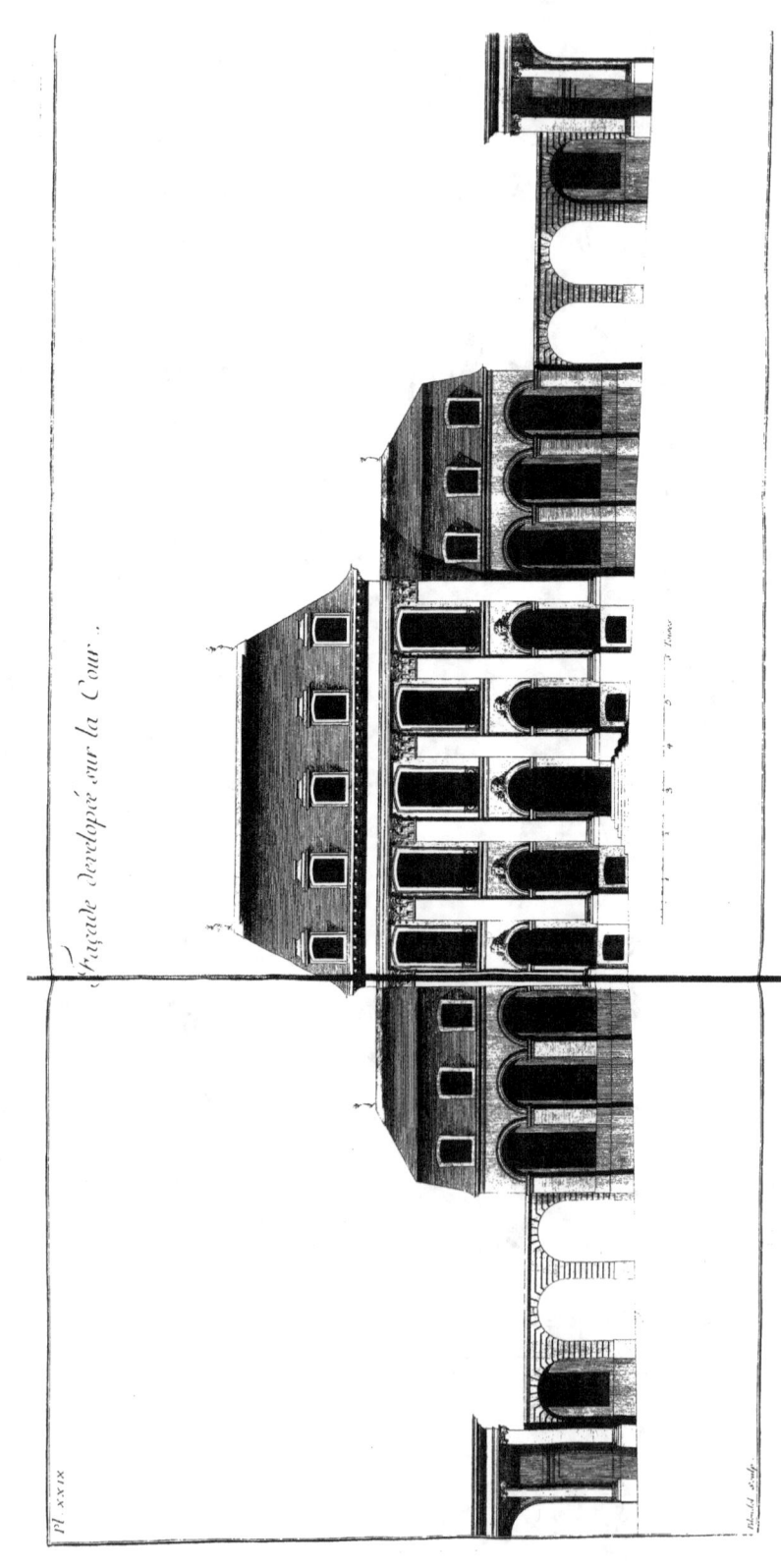

Pl. XXIX

Façade developé sur la Cour.

Pl. XXX.

Façade sur le jardin de l'hôtel de Montmorency.

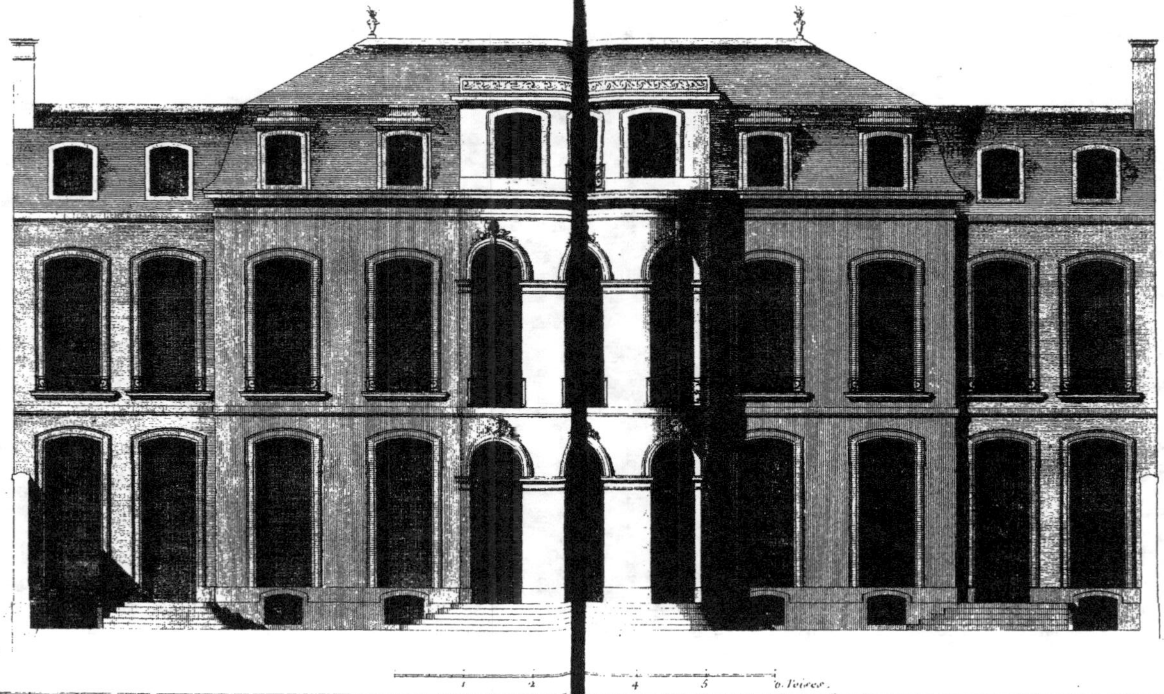

P. Lunois Sculp.

HOSTEL

De M. le Marquis D'ARGENSON, Ministre & Secretaire d'Etat de la Guerre, situé à Paris rue des bons Enfans.

SOn entrée est par la rue des Bons-Enfans, & l'appartement a vûë sur le Jardin du Palais Royal, l'emplacement n'en est pas grand, mais l'appartement ayant vûë sur ce Jardin en reçoit beaucoup d'agrément; les chambres sont ornées de sculpture, de dorure & de glaces, & le plafond du Sallon peint par Antoine Coypel premier Peintre du Roy & de S. A. R. Mgr le Duc d'Orleans Regent, est un des plus beaux ouvrages de ce fameux Peintre.

Explication de la Planche XXXI.

Elle represente le plan du rez-de-chaussée.

RENVOIS.

1. Vestibule.
2. Antichambre.
3. Seconde Antichambre.
4. Salon.
5. Cabinet.
6. Chambre à coucher & Entresol au-dessus.
7. Petit Cabinet & Entresol au-dessus.

8 Salle à manger.
9. Ecuries.
10. Remises.
11. Cuisine.
12. Gardemanger.
13. Terrasse de laquelle on descend au Jardin.

Le premier étage des aîles & du

DOMUS

Illustrissimi Viri Marchionis D'AR-GENSON, Regi à Ministeriis Publicis, & à Secretioribus Belli Consiliis, Parisiis in viâ quam gallicè vocant *Bons-Enfans* extructa.

OStium, viam de quâ dixi spectat, cubicula respiciunt Hortum quem Regalem vocant. Solum, in quo domus extructa, perangustum est : sed cubicula, quæ hortum spectant multum inde venustatis trahunt. Auro, sculpturâ, & speculis nitent atria. Amplioris œci laquearia pinxit Antonius Coypellius Primarius Regis, nec-non Ducis Aurelianensis Regni Administri, Pictor. Quod quidem opus pulcherrimis eximii artificis operibus merito annumeratur.

Explicatio Tabulæ XXXI.

Cubiculorum quæ à solo erecta sunt ichnographiam exhibet.

NUMERI RELATIVI.

1. *Vestibulum.*
2. *Antithalamus.*
3. *Alter antithalamus.*
4. *Oecus.*
5. *Musæum.*
6. *Thalamus, cum minore Thalamo superimposito.*
7. *Musæum minus cum cubiculo itidem minore desuper extructo.*
8. *Triclinium.*
9. *Equilia.*
10. *Rhedarum Receptacula.*
11. *Culina.*
12. *Penaria Cella.*
13. *Terrenus agger unde in hortum descenditur.*

Prima contabulatio alarum & ædificii

S

corps de logis fur la rue font de plein-pied aux entrefolles du corps de logis fur le Jardin ; il eft diftribué à un appartement de bains, à des offices & chambres de domeftiques de même que l'étage de la Manfarde qui eft de plain-pied aux appartemens du premier étage du corps de logis fur le Jardin.

membri quod viam fpeƈtat thalamis refpondet qui impofiti funt cubiculis ædium partifquæ hortos refpicit. Ibi balnea , officinæ , & fervorum cubicula , quemadmodum in contabulatione quam Manfardicam vocant , quæ refpondet cubiculis contabulationis primæ, quæ in hortum, de quo dixi profpeƈtum habet.

La Planche XXXII.

Reprefente la façade fur le Jardin du Palais Royal, Figure premiere & la Figure feconde reprefente la face fur la cour.

Tabula XXXII.

Faciem ædificii exhibet quæ Hortum Regalem refpicit Figura prima, & Figura fecunda faciem indicat quæ cavædium fpeƈtat.

La Planche XXXIII.

Reprefente le profil du corps de logis, & l'aîle fur la cour.

Tabula XXXIII.

Scenographiam exhibet ædificii membri & alæ cavædium verfus.

La Planche XXXIV.

Reprefente la décoration du Sallon du côté de la cheminée.
Les trois autres côtés font femblables.

Tabula XXXIV.

Decorationem exhibet Oeci partis ubi caminus eft , cui quidem tres aliæ partes apprimè coherent.

Pl. XXXI.

Hôtel d'Argenson.
Jardin du Palais Royal.

13

5

4

3

Cour

6

8

2

Cour

Cour

9

12

10

10

11

Rue des bons Enfans

1   2   3   4   5 Toises

De la Macade Sculp.

PLANCHE

Façade sur le jardin du Palais Royal de l'Hôtel d'Argenson.

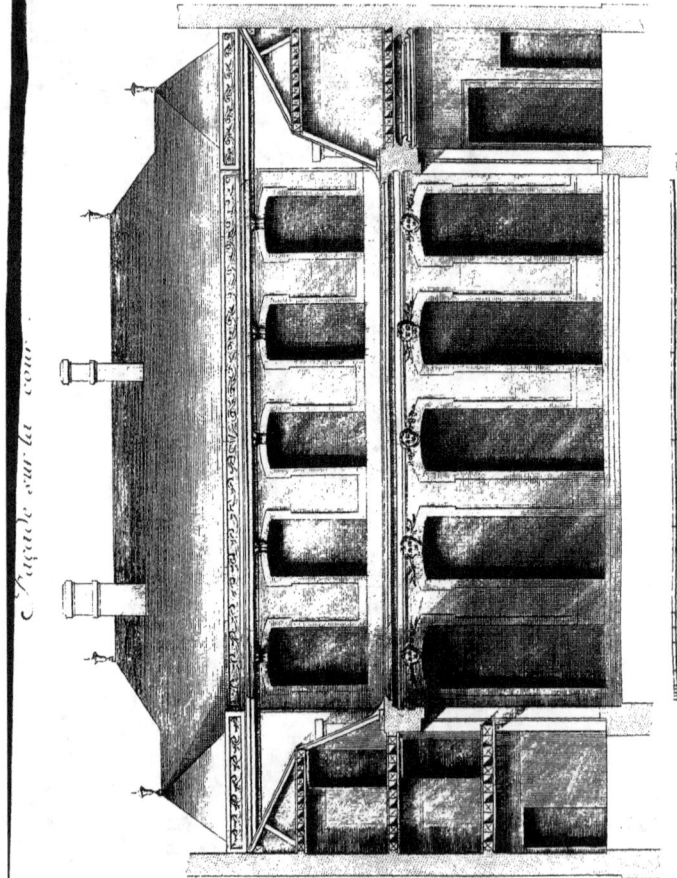

Façade sur la cour.

De la Mande sculpsit

B. Poirier

Pl. XXXIII.

Profil de l'Hôtel d'Argenson

Elevation de l'aile sur la cour

De la Marvele Sculp.

3 Toises

Pl. XXVII.

Décoration intérieure du Vallon de l'Hôtel de Argenson.

De la Mairède Sculp.

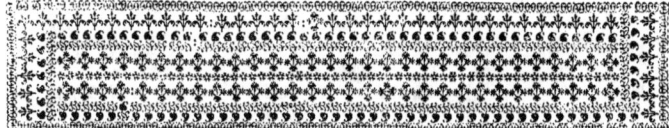

CHASTEAU DE CRAMAYEL.

CASTELLUM CRAMAYELENSE·

CE Château qui eſt à ſept lieuës de Paris, appartient à Madame la Marquiſe d'Ambre. Il eſt plus diſtingué par la beauté de ſes Avenuës, des Avant-cours, & de ſes Jardins potagers, que par ſon architecture exterieure. C'étoit un bâtiment fort ancien, qui n'étoit pas diſpoſé ſuivant la maniere de vivre de ce ſiecle. Les croiſées étoient placées fort irrégulierement & étoient de grandeurs fort differentes. J'y ai fait des changemens dans ſa diſtribution, qui en ont fait une maiſon des plus commodes des environs de Paris.

CAſtellum iſtud, quod Lutetiâ diſtat ſeptem leucis Ambrenſi Marchioniſſæ pertinet. Hanc domum magis decorant ſpecioſi conſitarum arborum ordines, cavædia, & horti olitorii, quam architectura exterior. Ædificium erat pervetuſtum, & ſtructuræ obſoletæ. Inæquales erant & abnormes feneſtræ. Domum iſtam mutatis partibus ita emendavi, ut inter ſpecioſiſſimas, quotquot ſunt circa Lutetiam villas, ſi commoditatem ſpectes, locum facilè obtineat.

Explication de la Planche XXXV.

Elle repreſente le diſpoſition générale des Bâtimens, des Avenuës des Avant-cours, des Cours & Baſſecours, & de partie des Jardins.

Explicatio Tabulæ XXXV.

Illa generalem ædificiorum, adituum, cavædiorum tum majorum tum minorum, partiſque hortorum diſpoſitionem exhibet.

RENVOIS.

1. Avenuë.
2. Grande Place.
3. Avant-cour.
4. Cour du Château.
5. Foſſés.
6. Pavillon des Bains.
7. Pavillon de la Chapelle.
8. Baſſecour.
9. Cour des Remiſes.
10. Ferme.
11. Terraſſe.
12. Parterre.
13. Potagers.
14. Bois.

NUMERI RELATIVI.

1. *Aditus.*
2. *Platea ingens.*
3. *Ante-cavædium.*
4. *Cavædium.*
5. *Foſſæ.*
6. *Balnea.*
7. *Sacellum.*
8. *Chors.*
9. *Chors Rhedaria.*
10. *Prædium ruſticum.*
11. *Terrenus agger.*
12. *Area Floribus conſita.*
13. *Horti olitorii.*
14. *Nemus.*

T

Explication de la Planche XXXVI.   Explicatio Tabulæ XXXVI.

Elle represente Figure I. le plan du rez-de-chauffée.   *Figura I. thalamorum, qui solo impositi, ichnographiam exhibet.*

RENVOIS.   NUMERI RELATIVI.

1. Salle.   1. *Oecus.*
2. Grand Cabinet.   2. *Musæum majus.*
3. Second Cabinet.   3. *Musæum aliud.*
4. Antichambre.   4. *Antithalamus.*
5. Chambre.   5. *Thalamus.*
6. Cabinet.   6. *Musæum.*
7. Cabinet de Toilette.   7. *Conclave ubi mundus muliebris apparatur.*
8. Garderobes.   8. *Vestiaria.*

Figure 2.   Figura 2.

Elle represente le plan du premier étage composé de plusieurs appartemens.   *Primæ contabulationis, quæ pluribus constat thalamis, descriptionem ichnographicam continet.*

Figure 3.   Figura 3.

Elle represente le plan du second étage composé de plusieurs appartemens dégagés par un coridor.   *Secundæ contabulationis, quæ plures includit thalamos, ad quos tectum & pervium iter est, ichnographiam indicat.*

Planche XXXVII.   Tabula XXXVII.

Elle represente l'élevation du Château du côté de la cour.   *Faciem, quæ cavædium respicit, exhibet.*

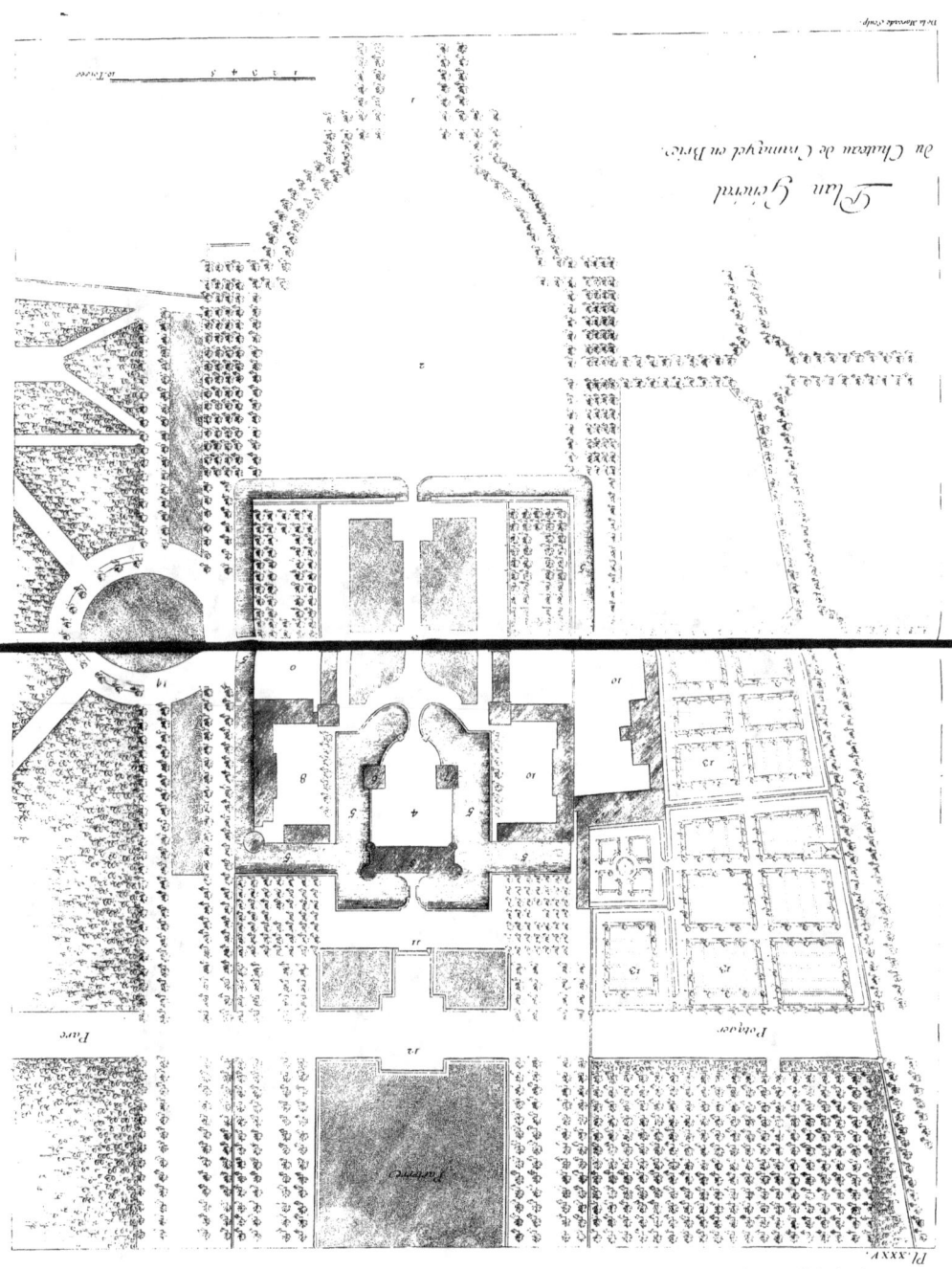

Pl. XXXV.

Plan Général
du Château de Champs en Brie.

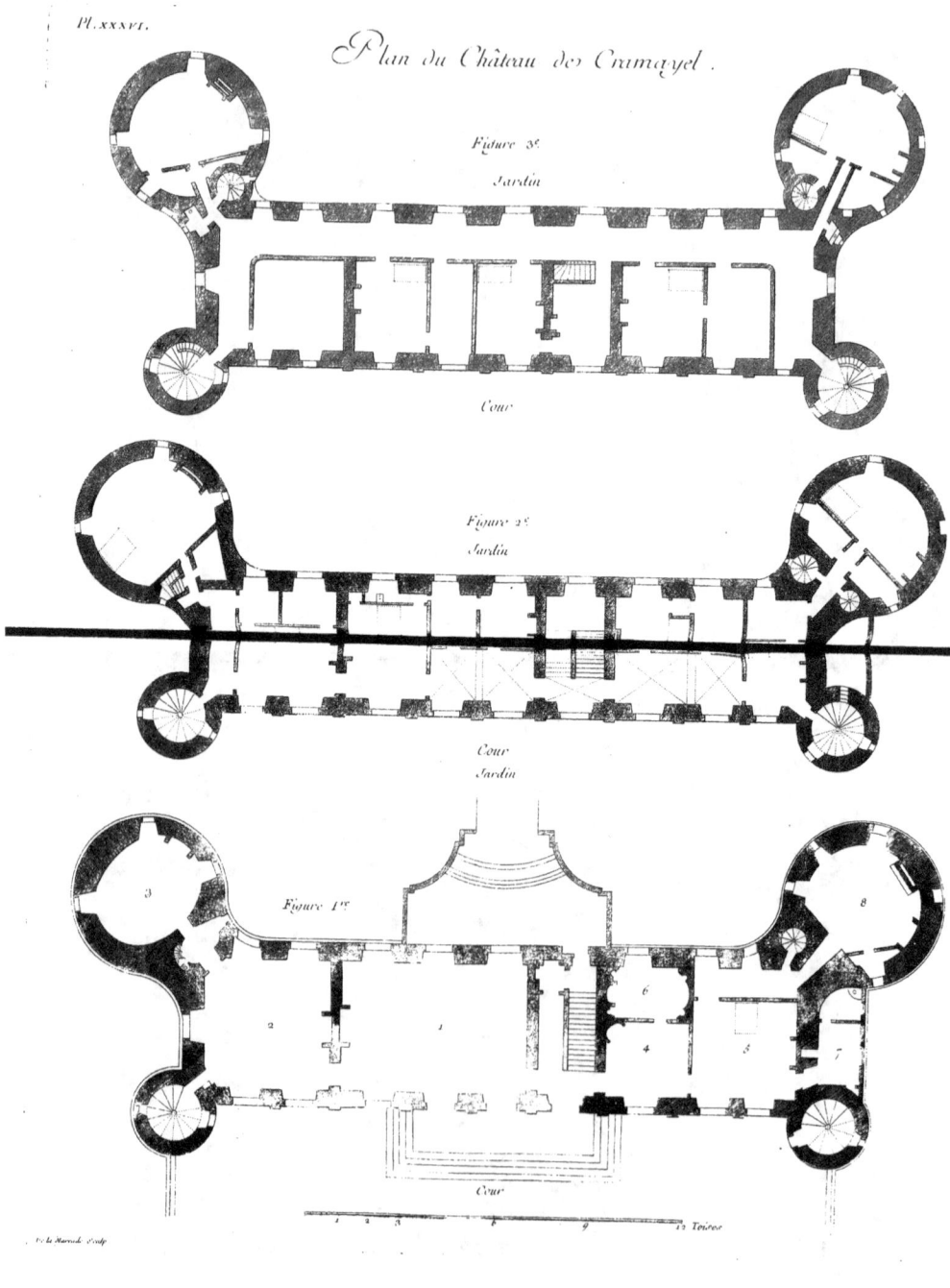

Pl. XXXVI.

Plan du Château de Cramayel.

Figure 3.

Jardin

Cour

Figure 2.

Jardin

Cour

Jardin

Figure 1.re

Cour

Pl. XXXVII.

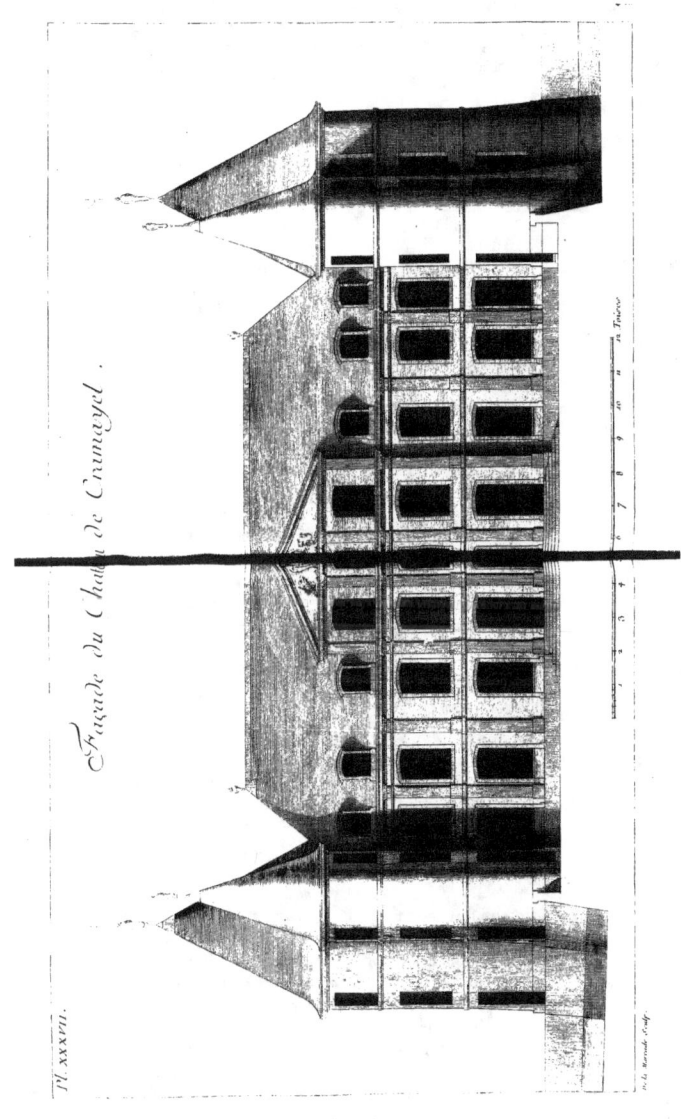

Façade du Château de Crimuyel.

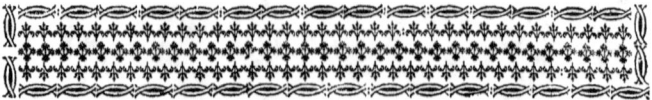

CHASTEAU DE HAROUÉ.

CASTELLUM HAROVEUM.

CE Château appartenant à M. le Prince de Craon, est en Lorraine sur la riviere de Madon dans une situation agréable. Il consiste en une Avant-cour séparée de la cour du Château par un large fossé d'eau vive qui renferme le principal corps de logis & les aîles flan-quées de quatre tours. A côté du châ-teau il y a une grande bassecour où sont les Ecuries, les Remises de carosses & les autres commodités d'une grosse mai-son.

Le principal corps de logis est distri-bué à deux appartemens; l'aîle à droite a une Chapelle & a deux appartemens, & l'aîle à gauche aux offices & cuisines. Le premier étage est distribué à deux grands appartemens & à d'autres plus petits.

Le second étage est aussi appliqué à plusieurs appartemens, & à des loge-mens d'officiers & de domestiques.

Les souterrains sont voutés dans toute l'étendue du bâtiment, & sont employés à une Orangerie sous le principal corps de logis, & sous les aîles à des salles pour l'été, & aux autres commodités de la maison.

Quoique ce bâtiment soit moderne, il a été construit avec des tours sur les vestiges d'ancien Château qui étant fort caduc ne pouvoit plus subsister.

Les façades du principal corps de logis sur la cour & sur le jardin sont ornées d'un ordre d'architecture Ionique au rez-de-chaussée, & d'un ordre Corin-thien au premier étage, & au-devant des aîles, d'un peristile de colomnes d'ordre Ionique conduisant à couvert au principal corps de logis.

CAstellum istud, quod etiam sub ditione est Principis Craonii, situm est in Lo-tharingia, juxta amnem Madonum, loco per-amæno. Primo sese offert ante cavædium quod à Castelli cavædio fossæ sejungunt aquis oppletæ scaturientibus. Ibi præcipuum ædificii mem-brum extructum est cum alis, quas turres muniunt quatuor; juxta Castellum cavædia minora sunt ubi equilia, cellæ rhedariæ, & alia hujusmodi, quæ ad ingentis domûs utili-tatem pertinent.

Pars ædium præcipua in majora duo di-stinguitur cubicula: Sacellum & duo cubicu-la ala dextra complectitur: in sinistra cellæ penariæ sunt cum culinis. Prima contabulatio duobus cubiculis majoribus constat, aliisque minoribus.

In secunda contabulatione multa itidem; eaque magna cubicula sunt, cum thalamis minoribus, ad usum familiarium Ministrorum, seu majorum, seu infimorum.

Loca subterranea, quâ quâ domus pa-tet, lapideis fornicibus munita. Ibi cella in-gens præcipuo ædium membro supposita, in qua mala aurea ab hyberno defenduntur fri-gore. Sub alis cryptas & porticus adversùs ca-lores æstivos & alia hujusmodi reperias, quæ commoditatem spectant.

Quamvis ædificii istius architectura sit re-cens, tamen cum turribus extructum est in morem antiqui Castelli, quod ob vetustatem diutius conservari nequibat.

Faciem præcipui ædium membri, seu quæ cavædium, seu quæ hortos respicit ordo de-corat in solo Ionicus, in primâ contabula-tione Corinthiacus: ante alas peristilium est ordinis Ionici, per quod ad præcipuum ædificii corpus tectum datur iter.

v

Explication de la Planche XXXVIII.   Explicatio Tabulæ XXXVIII.

Elle repreſente le plan du rez-de-chauſ-ſée du Château.   *Soli orthographiam exhibet.*

RENVOIS.	NUMERI RELATIVI.
1. Veſtibule.	1. *Veſtibulum.*
2. Salle.	2. *Oecus.*
3. Antichambre.	3. *Antithalamus.*
4. Chambre.	4. *Thalamus.*
5. Cabinet.	5. *Muſæum.*
6. Cabinet & Garderobe.	6. *Muſæum cum Veſtiario.*
7. Cuiſines & Offices.	7. *Culinæ cum Cellis penariis.*

La Planche XXXIX.   Tabula XXXIX.

Repreſente la face ſur la Cour du prin-cipal de corps de logis.   *Faciem præcipui ædium membri, quæ cavædium ſpectat, deſcribit.*

La Planche XL.   Tabula XL.

Repreſente la face du principal corps de logis du côté du Jardin.   *Faciem præcipui ædium membri, quæ hortos reſpicit, exhibet.*

La Planches LXI.   Tabula XLI.

Repreſente le profil du principal corps de logis & l'élevation des aîles.   *Præcipui ædium membri, necnon alarum ſceno-graphiam continet.*

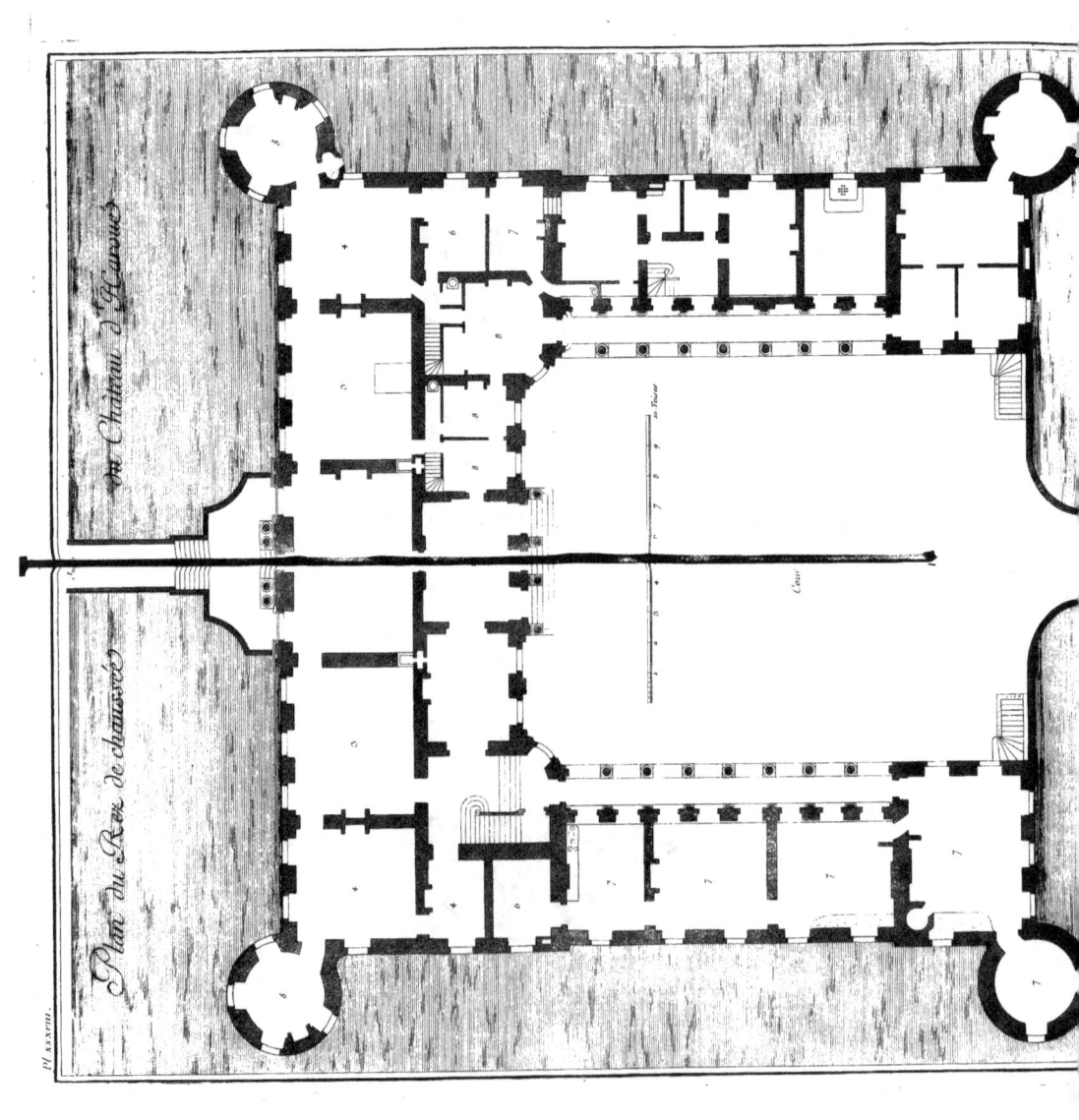

Pl. LXXXIII.

Plan du Rez de chaussée.

me Château d'Rarone

Cour

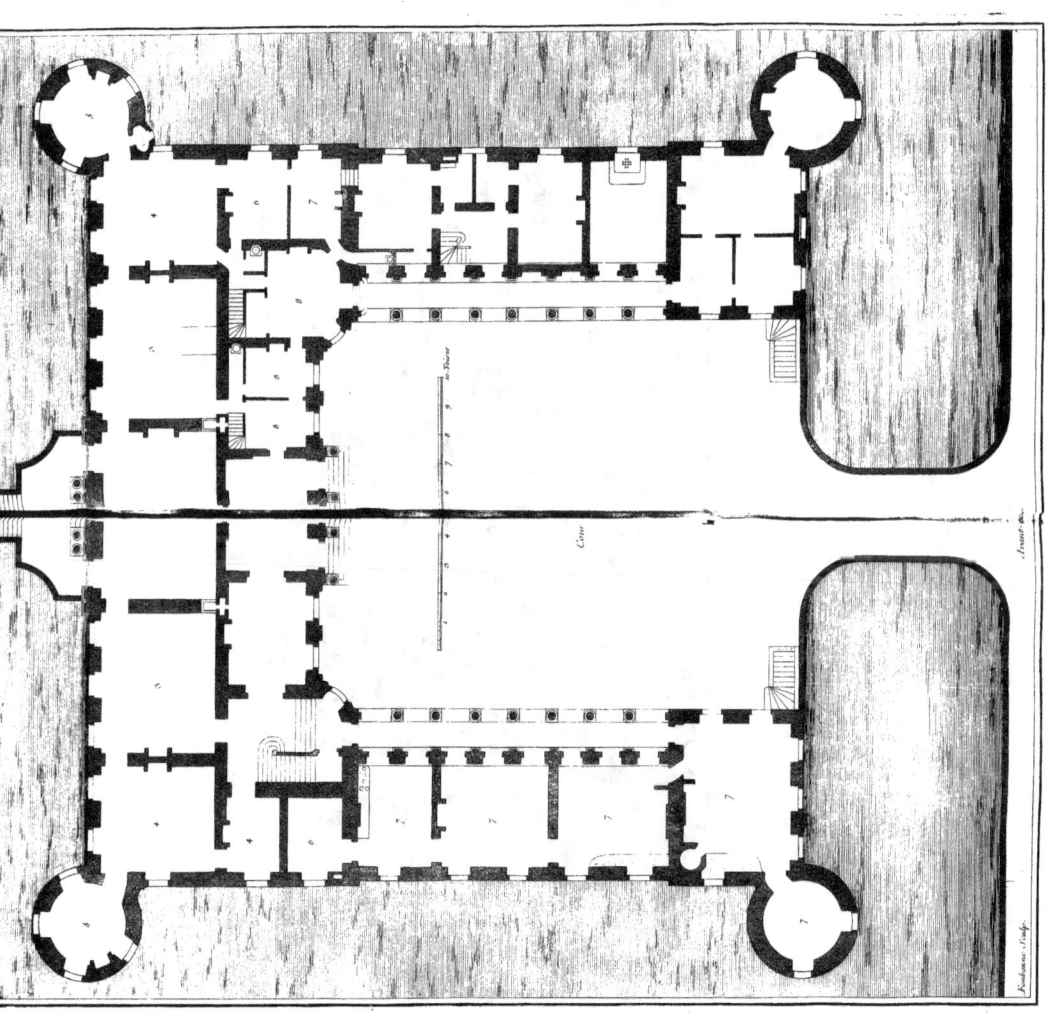

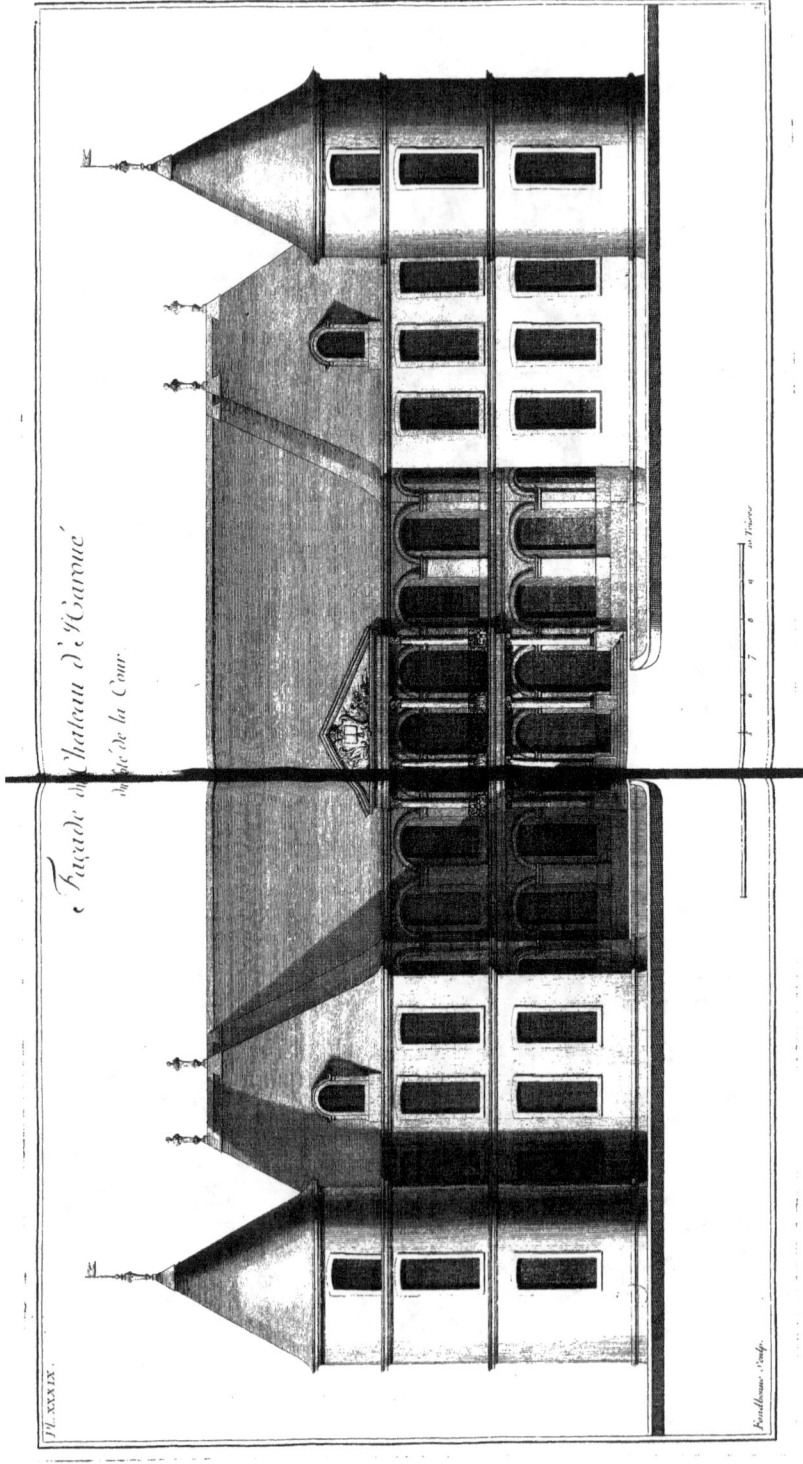

Pl. XXXIX.

Façade du Château d'Haroué

vüe de la Cour

Fondlisson Sculp.

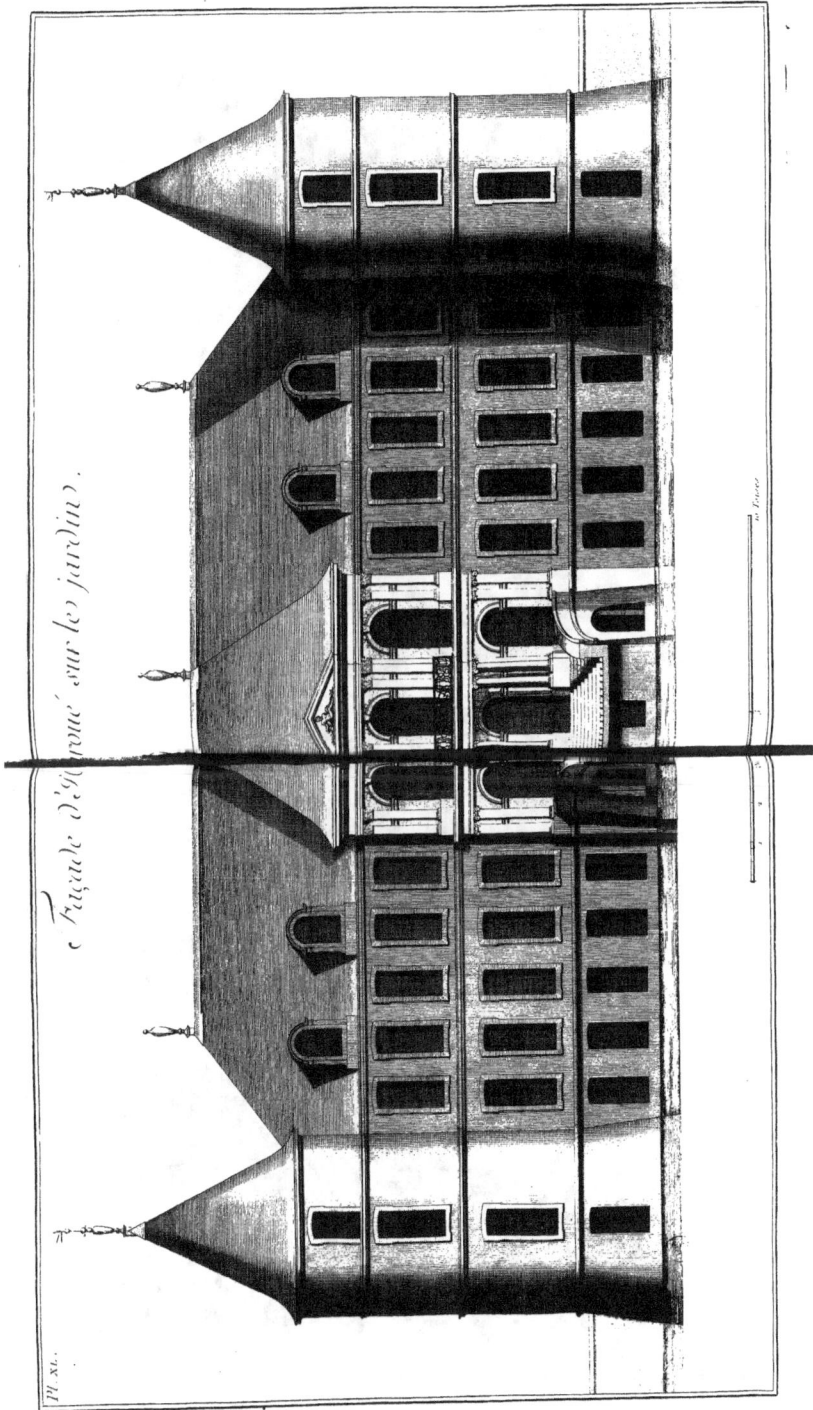

Façade d'Auteuil sur les jardin.

Pl. XI.

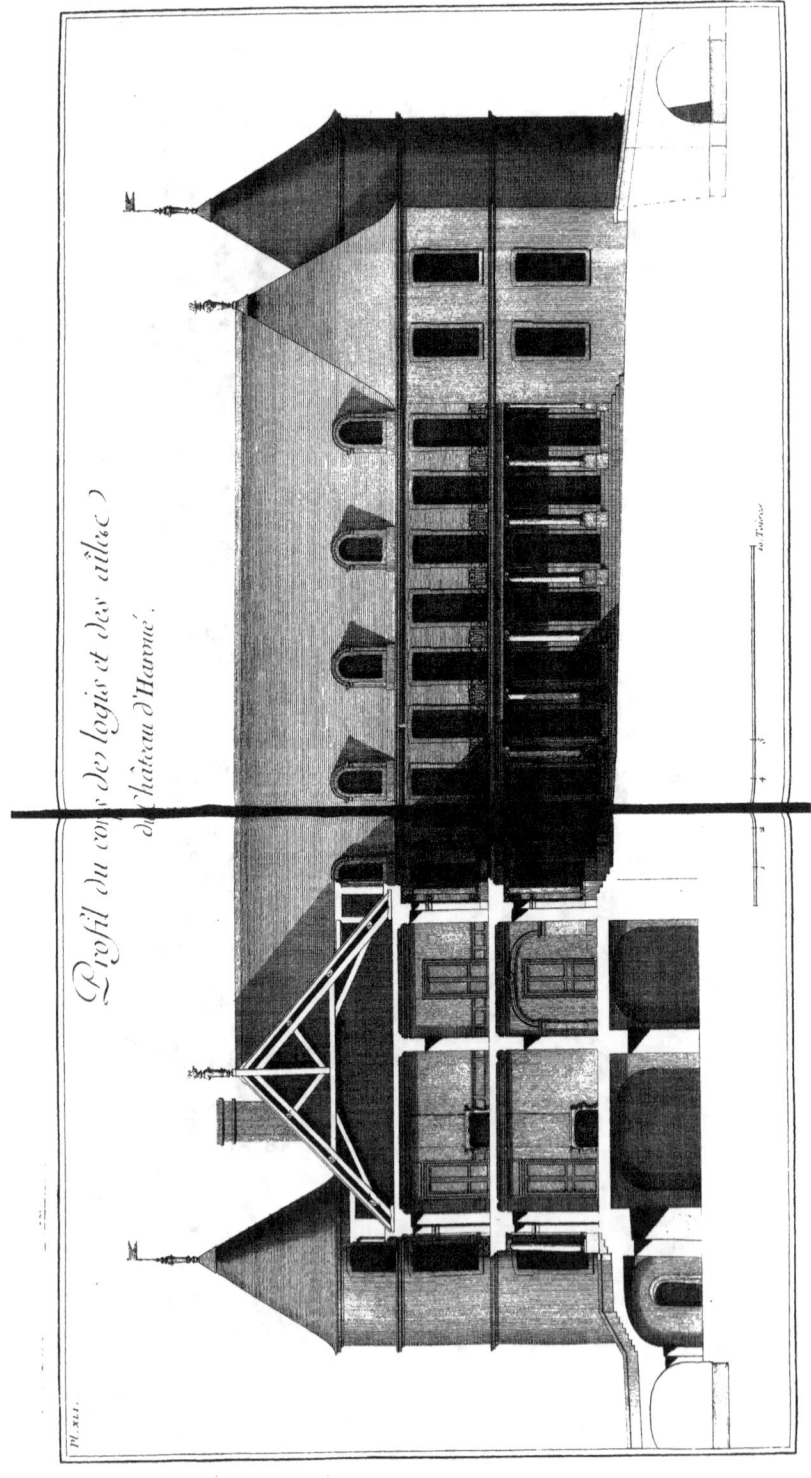

Profil du corps des logis et des ailes du château d'Hanvué.

Pl. XLI.

HOSTEL DE CRAON A NANCY.

ÆDES CRAONIS PRINCIPIS IN URBE NANCETO.

CEt Hôtel est situé sur la Carriere qui est une grande Place au-devant du Palais. Son principal corps de logis est sur cette Place, dont la face est decorée d'un avant-corps de sept pilastres d'ordre Corinthien. Ensuite une grande Cour terminée par une terrasse qui a vûë sur le rempart & sur la campagne, à laquelle on communique par deux aîles à côté de la Cour principale, & à une basse-cour à côté de l'aîle à droite.

Le premier étage est distribué à trois appartemens, dont le plus grand est terminé par une galerie dans l'aîle gauche qui communique à la terrasse & aux remparts.

Explication du plan du rez-de-chaussée Planche XLII.

*D*Omus ista extructa est in platea ingenti Palatio obviâ quam curriculum vocant. Præcipuum ædificii membrum platea obvertitur, cujus quidem facies salienti decoratur membro, quod septem constat parastatas ordinis Corinthiaci. Sequitur cavædium quod lapideus claudit agger, cujus prospectus in urbis propugnacula, & in agros qui extra urbem sunt, extenditur. Itur ad aggerem per duplices alas majori cavædio proximas unde etiam transitus est ad cavædium minus, alæ dextræ vicinum.

Prima contabulatio tribus constat majoribus cubiculis, quorum amplissimum claudit porticus in alâ sinistrâ ædificii extructâ, quæ quidem ad lapideum aggerem, & ad urbis propugnacula perducit.

Partis ædificii, quæ surgit à solo, effigies ichnographica Tabulæ XLII.

Explication de la Planche XLIII.	Explicatio Tabulæ **XLIII.**
Elle repreſente le plan du premier étage.	*Prima contabulationis ichnographiam exhibet.*
RENVOIS.	NUMERI RELATIVI.

1. Salle.	1. *Oecus.*
2. Antichambre.	2. *Antithalamus.*
3. Cabinet.	3. *Muſæum.*
4. Cabinet.	4. *Muſæum.*
5. Galerie.	5. *Oecus.*
6. Garderobe.	6. *Veſtiarium.*
7. Chambre.	7. *Thalamus.*
8. Antichambre.	8. *Antithalamus.*
9. Antichambre.	9. *Antithalamus.*
10. Chambre.	10. *Thalamus.*
11. Cabinet.	11. *Muſæum.*
12. Garderobe.	12. *Veſtiarium.*
15. Buffet.	13. *Repoſitorium.*
14. Salle à manger.	14. *Triclinium.*
15. Chambre de domeſtiques.	15. *Thalamus ſervorum.*
16. Grenier.	16. *Horreum.*
17. Terraſſe.	17. *Terrenus agger.*

Planche XLIV.	Tabula **XLIV.**
Elle repreſente Figure premiere l'éleva-tion de l'aîle.	*Figura prima faciem alæ offert.*
Et la Figure ſeconde la façade ſur la Carriore.	*Figura ſecunda faciem quæ Curriculum reſ-picit.*

Pl. XLII.

Rempart

Plan du Rez de chaussée de
l'Hôtel de Craon

Cour

Basse-cour

9

8

10

7

7

3

3

3

3

11

2

4

1

6

6

7

12

4 4

4

5

Cariere

5   15   20 Toises

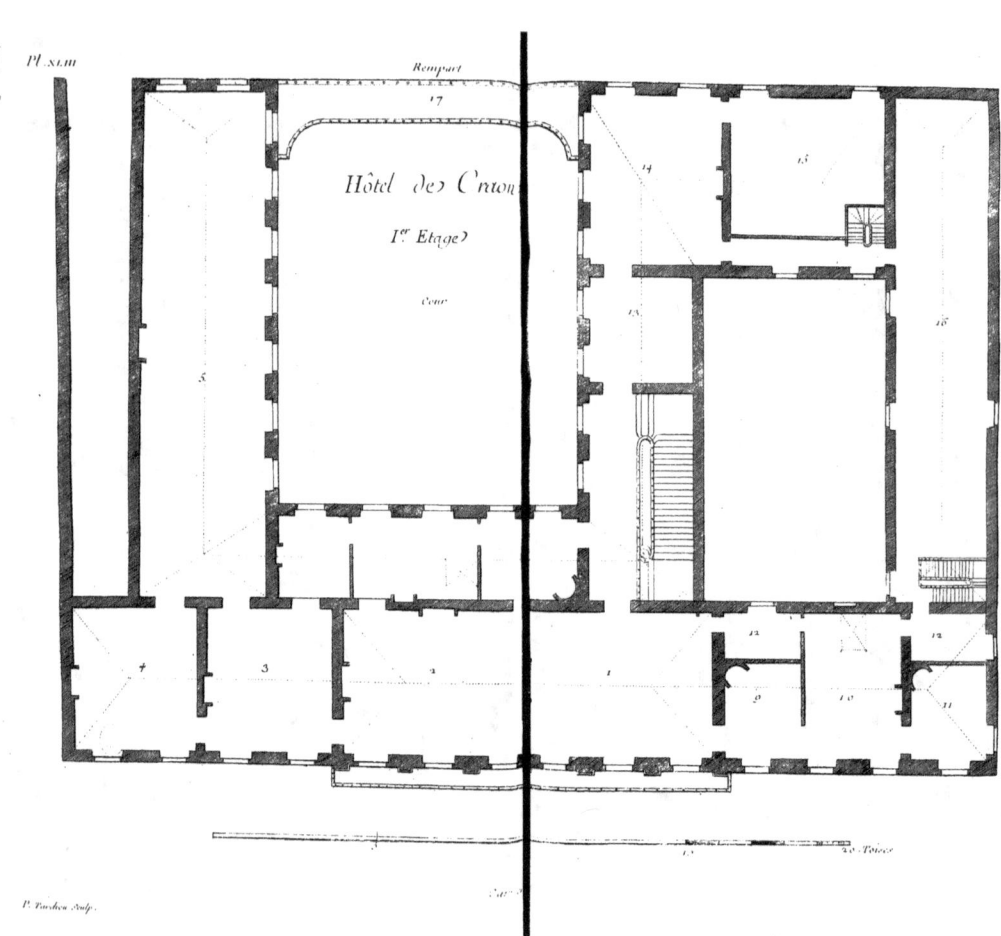

Pl. XLIII.

Rempart

Hôtel des Crion

Iᵉʳ Etage

Cour

P. Tardieu Sculp.

Pl. XLIV.

Façade de l'Hôtel de Craon du côté de la Carriere

Figure 2.

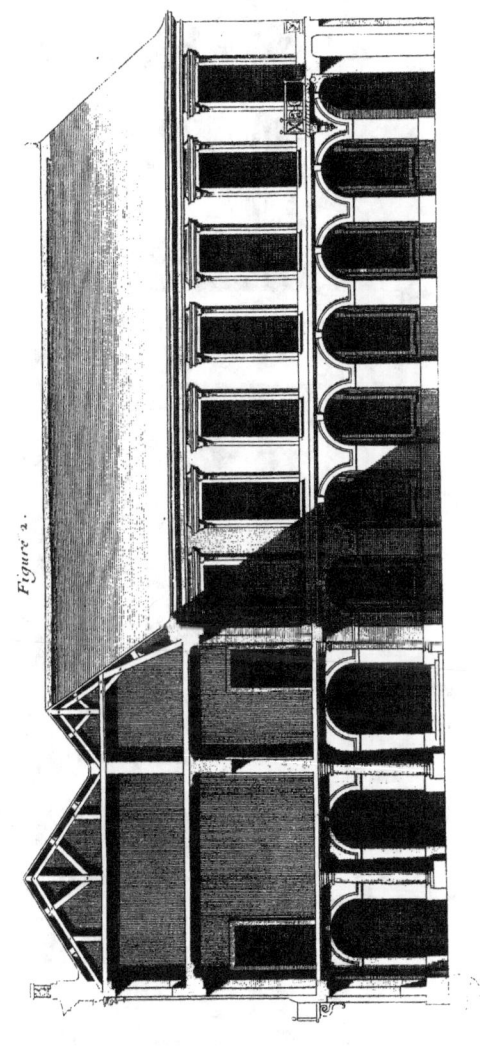

10. Toises

1 2 3 4 5

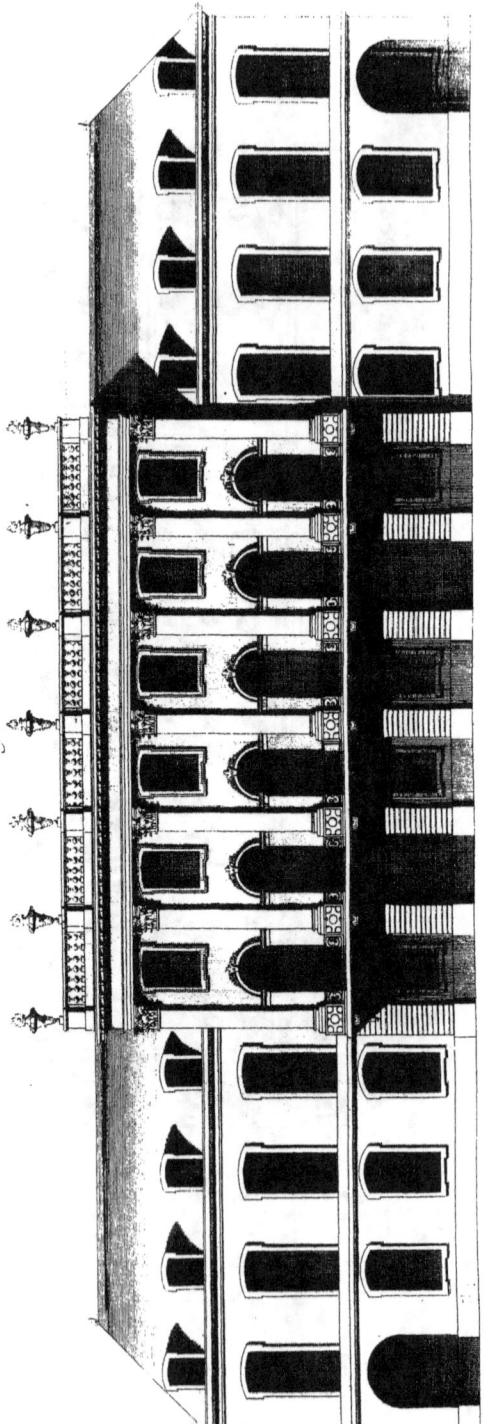

Façade de l'Hôtel de Crion du côté de la Cour.

Figure 1.re

P. Tardieu Sculp.

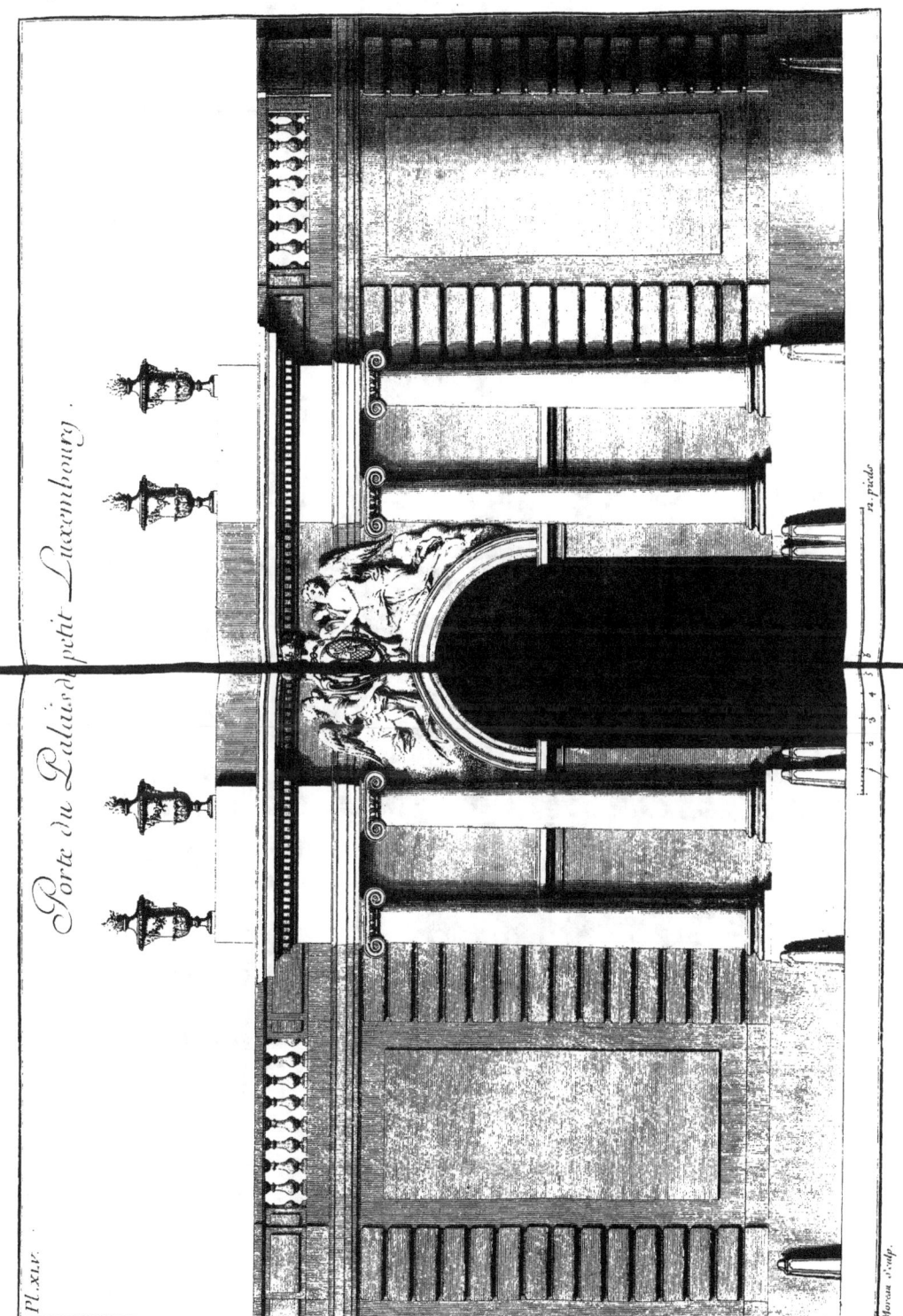

Pl. XLV.

Porte du Palais du petit Luxembourg.

Moreau Sculp.

n. pieds

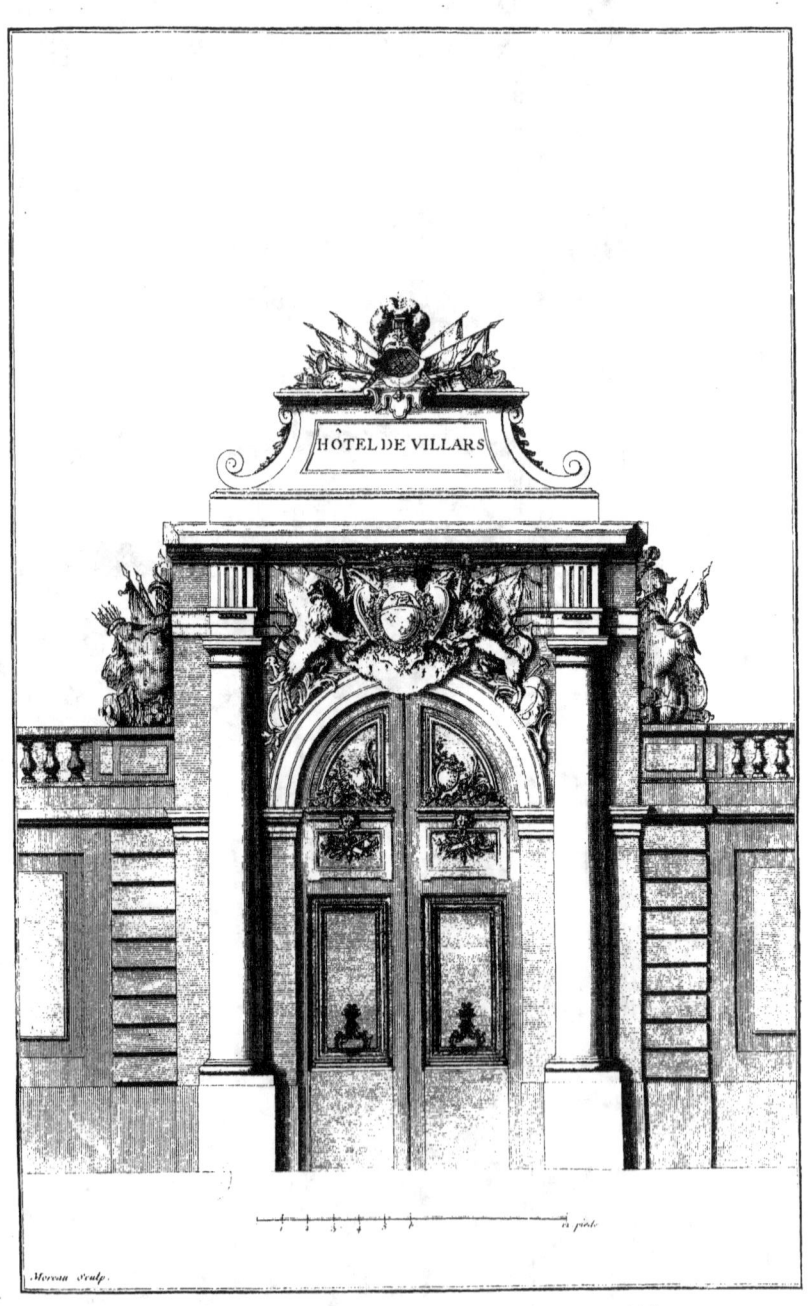

HÔTEL DE VILLARS

PUITS DE BICESTRE.

BICESTRENSIS PTOCHOLTROPHII PUTEUS.

UN Puits est communément un ouvrage de maçonnerie, qui n'exige pas une grande attention ; cependant celui-ci peut avoir sa place dans les grands ouvrages d'Architecture. C'est une necessité indispensable que d'avoir de l'eau dans une maison habitée par cinq ou six mille hommes, & principalement dans un Hôpital où la consommation en est grande, non seulement pour la cuisine, pour l'apothicairerie, pour étancher la soif des hommes, & pour abreuver les animaux ; mais où il en faut encore une grande quantité pour les bains necessaires à la guérison de quelques maladies, pour les lessives, pour la propreté de la maison, & pour arroser les jardins potagers. L'eau si necessaire à tous ces besoins, manquoit entierement à l'Hôpital de Bicêtre : les acqueducs qui en fournissoient ci-devant, en rendoient fort peu ; soit que les sources qui s'y écouloient fussent taries, détournées ou perduës, soit que les pierrées qui les conduisoient aux acqueducs fussent bouchées par les sables & les terres qu'elles charient. L'eau manquoit de même dans les puits qu'on n'avoit pu enfoncer plus bas ; & il falloit l'aller prendre à la riviere, qui en est éloignée de demie lieue, ou abandonner une maison si necessaire pour loger & nourrir un grand nombre de pauvres, ou en bâtir une autre qui fût à portée d'avoir de l'eau.

Il falut donc prendre le parti de faire ce Puits Il a seize pieds de diametre dans œuvre, sur vingt-huit toises &

Vulgò Puteus fabricæ lapidariæ est opus, quod parvi videtur esse momenti ; iste tamen magna inter Architecturæ opera potest reponi. Summæ necessitatis est aqua domi, quam quinque aut sex hominum millia habitant, præsertim in Ptochotrophio, ubi ad multiplices usus distribui debet, non solùm ad culinam, ad medicamentorum officinam, & ad sitim tum hominum, tum brutorum pellendam ; sed insuper ubi magna ejus requiritur copia ad balnea quæ morborum quorumdam sanatio postulat, ad lixivias, ad domi munditiam, & ut olitori irrigentur horti. Tot illis necessitatibus deerat aqua in Bicestrensi Ptochotrophio : qui illam anteà suppeditabant aquæductus, exiguam aquæ præstabant partem, sive quoniam quæ intus fluebant scaturigines erant exsiccatæ, aversæ, aut amissæ ; sive quòd subterranei canales, qui eas ad aquæductus adducebant, arenâ aut terrâ quam secum vehunt, erant obstructi. Pariter deficiebat aqua in Puteis qui inferiùs excavari non potuerant : illam quærere oportebat ad flumen, quod semi leucâ distat, aut deserere domum, quæ ad excipiendam & nutriendam magnam pauperum multitudinem erat adeò apta ; in quâ faciliùs aqua posset haberi.

Hunc igitur efficere Puteum statutum fuit : ejus diametros ad sexdecim pedes usque extenditur intrinsecùs, & viginti-octo perticas

Y

demie de profondeur. Pour venir à bout de cet ouvrage , j'ai commencé avant toutes choses , à faire la machine qui devoit en tirer l'eau. C'est avec cette machine qu'on est parvenu à achever cet ouvrage avec beaucoup d'œconomie:elle a servi à enlever les terres , le tuf, la glaise , le sable , la marne & les roches qui se sont trouvés en quatorze toises de profondeur jusqu'aux bancs de pierre de cariere , qui étoient à la même profondeur. Cette carriere a neuf toises de profondeur, & on l'a percée du diametre du Puits. La machine en a enlevé les quattiers au rez-de-chaussée : le restant de la profondeur est encore de cinq toises trois pieds, & composée de bancs de sable , de roches & de glaise jusqu'au fond du Puits ; dans laquelle profondeur il s'est trouvé des eaux folles en plusieurs endroits, qui ne font point de véritables sources , mais des pleurs de terres qui entraînoient avec elles des terres & des sables , qui auroient beaucoup nui à la fouille , si on ne les avoit enlevés à mesure avec la machine.

L'eau a monté neuf pieds dans le Puits , laquelle hauteur étoit de deux bancs de glaise : & sous le fonds du Puits s'est trouvé un banc de sable glaiseux mêlé de marcassites.

L'ouvrage le plus difficile a été dans la hauteur de ces neuf pieds d'eau. Lorsque l'eau a commencé à paroître , on a fouillé dans la glaise environ un pied , & on y a posé un roüet de charpente, du diametre du Puits & de deux pieds de large , sur laquelle on a posé une première assise de pierre de taille, dont les quartiers ont été liés avec des crampons de fer. On a ensuite dragué la glaise sous le roüet pour le faire enfoncer ; & à mesure qu'il baissoit , on a posé de nouvelles assises cramponnées comme la première , en épuisant l'eau à mesure qu'elle venoit dans le Puits. On n'a jamais pu enfoncer le roüet plus de neuf pieds dans l'eau, dans la saison où les eaux sont les moins abondantes, en mettant huit chevaux aux bras de la machine, au lieu de quatre qu'on met ordinairement, les faisant changer de deux

hexapedas & dimidiam altus est. Ut hoc perficeretur opus , primò quâ erat extrahenda aqua machinam condidi , & illius auxilio , absque magnis impensis hoc potuit opus absolvi. Maximæ fuit utilitatis ut auferrentur attollentur-ve terra , tofus , argilla , arena , marga , atque cautes quæ ad quatuordecim perticarum exapedarum altitudinem repertæ sunt usque ad lapidaria scamna quæ in eâdem altitudine erant sita. Hæc lapidicina novem hexapedas est alta perticas quæ juxtà Putei diametron fuerunt excavatæ : & fragmenta usque ad soli superficiem machina extulit. Altitudinis reliquum , est insuper quinque perticarum exapedarum triumque pedum quæ arenosa , saxea & argillacea continent scamna usque ad Putei fundum : quâ in altitudine , pluribus in locis occurrerunt aquæ quas stultas vocant , & quæ veræ non sunt scaturigines , sed humi lachrymæ secum adducentes terram & arenas , quibus maximè impedita fuisset excavatio , nisi supradictâ machinâ continuò fuissent sublatæ.

Novem pedes in Puteo ascendit aqua : quæ altitudo duo argillosa habebat scamna ; & infrà Putei fundum , scamnum arenæ argillaceæ pyritis permixtum repererunt.

In istorum pedum aquæ altitudine opera fuit difficilior. Statim ut apparuit aqua , fossa fuit argilla circà unum pedem , ibi posita fuit lignaria tabula quæ Putei diametron adæquabat , & duos pedes erat lata , super quam primum corium collocavere quadratorum lapidum , qui laminis seu fibulis ferreis simul fuere constricti. Deinde amota fuit argilla sub lignariâ tabulâ , ut deprimeretur ; & prout progrediebatur intus nova coria laminis seu fistulis ferreis sicut primum alligata insuper structa fuere , exhauriendo aquam ut fluebat in Puteum. Plusquàm novem pedes in aquam tabula lignea non potuit deprimi , tempestate quâ minus copiosæ sunt aquæ ; ad brachia machinæ octo equos applicando ; dùm quatuor tantummodò adhibendi mos es , singulis duabus horis eos renovando , & ad funis extremitates suspendendo sitellas, quarum unaquæque sex aquæ capiebat modios ; quod per tres dies & noctes non fuit inter-

heures en deux heures, & mettant aux bouts du cable des seaux contenant chacun six muids d'eau, ce que l'on a continué trois jours & trois nuits, sans que l'eau ait baissé au dessous de neuf pieds; & comme cette hauteur d'eau suffisoit, on a discontinué cet épuisement, & on a posé les assises du Puits jusqu'au dessous des bans de pierre de la carriere, où l'on a fait des piliers de six pieds de hauteur, pour faire sous le ban de pierre une retirade pour les ouvriers qui auroient occasion de travailler au Puits.

Comme en creusant le Puits au-dessus des bancs de pierre il s'est fait des éboulis de sable, de glaise & de terre, qui formoient des cavernes derriere le mur du Puits, on les a remplies avec des pierres & des moilons, à mesure qu'on élevoit les assises du mur en parement du Puits.

Entre les assises de pierre du Puits & le banc de pierre le plus bas de la masse de la carriere, on a chassé à force des coins de fer, afin que si les assises de pierre au-dessous de la masse de la carriere s'affaissoient, on pût les chasser à force pour soutenir toujours cette masse.

On a ensuite taillé le parement du Puits dans la masse de pierre de la carriere, de seize pieds de diametre, & on a élevé sur cette masse le restant des assises de pierre jusqu'au rez-de-chaussée.

Il faut remarquer que la fouille & l'enlevement des terres & pierres du Puits & la descente des pierres de taille au fond du Puits, n'ont pas coûté plus que la construction d'un mur à huit ou neuf pieds au-dessous du rez-de-chaussée, parce que la machine descendoit les materiaux en quatre minutes, & que les sceaux qui enlevent l'eau du fond du Puits, ne sont que le même espace de temps à la monter au rez-de-chaussée, sans quoi on seroit une heure & demie à faire la même opération, pour descendre un quartier de pierre avec les machines ordinaires.

Le Reservoir qui par des conduits de plomb distribue l'eau dans toute la maison, a dans œuvre soixante trois pieds en quarré sur huit pieds de hauteur d'eau: il contient quatre mille muids d'eau; en sorte que lorsqu'il est plein, il peut, sans

missum, quàm infrà novem pedes depressa fuerit aqua; & istâ sufficiente altitudine, hæc desiit exhaustio, & posita fuere Putei fundamenta infra lapidea scamna lapidicinæ ubi erectæ sunt pilæ altæ sex pedes, ut sub lapideo scamno recessus efficeretur propter operarios, quibus instaurandus foret Puteus.

Cùm excavando Puteum infrà lapidea scamna, quædam advenissent dejectiones tum arenarum, tum argillæ & terræ, quæ post Putei murum cava efformaverant, lapidibus & cæmentis adimpleta fuere, prout assurgebant coria muri juxtà exteriorem Putei faciem erecti.

Inter lapidea Putei coria & inferius molis lapidicinæ lapideum scamnum, ferrei cunei vi magnâ fuerunt impulsi & inserti; ut si lapidea coria moli lapidicinæ inferiora degravarentur & desiderent, possent adigi validè, ad sustinendam hanc molem.

Posteà Putei facies sexdecim diametri pedes in lapideâ mole lapidicinæ incisa fuit, & super istam molem cætera lapidea coria, usque ad soli superficiem erecta sunt.

Notandum est excavationem exportationemque terrarum lapidumque Putei, & decensum quadratorum lapidum ad Putei fundum usque, non pluris constitisse quàm constructio muri ad octo vel novem pedes infrà superficiem soli, quia quatuor punctis temporis materiam deorsùm demittebat machina, & situlæ quæ ex Putei fundo sursùm aquam adducunt, eodem temporis spatio eam afferunt ad soli superficiem: quod si non ità foret, ad eandem efficiendam operam sesquihora esset collata, ut solitis machinis quadra lapidea descenderet.

Piscina quæ ductibus plumbeis aquam per totam domum distribuit, extrinsecus sexaginta & tres pedes in quadrum habet & octo altitudinis aquæ pedes; continetque quater mille modios aquæ: ità ut quando repletur, possit absque labore equorum, si quædam fa-

faire travailler les chevaux , en cas qu'il y ait quelque réparation à faire , fournir pendant fix ou fept jours de l'eau à toute la maifon. Il eft vouté de pierres de taille par neuf voutes d'arefte rampantes , & portées par quatre piliers de pierre de taille , & garni dans la hauteur de l'eau , de tables de plomb laminé. Au deffus des voutes , eft un grenier qui peut contenir quatre mille muids de bled.

La machine pour élever l'eau du Puits dans le Refervoir , eft dans un manege octogone de trente-fix pieds de largeur dans œuvre , & au milieu duquel eft un arbre debout , auquel huit bras font affemblés ; cependant il fuffit d'y attacher quatre chevaux , à moins qu'en cas de befoin , on ne voulût forcer le travail. Au haut de l'arbre debout , eft un tambour de fix pieds de diametre , fur lequel tournent deux cables , dont l'un file & l'autre défile , & qui paffent fur deux poulies de quatre pieds de diametre , au deffus du Puits. Aux bouts de ces cables il y a deux feaux contenant chacun quatre muids , dont l'un defcend à mefure que l'autre monte. Comme leur volume eft trop gros pour pouvoir fe renverfer dans le Puits pour être remplis , ils font percés dans le fond , & fe rempliffent par quatre foupapes de cuivre. Lorfque ces feaux font au haut du Puits , ils y font accrochés par des crochets de fer , qui les font pancher en montant , pour qu'ils fe vuident dans le refervoir , d'où par des tuyaux de plomb laminé , il fournit de l'eau à tous les endroits de la maifon où elle eft néceffaire.

Entre la machine & le refervoir , on a pratiqué une bâche , dans laquelle les feaux verfent l'eau avant que d'entrer dans le refervoir , afin que fi dans la fuite il y avoit quelque reparation à faire au refervoir , l'eau de cette bâche pût être diftribuée pour tous les befoins de la maifon , en bouchant l'entrée de cette bâche dans le refervoir.

cienda fuerit reftauratio , per fex aut feptem dies toti domui aquam fuppeditare. Ex lapidibus quadratis camerata eft , & conftat novem fornicibus ftriatis , quæ funt declives & quatuor pilis è lapidibus quadratis fuftinentur. Ad aquarum altitudinem ufque induitur tabulis è plumbo laminato. Super fornices eft horreum , quod frumenti 4000. modios poteft capere.

Machina quæ aquam Putei tollit in receptaculum , ftat in hippodromo octogono , triginta & fex pedes intrinfecùs lato ; in medio cujus ftat arbor arrecta , quæ octo fert brachia. Attamen ad illam quatuor equos fufficit jungere , nifi majoris fit diligentiæ opus. Ad verticem arboris arrectæ tympanum eft , cujus diametros ad fex pedes extenditur , & circùm quod volvuntur duo funes , quorum unus implicatur , alter verò explicatur , & qui fuper Puteum per duas verfantur trochleas , quarum diametros quatuor eft pedum. Ad iftorum funium extremitates aftringuntur duæ fitulæ , quarum unaquæque quatuor continet modios , quarumque una defcendit dum afcendit altera. Cùm grandior illarum amplitudo prohibeat quò minus in Puteo invertantur , ut accipiant aquam , in fundo funt perforatæ ; & mediantibus quatuor cupreis valvulis adimplentur. Simùl atque ad fummam Putei pervenerunt partem , apprehenduntur uncis ferreis , qui in illarum afcenfu cogunt eas inclinari , ut aquam effundant in receptaculum , ubi tubis plumbeis tranfit ad omnia loca domi , prout poftulat neceffitas.

Inter machinam & receptaculum , effectus fuit alveus , in quo fitulæ aquam effundunt antè quàm receptaculum ingrediatur , ut fi in pofterum quædam in receptaculo reftitutio effet facienda , iftius alvei aqua fubvenire poffet neceffitatibus domi , obturando ejus ingreffum in pifcinam , feu receptaculum.

Explication

Explication de la Planche XLVIII.

Explicatio Tabulæ XLVIII.

Figure 1.

Figura 1.

Elle represente le plan du bâtiment qui renferme le Puits, la machine qui éleve l'eau, & la bâche qui diftribue l'eau à toutes les parties de la maifon, en cas qu'il y eût quelque réparation à faire au refervoir, & après laquelle bâche eft le grand refervoir.

Exhibet ichnographiam ædificii quodcontinet Puteum, machinam quâ fursùm addicitur aqua, & alveum è quo progreditur aqua ad omnia domûs loca, fi quædam receptaculo facienda fuerit reftauratio, & poft alveum, grande receptaculam fitum eft.

RENVOIS.

1. Puits.
2. Poulies fur lefquelles roulent les cables, au bout defquels les feaux font attachés.
3. Plan des feaux.
4. Moulinet, fur le treüil duquel tourne un cable, qui fert à defcendre au fond du Puits.
5. Crochets de fer qui acrochent un cercle du fer au bout des anfes des feaux pour les faire vuider dans la bâche.
6. Bâche revêtuë de plomb laminé, laquelle diftribue l'eau à toutes les parties de la maifon, fuppofé qu'il y ait quelque réparation à faire au refervoir.
7. Petite digue, qui rompt l'eau qui fort du feau pour qu'elle n'entre pas trop rapidement dans le refervoir.
8. Sortie de l'eau de la bâche, pour que l'eau entre dans le refervoir.
9. Refervoir général, vouté & revêtu de plomb laminé, qui contient 4000. muids d'eau.
10. Arbre debout de la machine, revêtu d'un tambour de fix pieds de diametre, fur lequel les deux cables tournent, & dont l'un file quand l'autre défile.
11. Bras de la machine, au bout defquels les chevaux font attelés.
12. Ventoufes au bas des murs, pour donner de l'air aux chevaux.
13. Galeries avec un appui de fer, pour aller au tour du refervoir.

NUMERI RELATIVI.

1. Puteus.
2. Trochleæ fuper quas volvuntur funes, ad extremitates quorum alligantur fitulæ.
3. Sitularum defcripta forma.
4. Decuffati vectes, fuper quorum fuculam verfatur funis, mediante quo ad Putei fundum defcenditur.
5. Uncini ferrei, qui fitularum anfas apprehendunt, ut in alveum aquam effundant.
6. Alveus plumbo laminato veftitus, quo ad omnia domûs loca diftribuitur aqua, fi reparandum fuerit receptaculum.
7. Parvula moles quæ oppofita aquæ eam frangit, ne exeundo è fitulâ, nimis rapidè receptaculum ingrediatur.
8. Exitus aquæ ab alveo, ut aqua ad receptaculum veniat.
9. Receptaculum generale, cameratum & plumbo laminato veftitum, in quo quatuor millia modiorum aquæ continentur.
10. Arbor arrecta machinæ, quæ induitur tympano, cujus diametros fex pedum, & fuper quod duo verfantur funes, quorum alter implicatur & alter explicatur.
11. Brachia machinæ ad quorum extrema junguntur equi.
12. Spiracula ad imam murorum partem, ut aere fruantur equi.
13. Ambulacra podiis ferreis munita, ut tutè circà receptaculum eatur.

Figure 2.

Figura 2.

Elle represente le plan d'un feau.

Offert fitulæ defcriptam formam.

7.

14. Plan du feau.
15. Soupapes au fond du feau, au moyen
desquelles il est rempli d'eau, sans être
renversé sur le côté.

14. *Situlæ forma.*
15. *Valvulæ in situlæ fundo positæ, quarum
ope aquâ repletur situla, quin cadat in latus.*

Figure 3.

Elle represente le profil d'un feau.

16. Douves du feau.
17. Anses du feau entourées d'un cercle
de fer rond, auquel s'accrochent les
crochets qui renversent le feau dans
la bâche.
18. Soupape fermée quand le feau est
rempli d'eau.
19. Soupape qui se leve quand l'eau entre dans le feau.
20. Aqueduc où sont posés les tuyaux
qui conduisent l'eau du reservoir à
toutes les parties de la maison.
21. Prise de l'eau au fond du reservoir
par une soupape, & décharge de la
superficie du reservoir.
22. Conduite qui fournit l'eau de la
bâche à toutes les parties de la maison, supposé qu'il y ait quelque réparation à faire au reservoir, ou qu'on
le veuille netoyer.

Figura 3.

Subjicit oculis formam situlæ sectam.

16. *Assamenta situlæ.*
17. *Ansæ situlæ quas cingit circulus è ferro
factus rotundo, & in quo defiguntur unci
qui situlam invertunt in alveum.*
18. *Valvula quæ clauditur, quando impletur
aqua situla.*
19. *Valvula quæ extollitur cum situlam in-
greditur aqua.*
20. *Aquæductus, ubi collocantur tubi, qui
è receptaculo ad omnia domûs loca aquam
transmittunt.*
21. *Haustus aquæ è receptaculi fundo mediante valvulâ, & exoneratio superficiei receptaculi.*
22. *Ductus qui alvei porrigit aquam omnibus locis domûs, si quædam efficienda fuerit receptaculi instauratio, vel si expur-
gandum sit.*

Explication de la Planche XLIX.

Elle represente le Profil de la machine,
du Puits dans toute sa hauteur, de la
bâche & du reservoir.

1. Puits.
2. Poulies sur lesquelles roulent les cables, au bout desquels les seaux sont
attachés.
3. Moulinet sur lequel tourne un cable
qui sert à descendre au fond du Puits.
4. Seaux, dont l'un se vuide, quand
l'autre se remplit.
5. Crochet de fer, qui accroche un cercle de fer au bout des anses, pour les
faire vuider dans la bâche.
6. Arbre debout de la machine.

Explicatio Tabulæ XLIX.

*Repræsentat sectionem scenographicam machi-
næ Putei per totam ejus altitudinem, alvei
& receptaculi.*

1. *Puteus.*
2. *Trochleæ super quas versantur rudentes,
quorum extremitatibus alligantur situlæ.*
3. *Sucula cum decussatis vectibus, circa quam
volvitur rudens, cujus auxilio ad Putei
fundum descenditur.*
4. *Situlæ, quarum altera exinanitur, dum
adimpletur altera.*
5. *Uncinus ferreus, qui circulum ferreum
astringit cum canaliculorum extremis, ut
in alveum effundant aquam.*
6. *Arbor arecta machinæ.*

7. Tambour de fix pieds de diametre, fur lequel les deux cables tournent, dont l'un file & l'autre défile.

8. Cables, qui tournent fur le tambour de l'arbre debout, dont l'un file quand l'autre défile, qui roulent fur les poulies, & aux bouts defquels les feaux font attachés.

9. Bras de la machine, aux bouts defquels les chevaux font attelés.

10. Queuës pendantes, au bas defquelles on attache les pannoniers qui retiennent les traits des chevaux ; enforte que les chevaux puiffent tourner fous les bras de la machine.

11. Ventoufes au bas des murs, pour donner de l'air aux chevaux.

12. Bâche revêtuë de plomb laminé, qui diftribue l'eau à toutes les paties de la maifon, fuppofé qu'il y ait quelque réparation à faire au refervoir.

13. Petite digue, qui rompt l'eau qui fort du feau, pour qu'elle n'entre pas trop rapidement dans le refervoir.

14. Cafcade de l'eau dans le refervoir.

15. Refervoir général.

16. Galerie autour du Refervoir, avec un balcon de fer.

17. Grenier à bled fur la voute du Refervoir.

18. Second Grenier.

19. Troifiéme Grenier.

---

7. *Tympanum, cui diametri fex dati fuere pedes, & circà quod duo verfantur rudentes, quorum alter implicatur, dum explicatur alter.*

8. *Rudentes qui circùm arectæ arboris tympanum aguntur, & quorum alter implicatur, dum alter explicatur, qui verfantur fuper trochleas, & ad quorum extrema vinciuntur fitulæ.*

9. *Brachia machinæ, quorum extremis junguntur equi.*

10. *Pendulæ caudæ ad extrema quarum alligantur baculi, quibus adhærent equorum lora ductaria ; ità ut fub machinæ brachiis equi poffint circumire.*

11. *Spiracula ad imam murorum partem, ut aëre fruantur equi.*

12. *Plumbo laminato indutus alveus, qui omnibus domús locis porrigit aquam, fi reparandum fuerit receptaculum.*

13. *Parvulus agger oppofitus aquis quæ è fitulá exeunt, nè receptaculum impetu nimio ingrediantur.*

14. *Lapfus aquæ in receptaculum.*

15. *Receptaculum, feu Pifcina generalis.*

16. *Ambulacrum circà receptaculum ferrels munitum clathris.*

17. *Granarium fuper receptaculi fornicem conftructum.*

18. *Aliud Granarium.*

19. *Tertium Granarium.*

PLANCHES XLVIII. XLIX. & L.

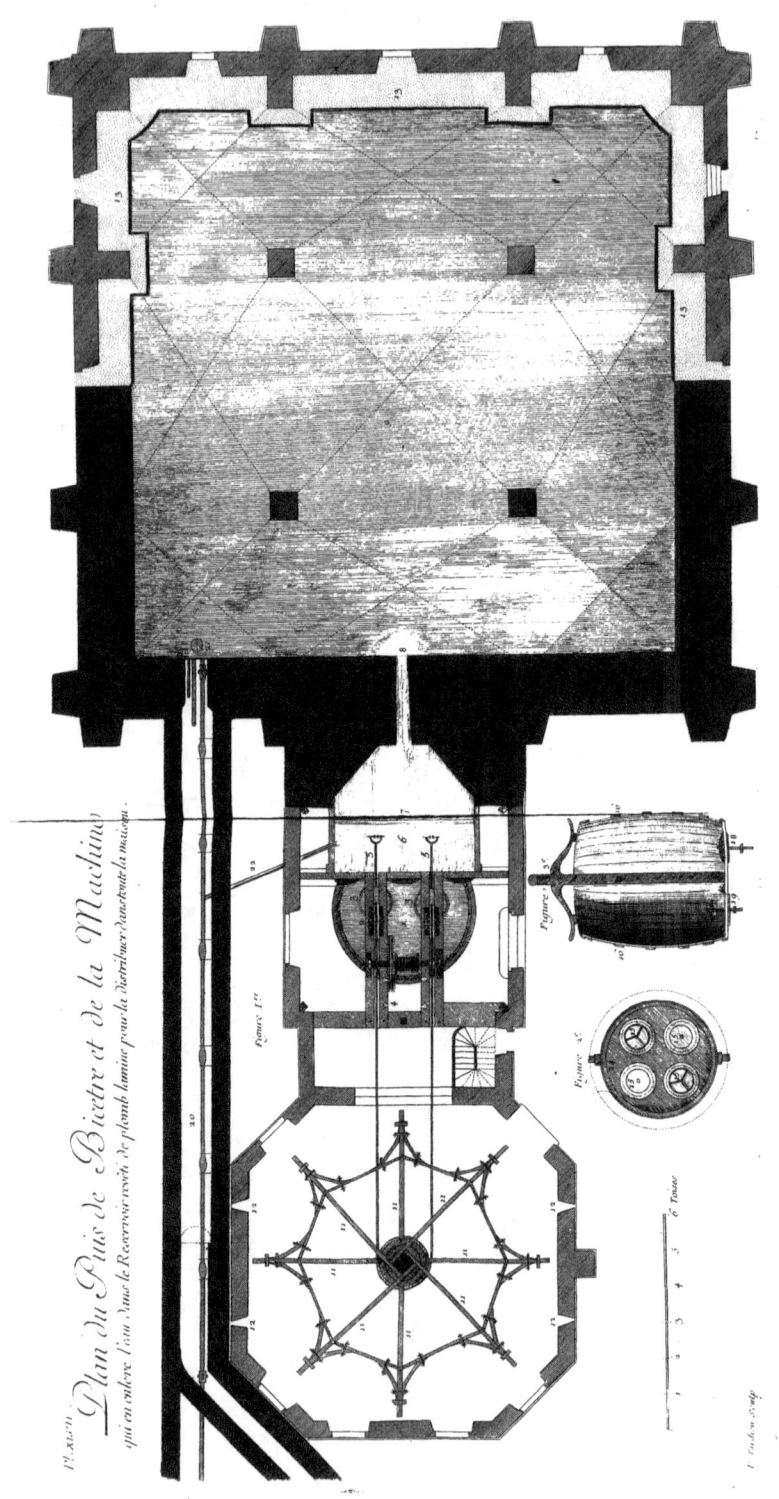

Pl. XXVII. Plan du Puits de Bicètre et de la Machine
qui en enlève l'eau dans le Reservoir revêtu de plomb lamine pour la distribuer dans toute la maison.

Figure 1.ͬᵉ

Figure 2.ᵉ

Figure 3.ᵉ

6 Toises

1. Cochin Sculp.

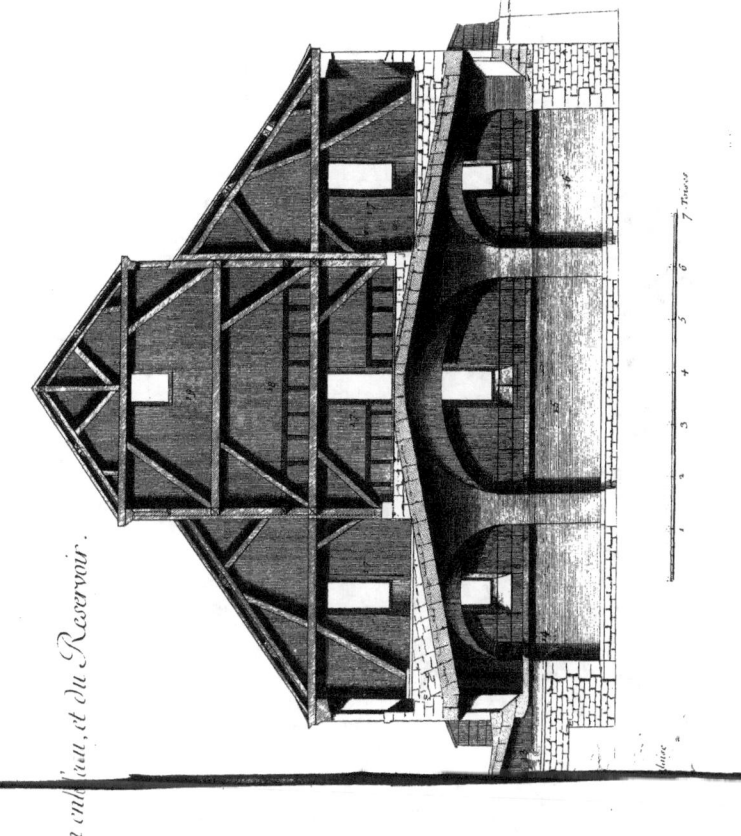

Pl. XLIX.

Plan du Puits de Bicétre, de la Machine qui en éleve l'eau, et du Reservoir.

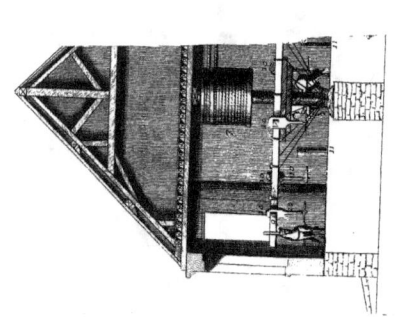

P. Tardieu Sculp.

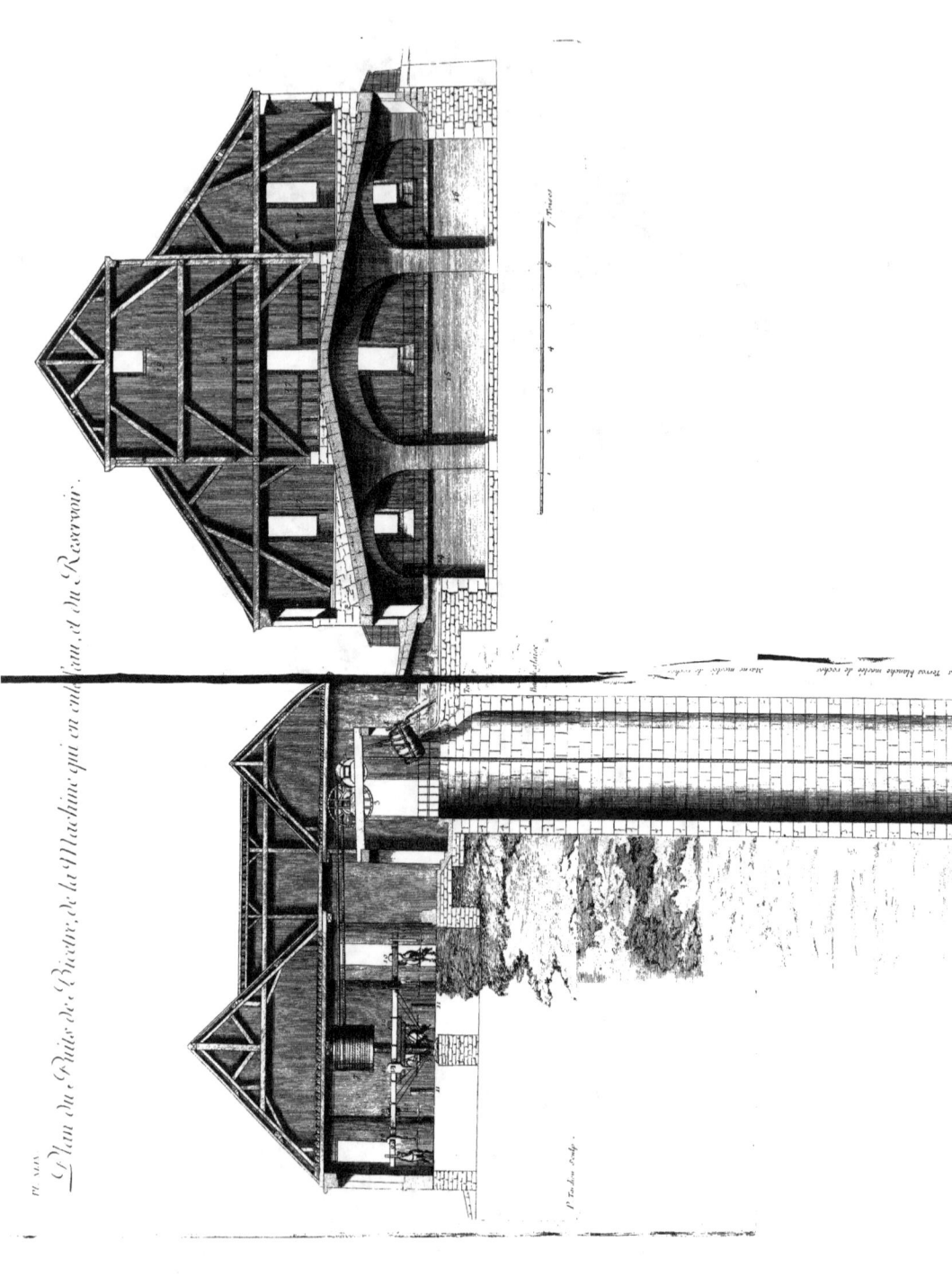

Pl. XIX.

Plan du Puits de Bicêtre, de la Machine qui en enlève l'eau, et du Réservoir.

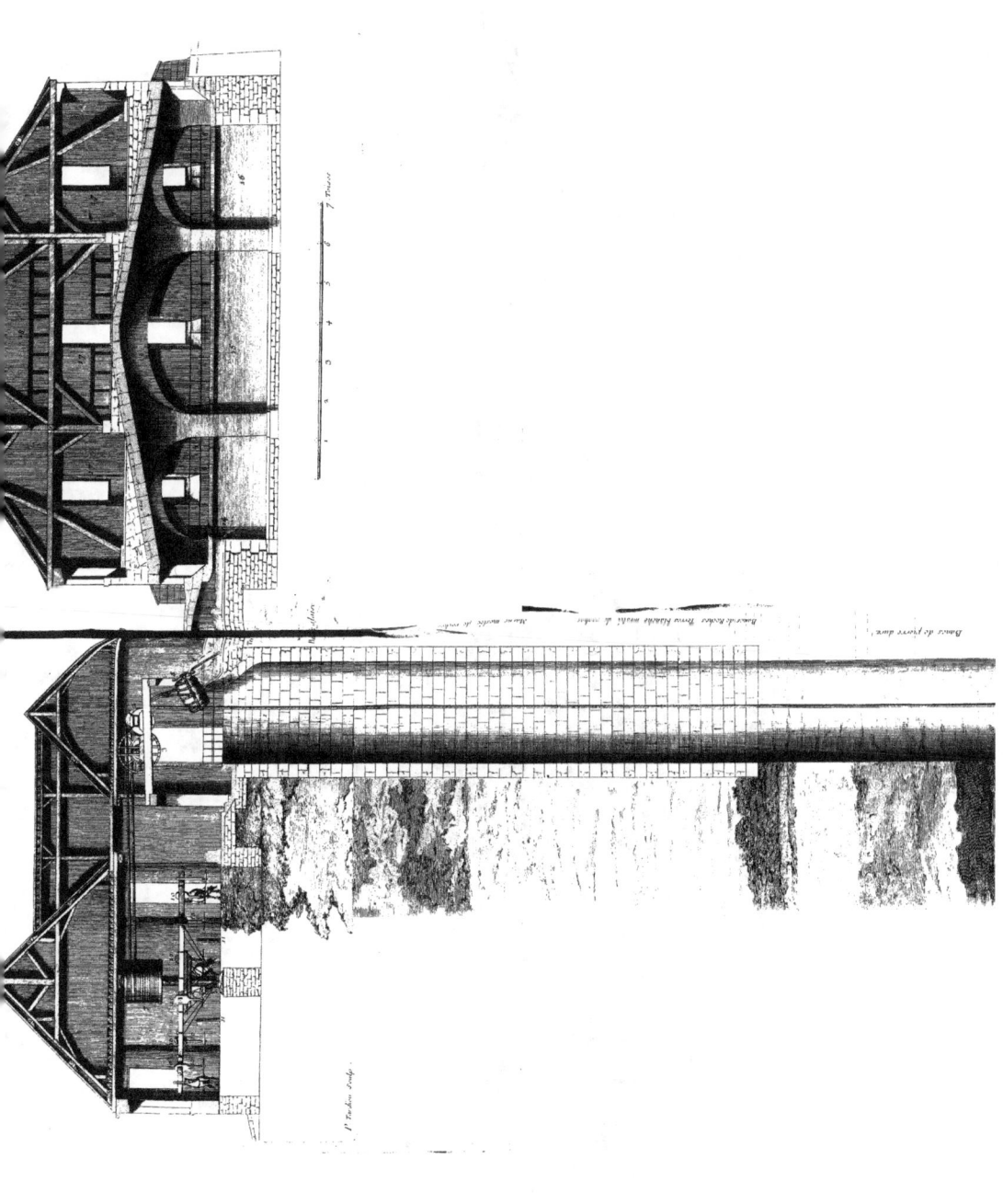

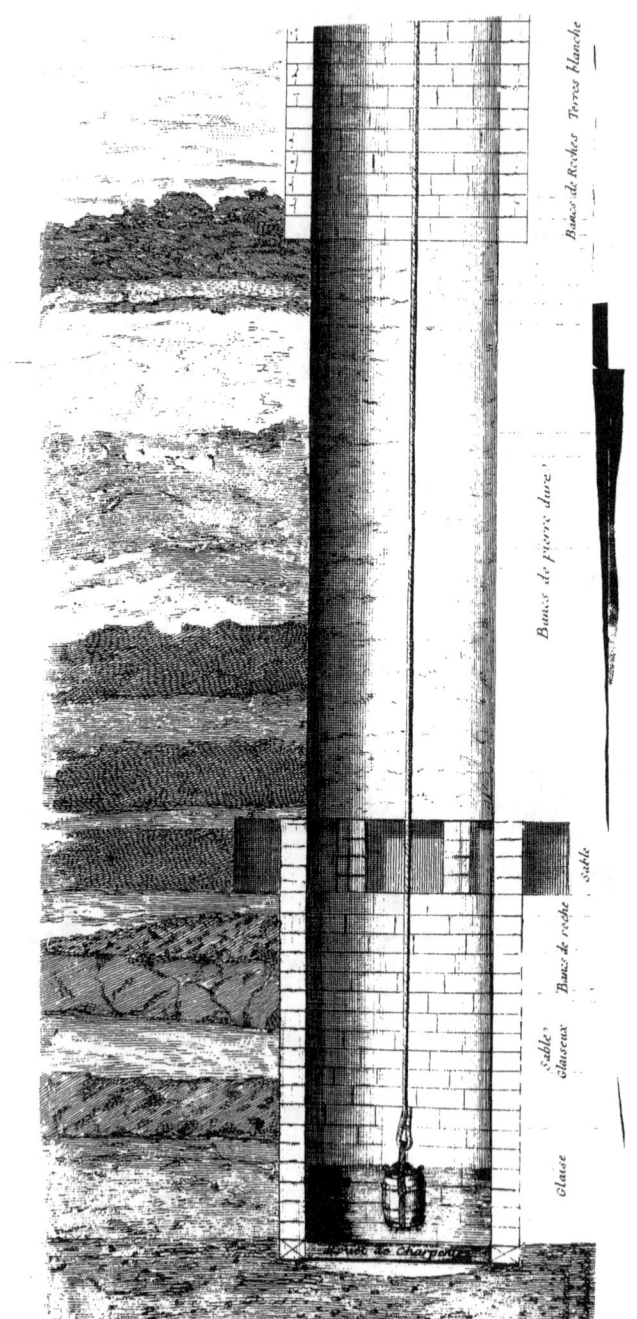

Banes de Roches   Terres blanche

Banes de pierre dure

Banes de roche   Sable

Sable, glaiseux

Glaise

Lit de Charpente

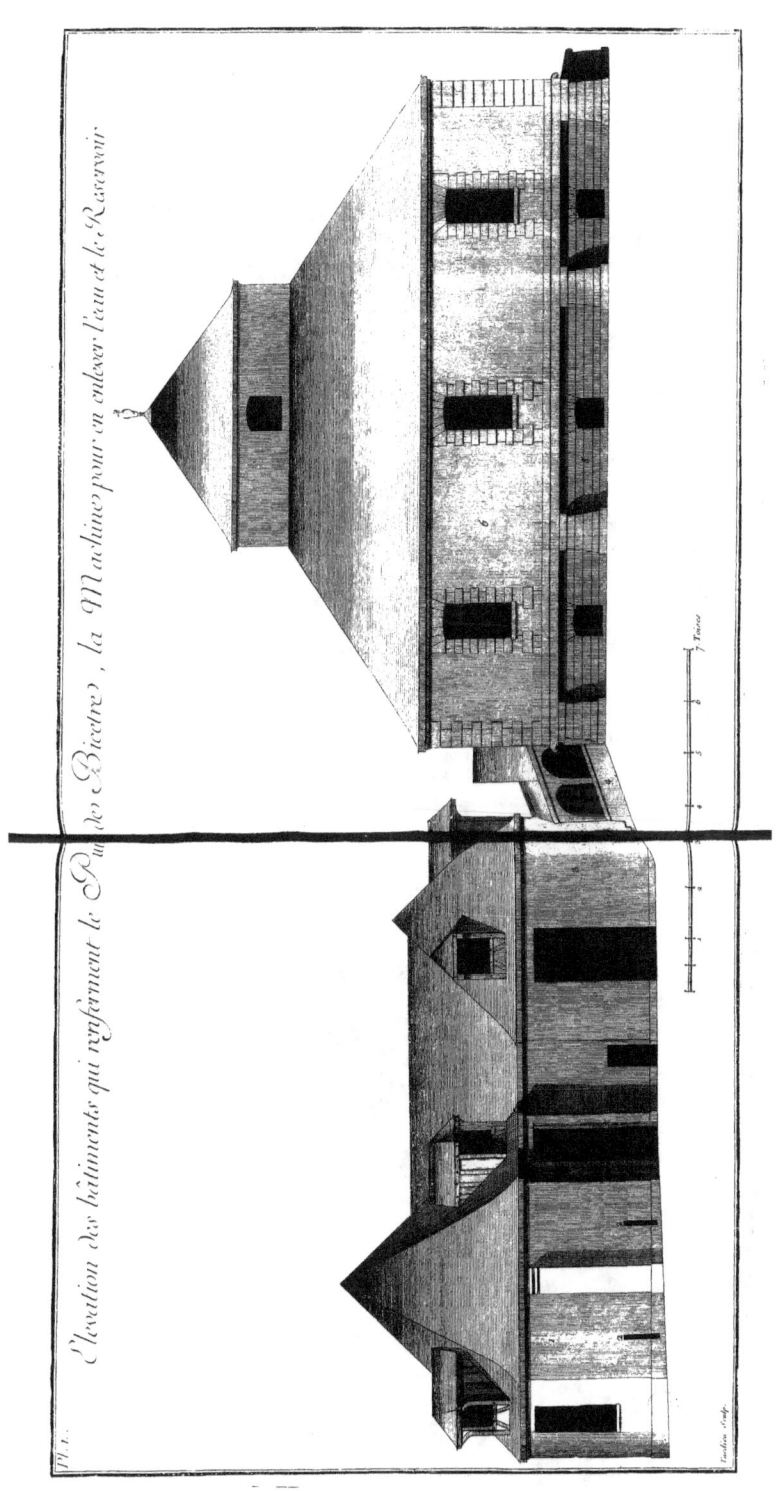

Pl. 1. Elevation des bâtiments qui renferment le Puits de Bicêtre, la Machine pour en enlever l'eau et le Reservoir

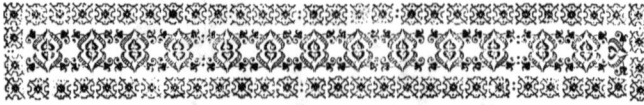

PORTAIL

DE L'EGLISE
DE LA MERCY
A PARIS.

FRONS

CEU FACIES EXTERIOR
FANI MISERICORDIÆ
Pariſiis extructi, quod gallicè
vocant *la Mercy*.

CE Portail eſt compoſé de deux ordres d'Architecture, dont le premier eſt Corinthien, & a été fait en même temps que l'Egliſe a été bâtie. La rue n'étant pas large, l'Architecte a jugé à propos pour ménager la place, de faire les colonnes ovales, & de les engager le tiers dans le mur. J'ai fait conſtruire le ſecond ordre qui eſt Compoſite, dont les colonnes ſont iſolées. Le Fronton eſt orné des Armes de Mgr le Prince de Rohan qui a fait achever ce Portail à ſes dépens.

TEmpli de quo agitur Frons duobus conſtat ordinibus ; quorum, prior Corinthiacus, & eo ipſo, quo Fanum, tempore conditus eſt. Cùm latitudo vici eſſet mediocris, Architectus, ut ſolo parceret, operæ pretium duxit columnas ſtruere ovales eaſque tertiâ parte, muro includere. Alter ordo qui Compoſitus, & columnis conſtat nullâ ex parte circum fultis à me conditus eſt.

PLANCHE LI.

A a

Pl. 11

Portail de la Mercy

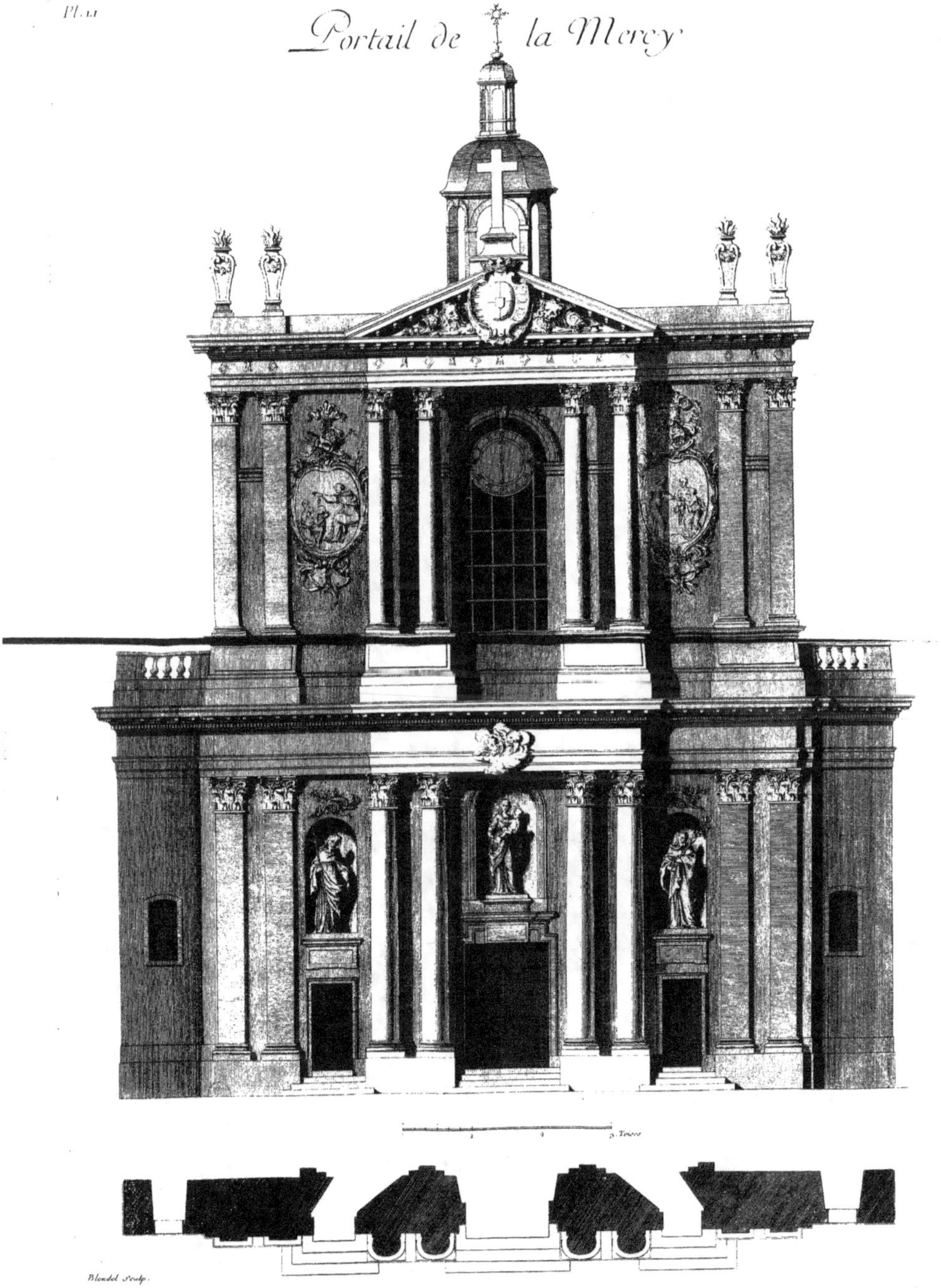

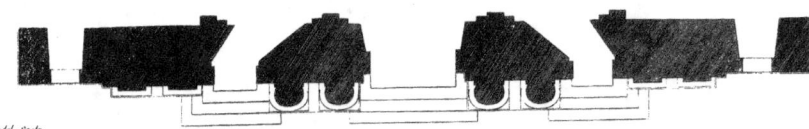

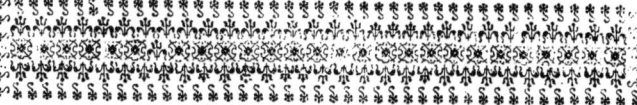

PONT DE PIERRE PONS LAPIDEUS

Fait à Sens fur la riviere d'Yone. Senonibus conftructus fuper Icaunæ flumen.

L'Achitecture comprend plufieurs fortes d'ouvrages, qui exigent des proportions & des conftructions differentes ; & j'ai cru pouvoir joindre aux Bâtimens d'Architecture civile les deux Ouvrages fuivans, d'Architecture hydraulique, que j'ai faits l'un de Pierre à Sens fur la riviere d'Yone ; & l'autre de Bois fur la riviere de Seine à Montreau faut-Yone.

Le Pont de Sens eft de grais piqué, & compofé de trois Arches, de deux Piles & de deux Culées. L'Arche du milieu eft large de cinquante cinq pieds, & les deux autres ont chacune quarante neuf pieds de largeur. Leur cintre eft en ellipfe furbaiffé d'un tiers : les deux Piles ont chacune douze pieds d'épaiffeur à leur nud, & les deux Culées font épaiffes chacune de treize pieds à leur nud, au deffus des retraites. Ce Pont a cinq toifes de large d'une tête à l'autre.

Explication de la Planche LII.

La Figure premiere reprefente le Plan du Pont. La moitié de fa largeur marque la fondation des Piles & des Culées ; & l'autre moitié marque le deffus du Pont à la hauteur du Pavé.

Le terrein où ce Pont eft placé, n'étant pas folide, on a été obligé de le fonder fur pilotis ; & pour cela de faire deux batardeaux, l'un après l'autre, pour fonder en chacun d'eux une Culée & une Pile.

ARchitectura plurima operum comprehendit genera, quæ diverfas proportiones conftructionefque poftulant. Itaquè credidi quòd non inconfideratè ædificiis ex Architecturâ civili jungerem duo fequentia opera ex Architecturâ Hydraulicâ, quæ conftruxi, fcilicet unum Lapideum Senonibus fuper Icaunæ flumen ; aliud verò Ligneum, Monafterii fuper Icaunam.

Senonum Pons filicibus qui fuere puncti conftat, trefque habet Arcus, duas Pilas, duafque lapideas moles ad fuftinendum, qui Subices vocantur. Medius Arcus quinquaginta & quinque eft latus pedes ; alteri duo quadraginta & novem pedum habent latitudinem. Juxtà elleipfidem è tertiâ parte fubmiffam, incurvati funt : duodecim pedes craffa eft quæque Pila, projecturis non comprehenfis & duorum Subicum unufquifque tredecim pedes eft craffus fupra prominentias. Ab unâ extremitate ad alteram, ifte Pons quinque perticas exapedas eft latus.

Explicatio Tabulæ LII.

Figura prima Pontis ichnographiam exprimit. Media pars ejus latitudinis Pilarum Subicumque oftendit fundationem ; alteræ verò pars media fummum Pontem exhibet ufque ad altitudinem pavimenti.

Cùm terrenum ubi Pons ifte aftruitur, nullam haberet firmitatem, oportuit ut palatione ftabilirentur ejus fundamenta, & idcircò duæ efficerentur arcæ-aquariæ, una poft alteram, ut in unâquâque fundarentur unus Subex & una Pila.

Renvois marqués sur le Plan.

Figure 1. pour le Batardeau.

N° 1. Pieux du Batardeau de neuf à dix pouces de diametre au milieu de leur hauteur. Ils ont été enfoncés à la Sonnette huit à neuf pieds dans le terrein, & quatre pieds au-dessus de la superficie des basses eaux.

2. Palplanches de trois pouces d'épaisseur & de même hauteur entre les pieux du dehors. Elles sont jointives ; c'est pourquoi on dresse les pieux ronds par le côté, pour qu'elles y joinent parfaitement.

3. Liernes qui tiennent les palplanches par le haut, attachées aux pieux avec des chevilles de fer ; entre lesquelles liernes par un espace de trois pouces, on bat les palplanches pour les enligner.

4. Vannage attaché à la file de pieux du côté du dedans du batardeau, pour contenir la glaise.

5. Glaise, ou terre franche bien corroyée, dont on remplit le batardeau, après en avoir bien dégravoyé le fond pour en pouvoir faire les épuisemens d'eau.

6. Entretoises de quatre à six pouces de grosseur, espacées de six pieds en six pieds, & entaillées par leurs bouts, pour contenir les liernes du dehors & du dedans du Batardeau, & en empêcher l'écartement.

Figure 2.

Elle represente l'élevation du Pont avec les avant-becs couverts de leurs chaperons, & les pans coupés à son entrée & à sa sortie.

Pour suivre les operations de la construction d'un Pont, il est nécessaire de mettre ici l'explication de la Figure 3. de la Planche suivante.

Le Batardeau étant épuisé par le moyen des chapelets, on fait la fondation de la Culée & de la Pile qu'il doit renfermer.

Numeri relativi super hanc ichnographiam notati.

Figura prima de arcâ-aquariâ.

N° 1. *Pali arcæ aquariæ, qui ad mediam altitudinem novem vel decem diametri uncias habent ; octo seu novem pedes in terrenum, & quatuor pedes suprà subsidentium humiliumque aquarum superficiem fistucâ deffixi fuere.*

2. *Pali-plani tres uncias crassi & æqualiter alti inter externos palos : junctivi sunt, & idcircò pali ad lineam directi sunt à latere, ut iis accuratissimè pali-plani adhæreant.*

3. *Ligna quæ supernè retinent palos-planos, & quæ ad palos ferreis clavis alligantur ; inter quæ ligna, in trium unciarum intervallo, percutiuntur pali-plani, ut dirigantur ad amussim.*

4. *Valvæ quæ cum Palorum ordine connectuntur in parte interiori arcæ-aquariæ, ut argilla cohibeatur.*

5. *Argilla accuratè subacta, quâ adimpletur arca-aquaria, cùm ruderibus expurgata fuit, ut indè possit exhauriri aqua.*

6. *Tigna transversa quatuor usque ad sex uncias crassa, sex pedes alternatim distantia inter se, eorumque extremis incisa, ut retineant stabilitaque arcæ-aquariæ exteriorum & interiorum partium ligna, & prohibeant nè distrahantur.*

Figura 2.

Exprimit scenographiam Pontis, cum ejus crismatibus, quæ eorum coronæ operiunt, & sectis angulis ad ejus ingressum exitumque.

Ut in ordinem redigatur quidquid pertinet ad constructionem Pontis, hic debet apponi explicatio Figuræ tertiæ Tabulæ sequentis.

Cùm machinâ quæ componitur mutuâ assium aut vasorum serie, & continuè rotatur, exhausta fuerit arcâ-aquaria, fit fundatio Subicis & Pilæ quos continebit.

Explication de la Figure 3. de la Planche LIII.

Cette Figure eſt diviſée en cinq parties, pour marquer les differens ouvrages qu'il eſt néceſſaire de faire pour la fondation d'une Pile ou d'une Culée.

Premierement après avoir creuſé dans le lit de la riviere le terrein d'environ trois pieds de profondeur, on bat les pieux au refus du mouton de cinq ou ſix cens livres peſant en mettant le petit bout en bas, lequel il faut appointer & ferrer d'un fer à quatre branches de douze à quinze livres peſant, attaché par chaque branche avec trois forts cloux; ces pieux ſont quarrés de trois pouces par en bas, pour porter ſur le ſabot du fer.

Renvois de la premiere diviſion.

1. Pieux de la fondation.
2. Palplanches de trois pouces d'épaiſſeur, ferrées d'un fer à deux branches clouées chacune avec deux forts cloux; leſquelles palplanches ſont battuës entre deux liernes, & ſervent à contenir le terrein ſous la fondation de la Pile, & empêcher les tranſpirations.
3. Libages & moilons battus a la hie entre les pieux & les palplanches deux pieds ou environ au-deſſous des plateformes. Ces libages & moilons ſont poſés à ſec, à l'exception du dernier rang, arranſant le deſſus des racinaux, qui eſt maçonné avec mortier de chaux & de ſable.

Renvois de la ſeconde diviſion.

4. Chapeaux de douze pouces de groſſeur, aſſemblés à tenons & mortaiſes ſur les pieux, après les avoir reſepés de niveau. Les tenons doivent être chevillés avec une cheville de bois plutôt qu'avec une cheville de fer, qui fend le bois.
5. Racinaux de huit à dix pouces de groſſeur, aſſemblés ſur les pieds à tenons & mortaiſes, & à queuë d'aronde ſur les chapeaux, pour en empêcher l'écartement.

Explicatio Figuræ tertiæ Tabulæ quinquagintæ tertiæ.

Hæc Figura in quinque dividitur partes, ut diverſa adnotentur operæ quas expedit efficere, ut fundentur Pila & Subex.

Primò poſtquàm in fluminis alveo effoſſum fuerit terrenum circà tres altitudinis pedes, percutiuntur defigunturque Pali, eò uſque recuſet fiſtuca ponderis quingentarum aut ſexcentarum librarum; deorsùm vertendo magis exiguam extremitatem, quæ eſt acuenda muniendaque ferro quadri partito, duodecim vel quindecim pondo, per quemque ramum craſſis tribus aſtricto clavis. Iſti pali tres uncias in inferiori parte ſunt quadrati, ut ſuperferri calceum inniti queant.

Numeri relativi primæ diviſionis.

1. Pali fundationis.
2. Pali-plani tres uncias craſſi, muniti ferro in duos diviſo ramos, duobus validis affixos clavis: qui pali-plani adiguntur inter duo ligna eos ſuperne retinentia, & uſui ſunt ut coerceatur terrenum ſub Pila fundatione, & non poſſint fieri meatus.
3. Cæmenta & impolita ſaxa, quæ fiſtuca percutiuntur & defiguntur inter palos & palos-planos, duos pedes aut circiter infra fundamenti baſes. Hæc ſaxa cæmentaque ſiccè collocantur: excepto tamen ultimo ordine, qui pari libellà ſtruitur cum tignis ſuprà palos poſitis, & qui calce arenàque alligatur.

Numeri relativi ſecundæ diviſionis.

4. Coronæ ſeu loricæ, duodecim uncias craſſæ, cardinibus & cavis ſuprà palos conſtrictæ, poſtquam pari libellà eorum capita fuerint cæſa. Cardines ſunt potius fibulandi clavis ligneis quàm ferreis, quilignum diffindunt.
5. Tranſverſæ trabes octo vel decem uncias craſſæ, ſuprà palos cardinibus & cavis junctæ, & ſuper coronas, loricas-ve, ſubſcudibus affixæ, ne diſtrahantur.

6. Plateforme de quatre pouces d'épaisseur, jointive & posée sur une feuillure de quatre pouces de profondeur, entaillée sur le chapeau. Cette plateforme doit être dix-huit pouces ou deux pieds plus bas que le terrein.

7. Premieres assises du Pont posées sur les plateformes, en laissant trois à quatre pouces de retraite sur le chapeau.

8. Retraite de trois à quatre pouces sur le chapeau.

9. Libages arrasans le dessus des assises de pierre.

10. Six assises de pierre posées depuis le dessus de la plateforme, portant chacune trois pouces de retraite sur leur lit superieur jusqu'à la hauteur des basses eaux.

11. Trois assises du pied droit de l'Arche, qui forment le nud du parement des Piles & des Culées. Ces assises sont aux avant & arriere-becs sont cramponnées de fer sellé en plomb. Sur la troisiéme assise, commence la naissance de la voure de l'Arche.

6. *Fundamenti bases ligneæ quatuor uncias crassæ, junctivæ ac positæ super angulos quatuor altitudinis uncias incisos suprà coronam. Illæ bases terreno decem & octo uncias, vel etiam duos pedes inferiores debent esse.*

7. *Prima Pontis coria super fundamenti bases posita, suprà coronam tres vel quatuor uncias contractionis relinquendo.*

8. *Trium aut quatuor unciarum contractio suprà coronam.*

9. *Cœmenta & rudia saxa, pari librâ cum lapideorum coriorum supremâ parte.*

10. *Sex lapidea coria ab usque summâ parte basis fundamenti posita, quæ singula tres contractionis uncias habent super eorum superius cubile, usque ad humilium aquarum altitudinem.*

11. *Tria coria parastatæ Arcûs, quæ nudam Pilarum & Subicum efficiunt superficiem. Hæc coria ad anterides & ad partes quæ non prominent, ferreis constringuntur fibulis, quæ adhuc plumbo firmantur. Tertium super corium ima pars sedet fornicis.*

Explication de la 4. Figure.

Elle represente le profit de l'Arche coupée par le milieu de sa longueur.

Explicatio quartæ Figuræ.

Scenographiam Arcûs per mediam ejus longitudinem secti repræsentat.

RENVOIS.

1. Pieux de la fondation de la Pile.
2. Chapeau assemblé sur les pieux.

3. Palplanches entre les pieux, pour contenir le terrein sous la maçonnerie.

4. Racinaux, sur lesquels la plateforme est posée.

5. Plateforme de quatre pouces d'épaisseur, entaillée de son épaisseur sur les chapeaux. Tous ces bois sont au-dessous de la superficie de l'eau; moyennant quoi ils ne pourrissent point.

6. Moilons & libages battus à la hie entre les pieux de la fondation, dont le dernier rang est posé en mortier, arasant le dessus des racinaux, & sur lequel porte la plateforme.

7. Assises de pierres de taille posées sur la

NUMERI RELATIVI.

1. *Pali fundationis Pilæ.*
2. *Corona, seu loricâ, quæ super palos astringitur.*
3. *Pali plani inter palos, ut sub structurâ cœmentitiâ coerceatur terrenum.*
4. *Tigna, super quæ fundamenti basis lignea sedet.*
5. *Fundamenti basis lignea, per totam ejus crassitudinem incisa super coronas, seu loricas. Omnia hæc ligna sub aquarum superficie reconduntur, & sic putredini non sunt obnoxia.*

7. *Cœmenta & rudia saxa, quæ fistuca inter fundationis palos figuntur, quorumque ultimus ordo cum calcario & arenato intrito ponitur, pari librâ cum summâ parte tignorum suprà palos junctorum, & qui fundamenti sustinet basim.*

7. *Coria lapidibus quadratis constructa, quæ*
plateforme

plateforme jufqu'au niveau des bafles eaux, & portant chacune trois pouces de retraite fur leur lit fuperieur.

8. Affifes du pied droit à plomb de l'Arche jufques fous la naiffance de l'Arche.

9. Six affifes de vouffoirs de l'Arche, qu'on peut pofer fans les cintres de charpente, qui font marqués Planche LII. Figure 2.

10. Corbeaux pofés en encorbellemens, de fix pouces de faillie chacun pour y pofer les cintres de charpente, qui fervent à placer les vouffoirs des Arches.

11. Reins entre les voutes des Arches, remplis de maçonnerie jufqu'au deffus de la clef, & dans lefquels les coupes des vouffoirs font prolongés autant qu'il eft poffible. Les reins fuivent la pente que doit avoir le pavé.

12. Forme de fable de dix à douze pouces d'épaiffeur entre la voute & le pavé.

13. Pavé au paffage du Pont. Ce Pavé eft en chauffée dans le milieu avec deux ruiffeaux & revers contre les parapets. Ce pavé doit avoir de pente deux pouces ou environ, fur une toife de long, afin que l'eau n'y féjourne pas, ce qui feroit tort aux voutes de l'Arche.

14. Mur d'appui, ou parapet, de deux affifes, de dix-huit à vingt pouces d'épaiffeur.

15. Bahus pofés fur le mur d'appui, lefquels portent deux pouces de faillie par le dehors, & un pouce par le dedans, & dont les joints font entaillés en portion de cercle, afin qu'ils ne fe dérangent pas.

16. Bornes de dix-huit pouces de groffeur par le bas, de deux pieds de haut hors du pavé, fcellées de dix-huit pouces de haut dans un maffif de maçonnerie & détachées d'un pouce du mur d'appui pour le garantir des voitures.

Explication de la cinquiéme Figure.

Elle reprefente la coupe du Pont fur

fuper fundamenti bafim collocantur, ad parem ufque depreffarum aquarum libellam, trefque contractionis uncias habent, fuper fuum fuperius cubile.

8. Coria parafiatæ ad perpendiculum Arcus ufque ad ejufmet Arcus imam partem.

9. Sex coria cuneorum, feu arcuatorum lapidum, quæ poffunt apponi, abfque materiariis fornicibus, qui notantur ad Tabulæ LII. fecundam Figuram.

10. Telamones, feu mutili fuper murorum faciem applicati, & qui finguli fex unciarum habent projecturam, ut infuper materiarii collocentur fornices fuccubi, quorum ope ponuntur arcuati lapides.

11. Partes imæ inter fornices arcuum impofitæ, quæ ufque ad fornicis umbilicum cæmentis & ruderibus replentur, & in quas lapidum arcuatorum fectiones, in quantum fieri poteft, protenduntur. Tantæ declivitas his datur partibus, quanta pavimento.

12. Acervus arenæ decem ufque aut duodecim uncias craffus, inter fornicem & pavimentum.

13. Pavimentum ad tranfitum Pontis. Iftud pavimentum eft teftudineatum in medio: duo funt à lateribus incilia, & itinera fenfim devexa & quoque pavimento ftrata juxtà loricas. Pavimentum debet effe declive duas aut circiter uncias, in unius perticæ hexapedæ longitudine; ut non poffit refidere aqua, quod Arcûs fornices læderet.

14. Circuitio, five lorica ex duobus coriis, decem & octo, vel viginti uncias craffis.

15. Corona lapidea & convexa, fuper loricam impofita: ejus projectura duas uncias extrinfecus habet, & unam unciam prominet intrinfecùs; atque ejus commiffuræ juxtà circuli portionem inciduntur, ut difturbari nequeant.

16. Metæ in imâ parte decem & octo uncias craffæ, extra pavimentum duos pedes altæ, cæmentitio pulvino decem & octo altitudinis uncias firmatæ, ac unam unciam disjunctæ à loricâ, ut eam tueantur à plauftris vectariis curribus-ve.

Explicatio quintæ Figuræ.

Scenographicam fectionem Pontis fecundùm

C c

fa largeur d'une tête à l'autre.

La conftruction eft expliquée fuivant la coupe , Figure 4. & le plan de la Pile, Figure 3. de la Planche LIII.

RENVOIS.

1. Pieux de la fondation de la Pile.
2. Palplanches entre les pieux.
3. Chapeaux affemblés fur les pieux, fur lefquels chapeaux la plateforme eft placée.
4. Corbeaux pour porter les fermes du cintre, qui fert à pofer les vouffoirs de l'Arche.
5. Plinte fous les chaperons des avant & des arriers-becs.
6. Affifes en recouvrement l'une fur l'autre pour couvrir les avant & arriers-becs.
7. Hauteur des vouffoirs de la clef.

8. Forme de fable fous le pavé.
9. Pavé du Paffage fur le Pont.
10. Bornes.

Explication de la feconde Figure de la Planche L II.

Elle reprefente l'élevation du Pont avec les avant & les arriers-becs, les pans coupés à l'entrée & à la fortie du Pont, & le cintre de charpente pour fermer une Arche.

Les Culées font fondées & conftruites de même maniere que la Pile, dont la conftruction eft expliquée à l'article de la 3. Figure de la Planche LIII.

Les Pans coupés font élevés par leur parement, avec un pouce & demi de fruit fur un pied de hauteur.

Les têtes de l'Arche font faites conformément à l'appareil marqué par l'élevation, Figure 2. Planche LII.

Les cintres de charpente pour faire les Arches font marquées à une defdites Arches.

---

cjus latitudinem , ab uno capite ad aliud , oculis objicit.

Conftructio exponitur juxtà fectionem perpen diculanem Figurâ quartâ; ichnorgaphia verò Pilæ oftenditur Figurâ tertiâ Tabulæ LIII.

NUMERI RELATIVI.

1. Pali fundationis Pilæ.
2. Pali-plani inter palos.
3. Coronæ fuper palos devictæ , quibus coronis imponitur fundamenti bafis.
4. Mutuli , qui fuftinent tertiaria materiarii fornicis , in quem incumbunt Arcus lapides arcuati.
5. Plinthus , fub coronis anteridum & pofteriorum erifmatum.
6. Coria quæ unum fuper aliud extenduntur ut operiantur anterides , & pofteriora erifmata.
7. Altitudo lapidum arcuatorum umbilici Arcûs.
8. Acervus arenæ fub pavimento.
9. Pavimentum viæ fuper Pontem.
10. Metæ.

Explicatio fecundæ Figuræ Tabulæ LII.

Exhibet fcenographiam Pontis , cum anteridibus , & pofterioribus erifmatibus , angulis fectis ad ingreffum & egreffum Pontis , & materiariâ camerátaque fulturâ , cujus auxilio clauditur Arcus.

Subices fundantur conftruunturque eodem modo ac Pila , cujus exponitur conftructio ad articulum fecundæ Figuræ , Tabulâ LIII.

Anguli fecti ftruuntur , iis dando fensìm ad faciem exteriùs obverfam, ab inferiori parte ad fuperiorem , fefque unciam imminutionis , pro unoquoque altitudinis pede.

Arcûs capita effecta fuere , juxta apparandi modum, qui defignatur fcenographicâ defcriptione , Figurâ fecundâ Tabulâ LII.

Materiarii fornices ad aftruendos Arcus , in uno ex illis arcubus denotantur.

PLANCHE LII. & LIII.

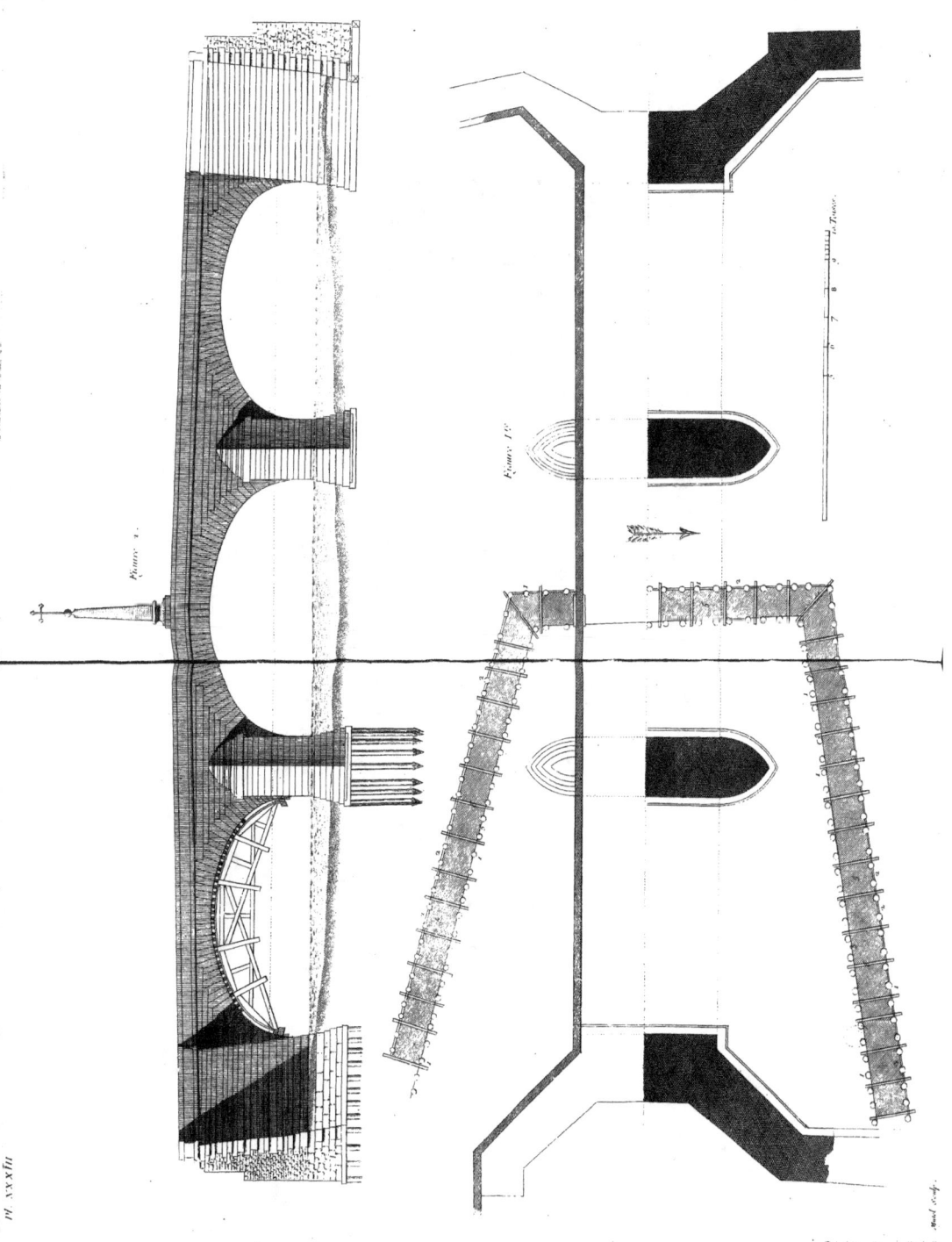

Pl. XXXIII

Figure 2.

Figure 1re.

Mard Sculp.

Pl. LIII.

Figure 5.

Figure 4.

Naissance de Lauche
Basses Eaux

Figure 3.

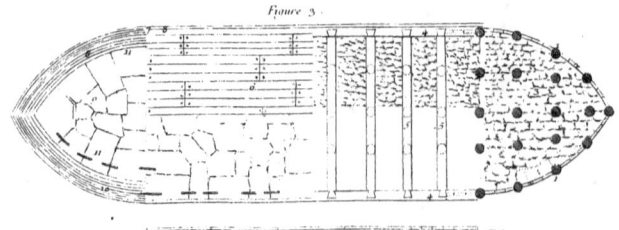

Mutel sculp.

1   2   3   4   5 Toises.

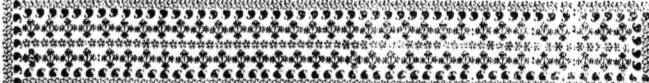

PONT DE BOIS DE MONTREAU FAUT-YONE.

PONS LIGNEUS MONASTERII AD ICAUNAM.

QUoi qu'un Pont de Bois soit fort solide par l'assemblage des pieces qui entrent dans sa construction, c'est cependant un ouvrage de peu de durée ; les bois sont exposés à l'humidité de la riviere & à l'air, qui les pourissent en peu de temps ; le frottement de l'eau les use, les glaces les détruisent, le choc des bateaux les ébranle ; on est dans la nécessité d'y faire de grandes & de frequentes réparations. Enfin un Pont de Bois coûte plus en construction & en réparations, dans l'espace de soixante ou de quatre-vingt ans, qu'un Pont solidement construit de Pierre qui subsiste, pour ainsi dire, éternellement ; cependant on est quelquefois obligé de construire des Ponts de Bois, quand il faut y faire passer des Armées, ou faciliter le commerce, ou quand le bois est fort commun dans le pays, & que la pierre y est fort rare ; mais quoiqu'on juge à propos de faire le Pont de Pierre, qui ne peut être achevé qu'en quatre ou cinq ans, on est souvent dans l'obligation de faire à côté un Pont de Bois, qui sert provisionellement pour le passage.

C'est à cet usage que le Pont de Bois de Montreau Faut-Yone a été fait, mais d'une construction assez solide pour quelques années & en attendant qu'on y fasse un Pont de pierre sur la riviere de Seine, en continuation de celui qui est fait de pierre sur la riviere d'Yone, où ces deux rivieres se joignent.

Ce Pont de Bois est composé de treize Palées, de deux Culées de pierres, & de quatorze Travées ou Arches de bois. Il faut observer que ces palées suivent bien la direction du fil de la riviere, que les Arches montantes & avalantes soient

ETiamsi Pons Ligneus compage lignorum quibus constat, fiat solidissimus, attamen non diù hoc opus remanet : Fluminis humori ac intemperiei cæli obnoxia sunt ligna, quapropter brevi tempore putrefaciunt : aquarum exceduntur affrictu, diruuntur glaciatis fragmentis, navigiorum concutiuntur conflictione : magnæ atque frequentes iis sunt reparationes efficiendæ : denique sexaginta vel octoginta annorum spatio pluris constat ligneus Pons, tum constructione, tum refectionibus, quàm lapidibus Pons ædificatus firmissimè, qui, ut ità dicam, stat in æternum. Attamen struendi sunt aliquoties Pontes lignei, ut exercituum fiat transitus, vel commercio præbeatur facilitas, aut etiam cum frequentia in regione sunt ligna, lapis verò rarissimus. At licet ratum sit ædificare lapideum Pontem, qui quatuor vel quinque annis vix perfici potest, ad ejus latus ligneus Pons plerumque efficiendus est, ut in rem præsentem non interrumpatur iter.

Ad hunc usum, Pons Monasterii ad Icaunam factus est, constructione autem satis solidâ, ut per aliquot annos valeret exstare, atque dùm ad Sequanæ flumen Pons efficeretur lapideus, qui cum lapideo Ponte ad Icaunam facto jungeretur, ubi confluunt duo isti amnes.

Hic ligneus Pons tredecim compingitur Palorum ordinibus, duobus Subicibus lapideis, quatuordecim transversorum compagibus lignorum, seu ligneis Arcubûs. Animadvertendum est ut accuratè amnis fluenti directionem sequantur isti ordines palorum, as-

D d

disposées par rapport à celles du Pont de pierre qu'on doit faire ; en sorte que la navigation ne soit point interrompue par les palées du Pont de bois, ni par les piles du Pont de pierre, ni par les batardeaux & autres équipages nécessaires.

cendentes, descendentesque Arcus ità conveniant cum Arcubus lapideis qui sunt struendi, ut navigationis non intermittatur cursus nec Pontis lignei Palis, nec Pontis lapidei Pilis, nec etiam septis materiariis, cæterisque rebus quas Pontis postulat constructio.

Explication de la Planche LIV.

La Figure premiere represente le plan du Pont de Bois, dont les palées & les travées font voir successivement l'ouvrage qu'il y faloit faire.

La premiere palée est garnie de six pieux battus au déclit, le gros bout en bas, par un mouton de quinze cens livres pesant.

La seconde palée represente la double moise d'enbas.

La troisiéme palée represente les pieux coëffés d'un chapeau qui porte les poutres.

La quatriéme & la cinquiéme palées representent les soûpoutreaux posés sur le chapeau des palées.

La sixiéme palée represente le plan des basses palées qui ont été faites dans le grand courant de la riviere pour consolider les pieux. Elle represente aussi les pieux battus à l'amont, pour porter le brise-glace.

La septiéme palée represente les basses palées coëffées de leur chapeau.

La huitiéme palée represente les basses palées coëffées de leur chapeau, sur lequel les blochets sont assemblés & posés du côté d'aval, pour contenir les pieux & en empêcher l'ébranlement.

La neuviéme palée represente les basses palées avec la premiere double moise qui embrasse les pieux du brise-glace.

La dixiéme travée represente les poutres posées sur les chapeaux de la neuviéme & de la dixiéme palée.

La onziéme travée represente les pieces de Pont posées transversalement sur les poutres.

Explicatio Tabulæ LIV.

Figura prima ostendit ichnographiam Pontis lignei, cujus Palorum ordines, atque transversorum compages lignorum, opus efficiendum successivè demonstrant.

Primus Palorum ordo, sex continet Palos, crassiori extremitate positos deorsùm, & ad recusationem usque percussos fistucâ ponderis quindecies centum librarum.

Secundus Palorum ordo demonstrat duplices trabes compactiles quæ sunt infrà.

Tertius Palorum ordo, exhibet palos, quorum capita teguntur coronâ seu loricâ quæ tigna sustinet.

Quartus & quintus Palorum ordines oculis objiciunt subtigilla Palorum coronæ imposita.

Sextus Palorum ordo, demonstrat ichnographiam inferiorum Palorum ordinum in magno fluvii fluento defixorum, ut stabilirentur pali. Repræsentat quoque palos sursùm versùs vel adverso alveo, defixos, ut ferant trabem obliquè positam quâ frangitur glacies.

Septimus Palorum ordo inferiorum exhibet ordines Palorum, qui suâ operiuntur coronâ.

Octavus ordo Palorum objicit inferiorum ordines palorum, quos sua tegit corona, super quam transversè applicantur ligna, quæ deorsùm & prono fluvio collocantur ut retineant palos, eorumque prohibeant concussionem.

Nonus Palorum ordo inferiorum offert seriem palorum, duplici cum trabe compactili, quâ constringit palos obliqui tigni glaciem frangentis.

Decima Trabium seu sublicarum series : ibi videntur imposita tigna coronis noni & decimi ordinis palorum.

Undecima Trabium series, Pontis ligna tignis transversè imposita repræsentat.

La douziéme travée reprefente le couchis jointif pofé parallelement aux
pieces de Pont fur les poutres , & en
liaifon fur lefdites poutres.

La treiziéme travée reprefente les garde-
terres , les terres , & la forme de fable
pofées fur le couchis pour recevoir le
pavé.

La quatorziéme & derniere travée reprefente le pavé pofé fur la forme de fable.

Duodecima Trabium feries , exhibet junctivum
ftatumen affium , quod juxtà directionem
pofitionemque lignorum tranfverforum Pontis , imponitur , & alligatur tignis.

Decima tertia Trabium ferie , videre eft terrarum retinacula , terras , & arenaceum cubile quæ fuper ftatumen collocantur ut pavimentum excipiant.

Decima quarta & ultima trabium feries ,
oftendit pavimentum arenæ impofitum cubili.

Figure 2.

Elle reprefente l'élevation du Pont.

Les 3. 4. & 5. Figures font fur une échelle
double des précedentes , pour mieux
diftinguer les affemblages des pieces
de bois.

Figura 2.

Scenographiam Pontis monftrat.

Figuris 3. 4. & 5. data fuit fcala , feu men-
fura , quæ ad duplum præcedentibus eft ex-
tenfior , ut faciliùs lignorum animadver-
tantur juncturæ.

Figure 3.

Elle reprefente le plan des grandes palées avec les doubles moifes.

Figura 3.

Magnorum palorum ordinum ichnographiam
exprimit , cum geminis trabibus compactilibus.

Renvois de ladite Figure.

1. Grands Pieux.
2. Double moife.
3. Boulons de fer qui lient enfemble la
double moife , & paffent entre les
pieux.
4. Embraffures de fer, qui lient les doubles moifes à leurs bouts.

Numeri relativi hujufce Figuræ.

1. Altiores Pali.
2. Gemina trabs compactilis.
3. Fibulæ ferreæ , quæ fimul conftringunt duas
compactiles trabes , tranfeuntque inter palos.

4. Complexus ferrei , qui trabium compacti-
lium extremitates nectunt.

Figure 4.

Elle reprefente le plan d'une palée avec
fa baffe palée , le plan du brife-glace
& les blochets través à queue d'a-
ronde fur les chapeaux des baffes palées pour contenir les pieux de la grande palée , & en empêcher l'ébranlement.

Figura 4.

Oculis offert ichnographiam palorum ordinis , cum inferiorum ordinibus palorum ,
ichnographiam tigni per quod frangitur glacies , & membra lignea tranfverfa , & in
fecuriculam fibulata fuper coronas inferiorum palorum , ut grandium ordo palorum
cohibeatur & nequeat commoveri.

RENVOIS.

1. Pieux de la grande palée.
2. Pieux des baffes palées.
3. Blochets.
4. Pieux du brife-glace.

NUMERI RELATIVI.

1. Pali majoris ordinis.
2. Pali minorum ordinum.
3. Membra lignea tranfversè applicata.
4. Pali tigni quo frangitur glacies.

Figure 5.

Elle reprefente une travée avec deux palées.

1. Grands pieux de la palée.
2. Bouts des chapeaux de la grande palée.
3. Soupoutreaux. Ils doivent être través de deux à trois pouces fur les chapeaux des grandes palées pour être maintenus en leur place.
4. Poutres pofées fur les foupoutreaux & entaillées par deffous dans les entailles de deffus les foupoutreaux pour lier enfemble les poutres & en empêcher l'écartement, au lieu d'y mettre des chevilles & tirants de fer, qui pouriffent & font éclater le bois.
5. Bouts des pieces de Pont, pofées tranfverfalement fur les poutres, dans lefquelles font affemblés les poteaux des gardefous. Ces pieces de Pont font travées de deux pouces fur toutes les poutres, pour les entretenir.
6. Couchis fait de plateformes de cinq à fix pouces d'épaiffeur, pofées parallelement aux pieces de Pont, & tranfverfalement fur les poutres. Ces plateformes doivent être refaites à la bifaiguë, pour être jointives, pofées en liaifon fur les poutres & y être attachées avec des chevilles de fer à leur extrémité.
7. Poteaux des gardefoux.
8. Garde-terres pofés fur le couchis.
9. Potelets du gardefou.
10. Lices du gardefou.
11. Appui du gardefou.
12. Guettes, ou contrefiches du gardefou.
13. Double moife de niveau.
14. Effeliers.

15. Pieux des baffes palées.
16. Chapeaux des baffes palées.
17. Blochets pofés du côté d'aval, derriere les grands pieux, pour les contenir, & en empêcher l'ébranlement. Ces blochets doivent être joignant

Figura 5.

Exhibet unam trabium feriem, cum duobus palorum ordinibus.

1. *Majores pali.*
2. *Extremitates coronarum ordinis grandium palorum.*
3. *Subtigilla debent incifionibus duarum vel trium unciarum jungi cum coronis grandium palorum, ut in fuo retineantur loco.*
4. *Tigna quæ fuper fubtigilla elevantur & infrà funt incifa receptaque in mutuis incifuris fupernæ partis fubtigillorum, ut fimul cohæreant tigna, & impediatur eorum luxatio; utque non adhibeantur fibulæ ac catenæ ferreæ, quæ putredinem & fracturam ligni efficiunt.*
5. *Capita, feu extrema, lignorum Pontis, quæ tranfverfè fuper tigna reponuntur, quibufque junguntur peribolorum pali. Hæc Pontis ligna duas uncias incifionibus copulantur cum tignis omnibus, ut folidiffimè cohæreant.*
6. *Statumen fundamenti bafium quinque aut fex uncias craffarum, juxtà directionem lignorum Pontis pofitarum, & tranfverfè fuper tigna. Hæ ligneæ bafes inftrumento ferreo, quod bifacutum nuncupatur reficiendi funt, ut fiant junctivæ; fuper tigna funt coagmentandæ, & ibi per extremam partem fibulis affigendæ ferreis.*

7. *Peribolorum Poftes.*
8. *Retinacula terrarum fuper ftatumen pofita.*
9. *Submiffi poftes periboli.*
10. *Periboli carceres.*
11. *Periboli podium.*
12. *Capreoli periboli.*

13. *Duplex trabs compactilis pari librâ.*
14. *Ligna obliquè pofita, quæ tranftra fuftinent.*
15. *Inferiorum ordinum Pali.*
16. *Inferiorum palorum coronæ, feu loricæ.*
17. *Membra lignea tranfverfa, quæ deorfùm, five prono alveo, collocantur, grandes ponè palos, ut contineantur & nequeant commoveri. Hæc lignea membra tranfverles*

les pieux, affemblés à queue d'aronde fur les chapeaux des baffes palées,
& attachés avec des chevilles de fer.

18. Patins des potelets qui portent les
moifes.

19. Potelets qui portent les moifes.

20. Chapeaux des potelets fous les moifes.

Figure 6.

Elle reprefente le profil d'une palée.

RENVOIS.

1. Grands pieux de la palée.
2. Chapeau.
3. Soupoutreaux.
4. Effeliers fous les foupoutreaux.
5. Poutres.
6. Pieces de Pont.
7. Couchis.
8. Poteaux du garde-fou.
9. Terre & forme de fable pour recevoir le pavé.
10. Pavé.
11. Garde-terre.
12. Contrefiches affemblées fur les pie-ces de Pont, & aux poteaux des garde-foux.
13. Liens, pour porter le bout des pie-ces de Pont.
14. Bornes affemblées fur les pieces de Pont & aux poteaux du garde-fou pour en écarter les voitures.
15. Double moife de niveau.
16. Plateformes au long des pieux, po-fées fur les moifes pour retenir le pied des effeliers.
17. Doubles moifes rampantes.
18. Pieux des baffes palées.
19. Chapeau des baffes palées.
20. Bouts des blochets fur le chapeau des baffes palées.
21. Potelets qui portent les moifes gar-nis de leurs patins, 22. & de leurs chapeaux 23.

---

fa, juncta palis effe debent, & in fecuriculam, aut hirundinum caudam, fibulata
fuper coronas inferiorum palorum, & illic
ferreis retenta clavis.

18. Calces fubmifforum poftium, qui trabes
ferunt compactiles.

19. Submiffi poftes, quibus compactiles fuftinentur trabes.

20. Coronæ fubmifforum poftium, fub trabibus compactilibus.

Figura 6.

Unius palorum ordinis oftendit fcenographiam.

NUMERI RELATIVI.

1. Grandes pali.
2. Corona.
3. Subtigilla.
4. Ligna quæ tranftra fuftinent.
5. Tigna.
6. Pontis ligna.
7. Statumen.
8. Periboli poftes.
9. Terra & arenaceum cubile, quibus exci-pitur pavimentum.
10. Pavimentum.
11. Terræ retinaculum.
12. Capreoli Pontis lignis, atque periboli po-ftibus conjuncti.
13. Vincula, quæ lignorum Pontis extremam fulciunt partem.
14. Cancelli fuper ligna Pontis copulati, & periboli poftibus juncti, ut amoveantur plauftra vectaria.
15. Duplex trabs compactilis, ejufdem libræ.
16. Bafes planæ, fecundùm palos & fuper trabes compactiles pofitæ, ut ima pars re-tineatur lignorum quæ tranftra ferunt.
17. Duplices compactiles trabes, quæ declives funt.
18. Pali ordinum inferiorum.
19. Corona, feu lorica palorum, quorum inferior eft ordo.
20. Extremitates lignorum tranfverforum, qui fuper coronam inferiorum ordinum pa-lorum fedent.
21. Submiffi poftes, qui trabes compactiles geftant, fuis inftructi calcibus 22. fuifque coronis 23.

E c

24. Pieux du brife-glace.

25. Moife du brife-glace.

26. Brife-glace.

24. *Pali , quibus fuſtinentur tigna glaciem frangentia.*

25. *Trabs compaſtilis tignorum , quibus aqua gelu concreta illiditur.*

26. *Tignum glaciem frangens.*

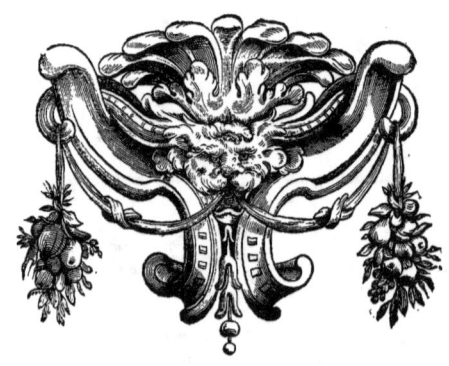

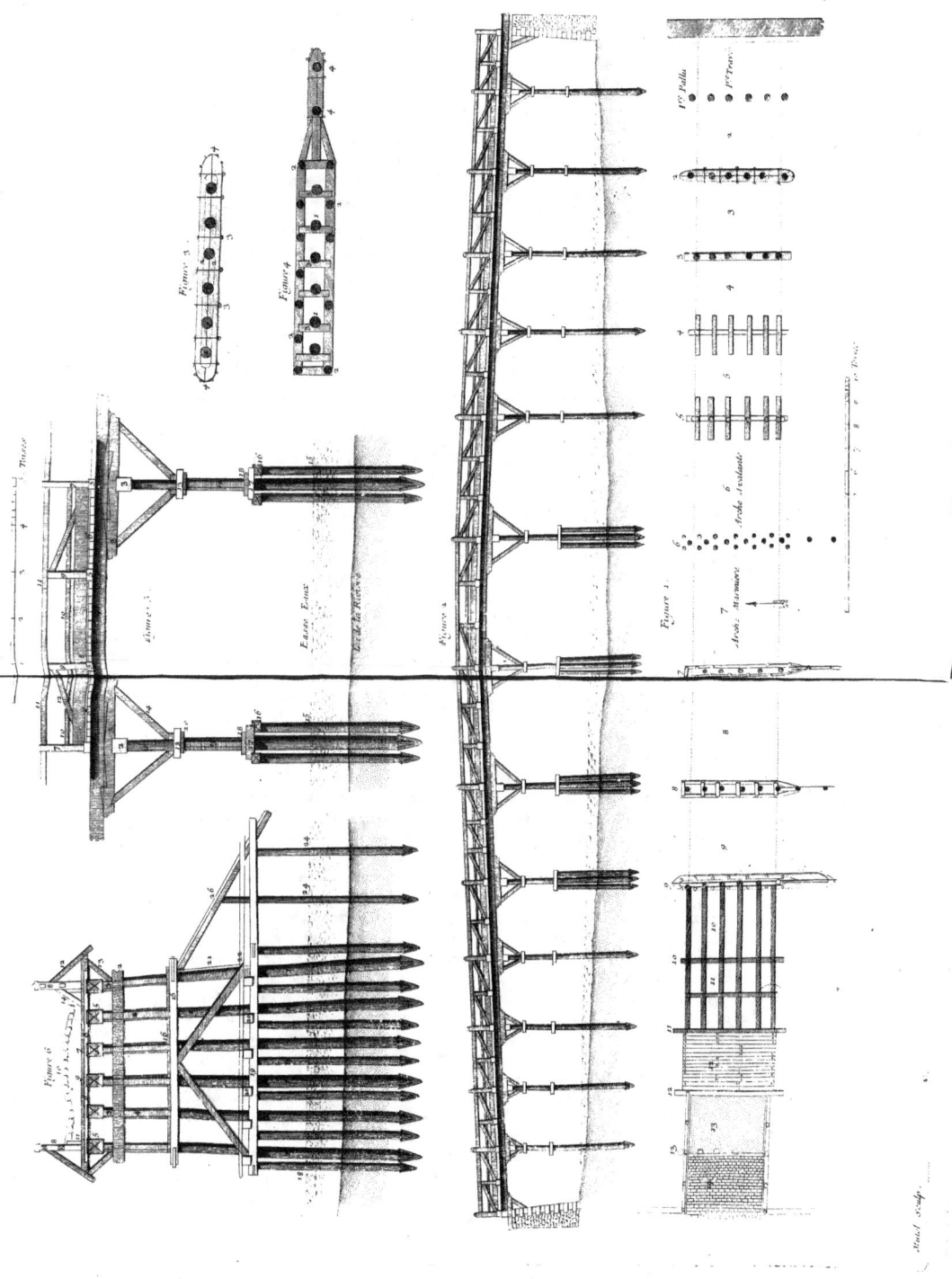

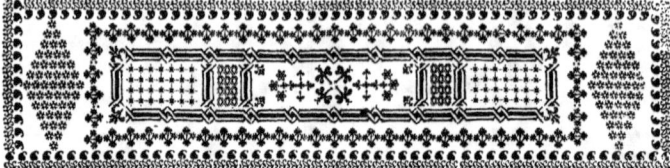

RESIDENCE PALATIUM
DE WURTZBOURG.   HERBIPOLENSE.

LE projet général de ce Palais a été formé en premier lieu par S. A. Mgr l'Evêque de Wurtzbourg Prince de Franconie , & par M. Neuman habile Architecte; sur lequel projet le Prince me proposa d'aller en 1724. sur les lieux où j'ai redigé & fait les Plans , Elevations & Profils de ce Palais , ainsi qu'ils sont marqués par les desseins suivans Planches LV. LVI. LVII. LVIII. LIX. & LX.

Ce bâtiment a cent toises de long sur cinquante toises d'épaisseur, distribué à une Cour d'entrée, un Corps de logis double entre ladite cour & les Jardins placés sur les bastions & fortifications de la Ville , deux Corps de logis en aîle sur la cour , deux autres Corps de logis formant les faces laterales de ce bâtiment, entre lesquels & les murs en aîle sur la Cour d'entrée il y a de chaque côté deux autres cours renfermées par des corps de logis. La Cour d'entrée est séparée par une grille, d'une grande place formée par des maisons de particuliers.

Le Corps de logis au fond de la Cour est distribué à un vestibule dont la voute est portée par des colonnes quadruplées, il sert en même tems de Salle des Gardes , & est ouvert sur un grand Escalier de part & d'autre ; lesquelles trois parties contiennent ensemble quarante-six toises de long sur douze toises de largeur dans œuvre. Le vestibule a trente-un pied de hauteur sous voute , & les grands escaliers ont treize toises de hauteur sous la calotte de la voute ; ils sont entourés au rez-de-chaussée & au premier étage de galeries ; sçavoir celle du

HUjus Palatii Ichnographiam jussu Episcopi Herbipolensis primo instituit N. Neuman insignis Architectus. Quam cùm mihi commonstrasset illustris Præsul à me impetravit , anno 1724. ut locum explorarem. Igitur omnibus diligentissimè perlustratis , varias hujus ædificii descriptiones seu Ichnographicas , seu Ortographicas composui & adornavi sicuti Tabulæ LV. LVI. LVII. LVIII. LIX. & LX. indicabunt.

Domus centum perticas hexapedas sive sexcentos pedes in longum patet. Latitudo dimidio minor. Cavædium sese offert , cujus in parte extremâ frons ædificii,eâ regione duplicis ac bipartiti , conspicitur. Hæc pars etiam hortos spectat , qui urbis munimentis atque propugnaculis impositi. In cavædii lateribus geminæ extenduntur alæ , latera alia duo , intra quæ & alas majori cavædio inclusas ; duo alia hinc & inde patent cavædia , suis etiam præcincta ædificiis.Clathris ferreis cavædium majus clauditur :hæc pars respicit plateam ingentem , privatis civium ædibus undique circumseptam.

Ædificii membrum , quod cavædii extrema occupat , vestibulum habet cujus fornix quadruplici columnarum ordine fulcitur. Hîc Cohortis Prætorianæ sedes. Scalare ingens utrinque assurgit.Perticas hexapedas sex & quadraginta tùm vestibulum tùm scalaria habent in longum, & duodecim intra opus ut vocant.Altitudo vestibuli unius & triginta pedum sub fornice : scalaria tredecim habent perticas hexapedas sub fornicis tholo. Circum scalaria volvuntur porticus , seu ab ipso vestibuli solo , seu à primis ortæ contabulationibus. Quæ nascuntur à solo iis superimminet camera , lapideis vincta fornicibus : reliquas marmoreâ

F f

rez-de-chauſſée voutée en voute d'araiſte de pierre de taille, & celle du premier étage portée par des colomnes & pilaſtre de marbre. Les marches & les baluſtrades ſont de même marbre du pays, qui eſt beau, bien ſolide, & n'eſt pas cher, étant près de Ville, & étant ſcié par des moulins à eau, dont on ſe ſert également pour ſcier tous les bois.

Ladite Salle des Gardes communique à un Sallon octogone, qui diſtribue à deux grands appartemens qui occupent toute la face ſur le Jardin & partie des faces laterales On entre en carroſſe dans ce Sallon aſſez grand pour en contenir ſept ou huit à ſix chevaux, l'uſage étant en Allemagne de deſcendre à couvert juſqu'aux perrons des appartemens, & non à des perrons en ſaillie & à découvert dans les cours, pour n'être pas expoſé à la pluie en deſcendant de carroſſe.

On arrive auſſi à couvert aux grands appartemens par des periſtiles de colomnes qui ſont dans les corps de logis en aîles ſur la cour d'entrée, & dans les corps de logis qui entourent les quatre cours à côté il y a des galeries par leſquelles à tous les étages on arrive de même à couvert au principal corps de logis : ces galeries ſont échauffées par des poëles qui échauffent également tous les appartemens.

Tout le rez-de-chauſſée de ce bâtiment eſt vouté. La Salle des Gardes & le Salon ont au rez-de-chauſſée trente - un pied de haut ſous voute, & les grands appartemens vingt-huit pieds de hauteur. Aux autres corps de logis ces étages ſont dans leur hauteur ſéparés en deux pour les appartemens des Seigneurs & des Officiers de la Cour, n'étant pas néceſſaire que ces appartemens dont les pieces ne ſont pas ſi grandes, ayent la même élevation.

Il faut obſerver que ce qui eſt à gauche ſur le plan gravé eſt à droite dans l'ouvrage, la planche étant gravée ſur le deſſein.

Le grand apartement du rez-de-chauſſée à gauche eſt terminé par une Chapelle Palatiale, dont l'entrée par le dehors eſt au milieu de la face laterale du Palais : les bas côtés de cette Chapelle en font le tour, tant au rez-de-chauſſée qu'au premier étage, dont les voutes ſont portées par des colomnes.

ſuſtinent tùm columnæ, tùm paraſtatæ. Scalæ etiam & pultei ſolido de marmore, quod, licet eximium, modicis comparatur ſumptibus, tùm quia è vicinis advehitur lapidicinis, tùm quia vectibus, aquâ verſatilibus, ſicuti ligna pleraque, ſcinditur.

Prætorium, de quo dixi, octogonam pertingit aulam, unde duæ naſcuntur ædes, amplitudine conſpicuæ : quæ quidem non eam ſolum, quæ hortos ſpectat, ædificiorum frontem integram amplectuntur, ſed lateralium ædium partem occupant. Rhedis pervia eſt aula, quæ pro magnitudine ſeptem aut octo currus quibus ſex ſubjunguntur equi continet. Nam apud Germanos mos ille invaluit prudens ut pedem è rhedâ efferant, non ut nos ſub dio, ſed in locis opertis, ubi ſecurè & ab umbribus tuti poſſent deſcendere.

Itur etiam ad ampliora atria per adopertas hujuſmodi porticus, columnis inſignes, quæ alis ædificii, propter latera majoris cavædii porrectis, diſtributæ ſunt. In ædibus, circum alia quatuor cavædia extructis, extant porticus, per quas ad præcipuum ædificii membrum, tectum datur iter. In porticibus diſpoſita ſunt hypocauſta, unde calor in omnia cubicula æqualiter diffunditur.

Pars ædium quæque ſolo incumbens, camerata eſt. Prætoriani veſtibuli & proximi veſtibulo atrii altitudo unius & triginta pedum ſub fornice. Octo & viginti pedes ab humo aſſurgunt majora cubicula. In reliquis ædificii membris contabulatio una quævis in altum bipartita, variis diſtinguitur cubiculis. Hìc Famuli & Adminiſtri Principis ſuum quique domicilium habent, exiguum illud quidem, ſi cum reliquis conferatur ædibus, ſed aptum & commodum. Neque porro neceſſum eſt minoribus hujuſmodi cubiculis eamdem quæ majoribus ineſſe altitudinem.

Siniſtro atrii majoris lateri Sacellum adhæret, ad quod per mediam lateralem frontem foris datur ingreſſus. Sacellum undequàque amplectuntur columnæ, è quibus naſcuntur porticus, lapideis fornicibus vinctæ, quæ ad primam uſque contabulationem aſſurgunt.

Le grand apartement du rez-de-chauf-fée à droite eft terminé par une Salle ovale au milieu de la face laterale : elle eft d'ufage pendant l'été pour y être frai-chement ; elle eft précédée au bout de l'apartement par des cabinets & galerie de livres & de tableaux.

Le premier étage du principal corps de logis fur les Jardins, eft diftribué comme au rez-de-chauffée à deux grands appartemens, au bout duquel du côté gauche on va de plain-pied aux tribunes de la Chapelle, & au bout de l'appar-tement à droite au-deffus de la Salle d'été eft une Salle de mufique.

Ce Palais eft conftruit dans fes faces exterieures & dans les parties interieu-res qui font ornées d'architecture, de pierre de taille avec beaucoup de folidi-té ; les murs de face au rez-de-chauffée font ornés de colomnes & de pilaftres d'ordre Dorique. Le premier étage d'or-dre Ionique, & le troifiéme étage aux avant-corps du milieu de la cour & du jardin, au portail de la Chapelle & à l'avant-corps de la Salle de mufique, d'ordre Corinthien : ces quatre avant-corps font terminés par des domes.

Le Sallon du milieu au premier étage a quatorze toifes de long fur onze toifes de large, & onze toifes trois pieds de hau-teur fous plancher comprenant deux étages. On a facilement dans ce pays-là des bois de Sapin de ces longueurs. Ils font droits, legers, & ne plient pas comme le chêne par fa pefanteur fpéci-fique ; les charpentiers font fort habiles pour y faire de bons affemblages, & les bois ne fe pourifent & ne s'échauffent pas par la matiere des plafonds, qui au lieu de lattes de chêne & de plâtre, font faits avec des rofeaux fort fecs attachés aux folives avec des cloux & du fil d'ar-chal enduits par-deffus avec de la chaux, du fable & de la boure, avec laquelle on fait les ornemeus auffi proprement qu'avec du plâtre. Ce Sallon eft orné de colomnes & de pilaftres de marbre d'or-dre Corinthien avec deux grands ta-bleaux aux deux bouts de vingt pieds de haut fur quatorze pieds de large, dont l'un reprefente l'Empereur donnant l'in-

Atrium, ad foli marginem, quod eft à dex-tra, claudit ovalis aula, in medio lateralis frontis. Ea adverfus calores æftivos tutum ac falubre perfugium eft : præeunt pinacothecæ, mufæa, bibliothecæ.

In præcipuo ædificii membro, quod hortos fpeftat, prima contabulationis eadem divifio eft ac regionis infimæ, in duas fcilicet partes, quarum extrema & finiftra ad Sacelli fug-geftum perducit : à lævâ muficum atrium eft, æftivo impofitum atrio.

Ædificii totius & foliditate & ornamen-tis confpicui, tùm interni tùm externi parie-tes ex lapidibus fectis & politis conftant. Frons in parte folo proximâ columnis & paraftatis ordine Dorico pofitis, decoratur. Primam contabulationem ordo commendat Ionicus. Quæ vel in cavædium majus, vel in hortos profi-liunt partes Corinthiacis nitent ordinibus in contabulatione fupremâ, cui tholi defuper im-pofiti. Eadem eft Sacelli facies, eadem atrii mufici.

Aula in medio pofita, quâ prima contabu-latio affurgit quatuordecim perticas hexapedas longa, larga undecim, & undecim alta, cum tribus præterea pedibus fub contabulatione, quæ duas contabulationes continet. Trabes hujufmo-di perlongas ex abiete vicinâ paffim fufficiunt fylvæ. Recta funt, levitate pollent, nec, ut quer-cus, innatâ gravitate curvantur & fatifcunt. Non defunt opifices artis materiæ peritiffimi. Neque porrò ligna putrefcere & incalefcere ut alibi, propter contignationum materiam quæ non ex ambricibus & gypfo conftant, fed è ficcis arundinibus, quas calce, arenâ ac to-mento compactas vel clavi vel fila coercent fer-rea, quæ quidem materies tam facilè quam gypfum in ornamenta flectitur. Aulam de quâ dixi marmoreæ decorant, & columnæ & pa-raftatæ ordinis Corinthiaci. Extrema occu-pant duæ ingentes tabellæ quarum altitudo viginti pedum, latitudo quatuordecim. Altera Imperatorem exhibet, qui electum à Capitulo PræfulemFranconiæ præficit. AlteraPræfulem repræfentat, prædia Franconiæ Beneficiaria fub jure Clientelari ; fuis conferentem fubdi-

Veſtiture du Cercle de Franconie à l'E-
vêque élu par le Chapitre, & l'autre re-
preſentant l'Evêque donnant l'inveſti-
ture des Fiefs de la Franconie aux Feu-
dataires de ce Cercle de l'Empire, dont
les Armes entrent dans la compoſition
des ornemens dont ce Sallon eſt décoré.

Sous les deux grands appartemens,
ayant vûe ſur le Jardin eſt une cave
dans toute leur longueur & largeur; dans
ce pays on ne fonde pas les murs de re-
fand dans les caves ; on les fait porter
ſur les voutes des ſouterrains qui les portent très-ſolidement, les materiaux étant
fort durs, on a une experience reconnue
de cette conſtruction : ces caves fort
ſpacieuſes donnent la commodité d'y
faire entrer & tourner les voitures char-
gées de grandes foudres de vin attelées
de ſix ou de huit chevaux, que l'on décharge ſur les chantiers où ils doivent
être placés. Ces caves ſont pavées proprement de pierre de taille qu'on entre-
tient en les lavant ſouvent, & qui ſont
poſées en pente vers des citernes ou baſ-
ſins qui reçoivent le vin de ces grands
tonneaux, s'ils étoient crevés, en ſorte
que le vin répandu ne ſe perd point.

Telle étoit la diſpoſition de ce Palais
quand je ſuis parti de Wurtzbourg ; &
après mon retour en France j'appris la
mort du Prince, ce qui me fit ceſſer de
ſuivre l'éxecution de ce bâtiment.

Explication de la Planche LV.

Elle repreſente le plan du rez-de-chauſſée.

RENVOIS.

1. Grand Eſcalier & Salle des Gardes dans le veſtibule.
2. Sallon.
3. Antichambres.
4. Chambre.
5. Cabinet.
6. Garderobe.
7. Salle pour l'été.
8. Salle pour les Officiers.
9. Appartemens.
10. Antichambres.
11. Chambre à coucher.

tis, quorum quidem ſcuta gentilitia in partem ornamentorum veniunt, quibus hæc aula inſignitur.

Subter majora duo ædium membra quæ hortos reſpiciunt ingens hypogæum eſt, quod quidem omne illud ſpatium longè latèque replet : neque enim, hiſce regionibus, domorum fundamenta in locis jaciuntur ſubterraneis : ſed ſuprà hypogæorum fornices tota ædificiorum moles ſolidiſſimè incumbit. Nec eſt cur hujuſmodi conſtructionum pœniteat, quarum validitatem uſus & experientia comprobant. Habent iſtud commodi vaſta hæc hypogæa quod plauſtris ingentibus, quæ vina advehunt, ingreſſus & converſiones præſtant admodùm faciles, ita ut ipſo in loco exonerari poſſint dolia ubi aſſervantur. Lapidibus aptis & politis conſtrata eſt area, qui aquâ frequenter abſterſi illimes ſunt ac pellucidi. Pavimentum illud eſt declivum, ut, ſi fortè erumpat effractis è doliis vinum, deſcendat in ciſternas, ubi ſine damno excipitur.

Hæc erat Palatii Herbipolenſis facies, cùm Franconiam reliqui. In Galliam regreſſo nuntiata eſt mors Sereniſſimi Præſulis, quæ quidem ut optimi Principis vitæ, ſic inceptis à me laboribus finem attulit.

Explicatio Tabulæ LV.

Tabulatum inferius exhibet.

NUMERI RELATIVI.

1. Scalare majus & Prætorianum veſtibulum.
2. Oecus.
3. Antithalami.
4. Cubiculum.
5. Muſæum.
6. Thalami veſtiarii.
7. Oecus æſtivæ tempeſtatis.
8. Aula Aulicorum & Adminiſtrorum.
9. Ædium partes.
10. Antithalami.
11. Cubiculum.

11. Chambre à coucher.	11. Cubiculum.
12. Cabinet.	12. Musæum.
13. Cabinets & Garderobes.	13. Musæa & thalami vestiarii.
14. Vestibule.	14. Vestibulum.
15. Chapelle Palatiale.	15. Palatii Sacellum.
16. Sacristie.	16. Sacrarium.
17. Salles pour les Officiers.	17. Atria Aulicorum & Administrorum.
18. Peristiles.	18. Peristilia.

Explication de la Planche LVI.   Explicatio Tabulæ LVI.

Elle represente le plan du premier étage.   *Primi tabulati Ichnographiam exhibet.*

RENVOIS.	NUMERI RELATIVI.
1. Salle des Gardes.	1. Prætorianum vestibulum.
2. Sallon.	2. Oecus.
3. Antichambres.	3. Antithalami.
4. Chambre.	4. Cubiculum.
5. Cabinet.	5. Musæum.
6. Bibliotheque.	6. Bibliotheca.
7. Sallon de musique.	7. Oecus musica.
8. Garderobes.	8. Thalami vestiarii.
9. Appartement.	9. Ædium partes.
10. Appartement.	10. Ædium partes.
11. Appartement.	11. Ædium partes.
12. Terrasse.	12. Lapideus agger.
13. Antichambres.	13. Antithalamus.
14. Chambre.	14. Cubiculum.
15. Cabinet.	15. Musæum.
16. Garderobes.	16. Thalami vestiarii.
17. Chapelle.	17. Palatii Sacellum.
18. Tribunes.	18. Suggesta.
19. Vestibule.	19. Vestibulum.
20. Appartement.	20. Pars ædium.
21. Appartemens.	21. Partes ædium.
22. Appartement.	22. Pars ædium.
23. Terrasse.	23. Lapidæus agger.

PLANCHES LV. LVI. LVII. LVIII. LIX. & LX.

Gg

Pl. LVI

Résidence de Wurtzbourg, en Franconie.

Premier étage

Cour

Cour

Cour

Cour

Cour

Cour

Cour

Cour

Avant Cour

Blondel Sculp.

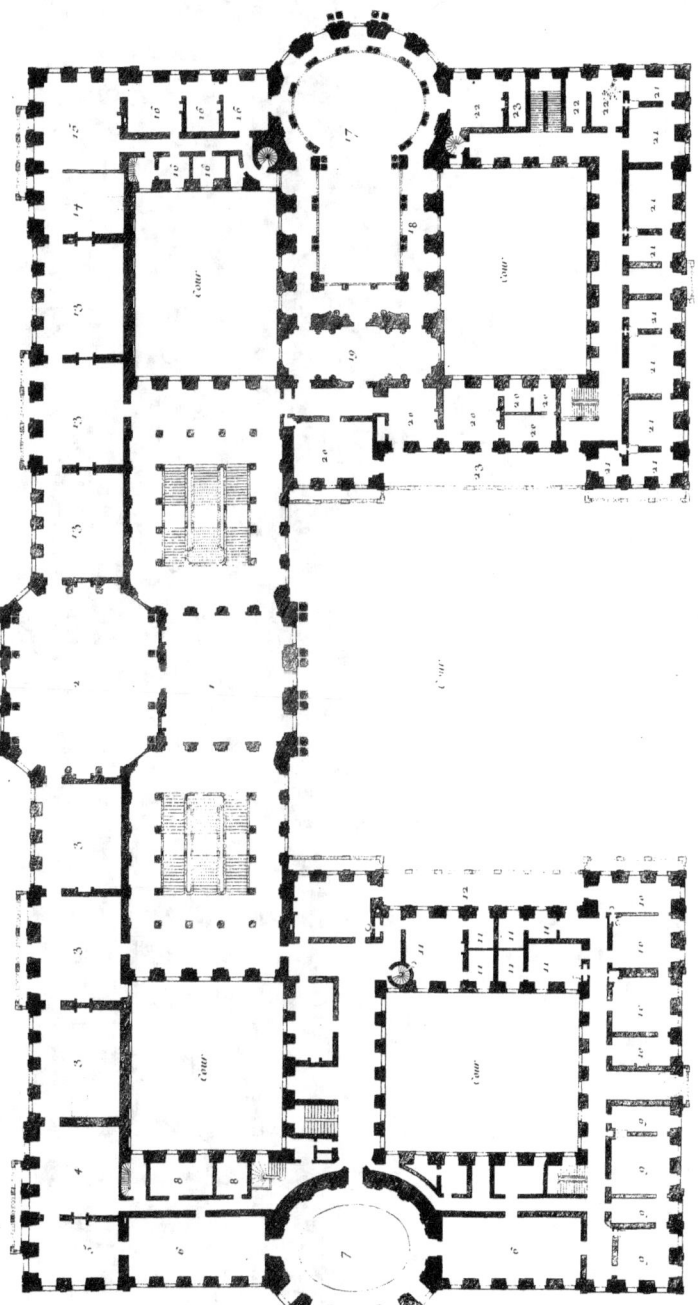

Residence de Wurtzbourg, en Franconie.

Premier Etage.

Pl. 117.

Avant-Cour.

Perrot Sculp.

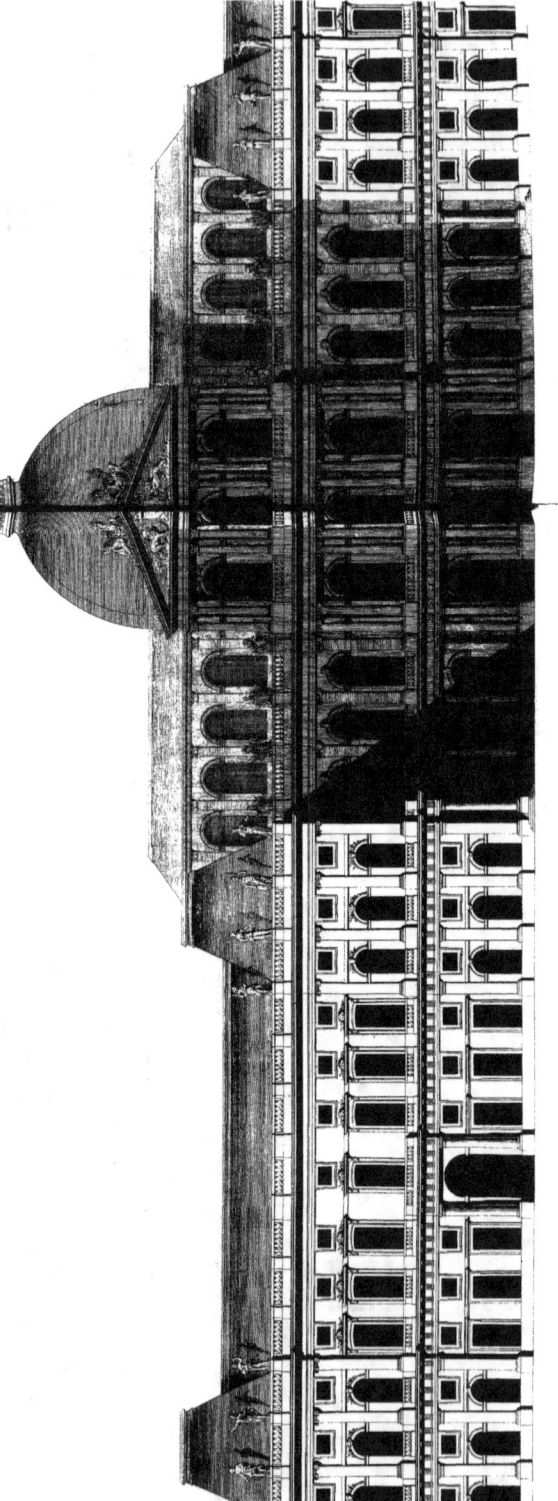

Façade du Palais de Wurtzbourg
Du coté de la cour

Pl. LVII.

Blondel Sculp.

Façade du Palais de Wurtzbourg
du côté de cour

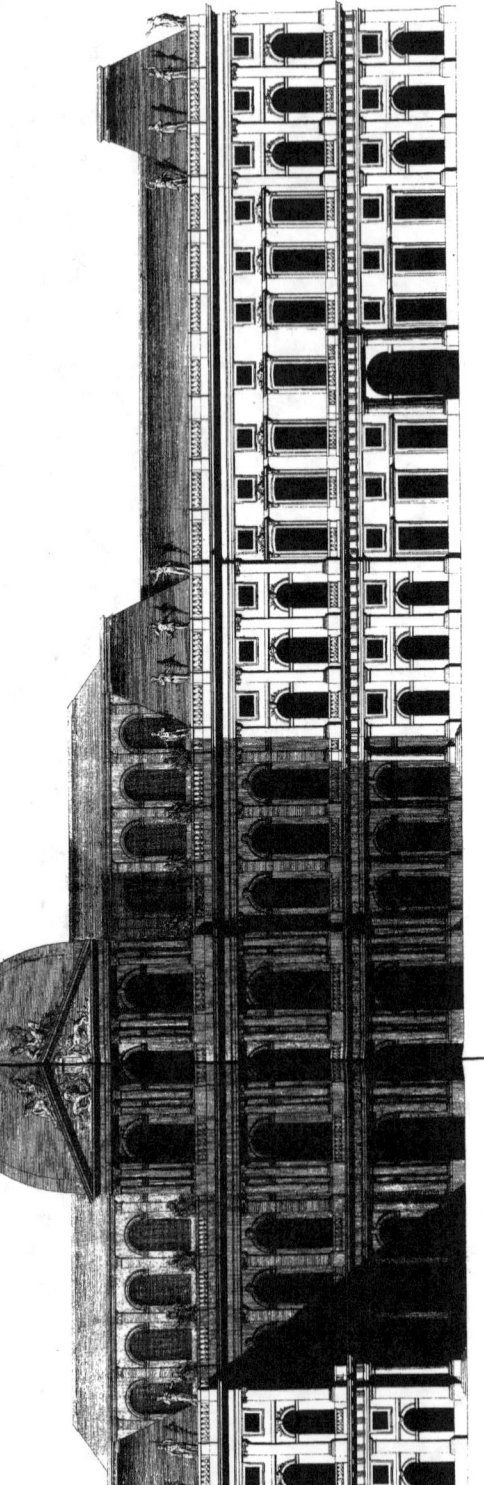

Façade du Palais de Wurtzbourg
du côté de la cour

an Pieds de Roÿaume

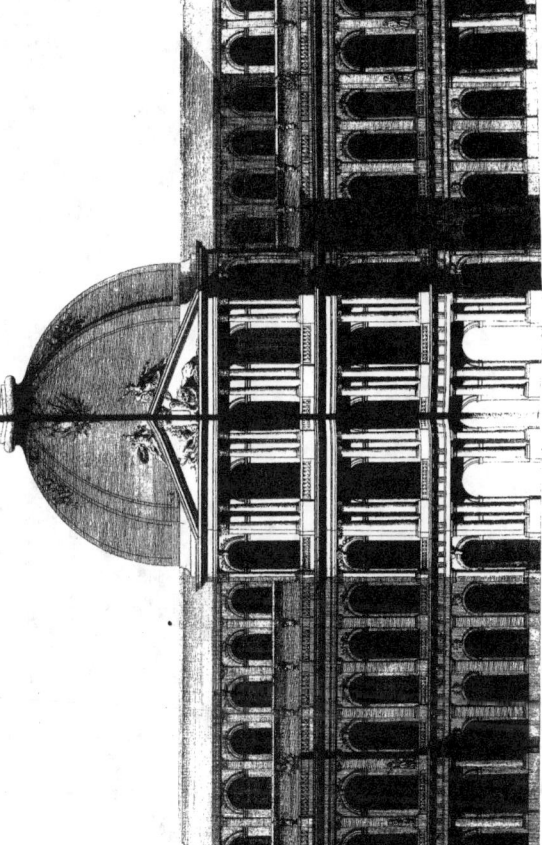

Façade du Palais de Wurtzbourg
du coté du Jardin

Facade du Palais de Wurtzbourg
du coté du Jardin

Pl. 118.

Profil du corps de logis entre cour et jardin.

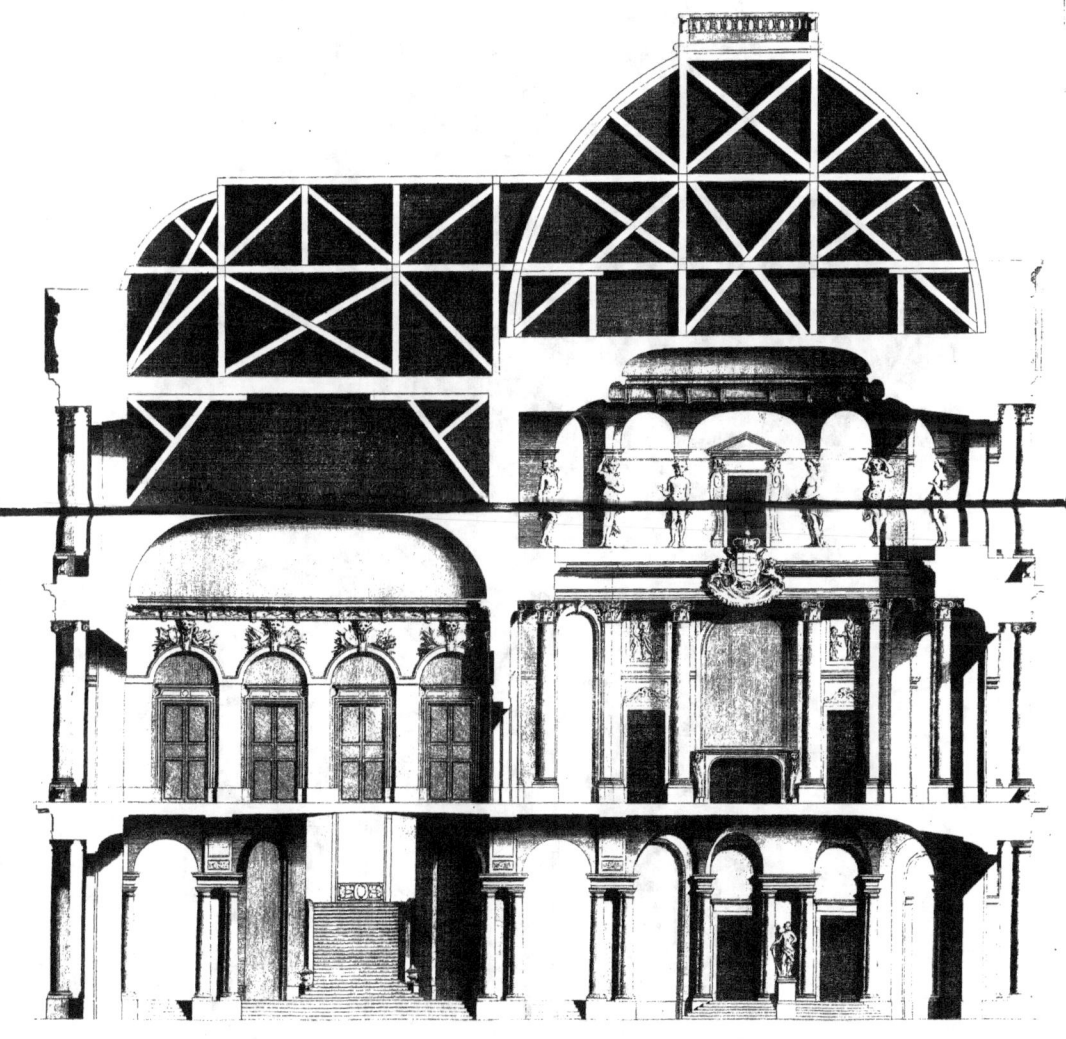

Pl. XX.

Profil de l'Escalier de Wurtzbourg par le milieu de sa longueur

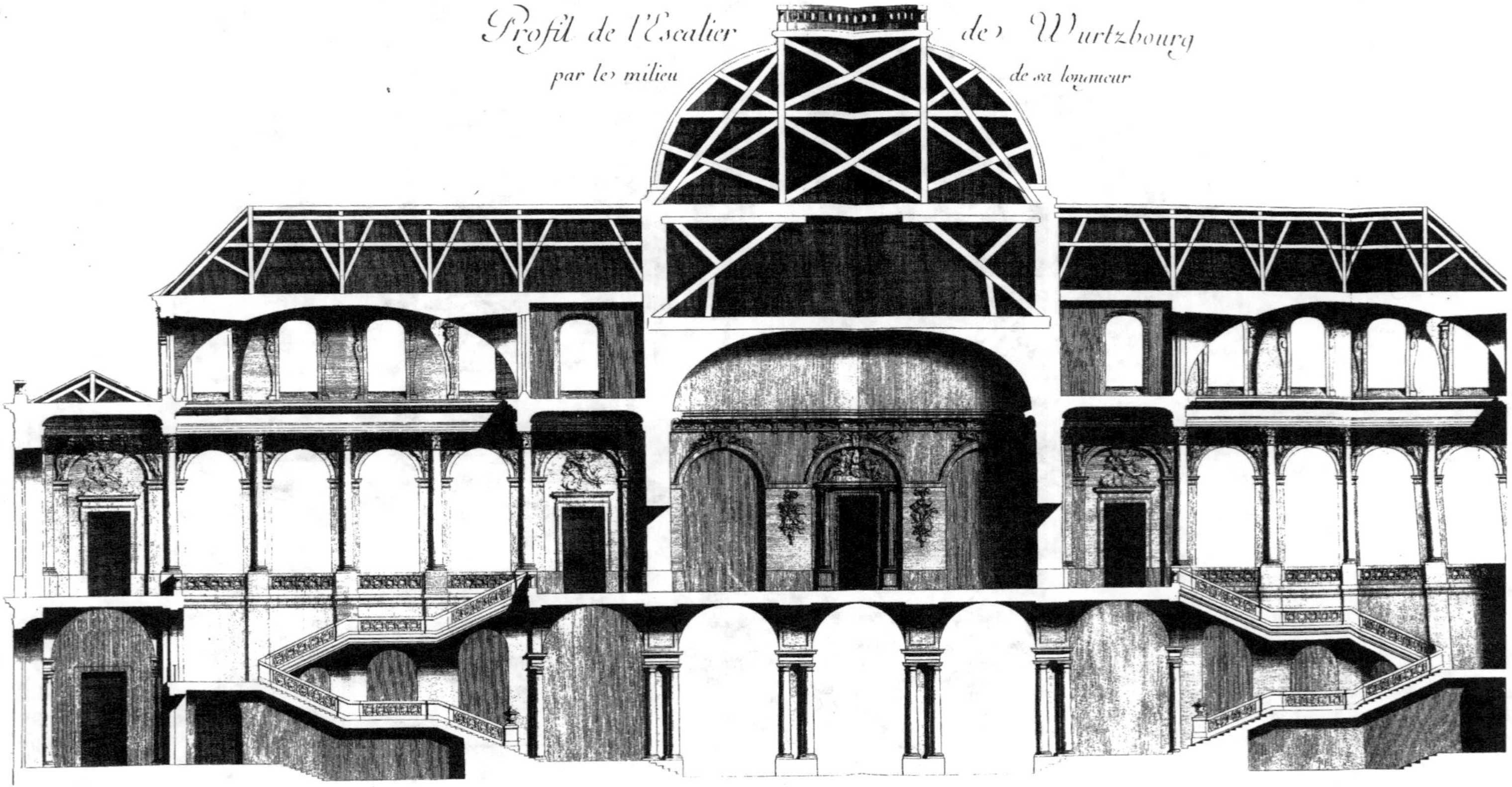

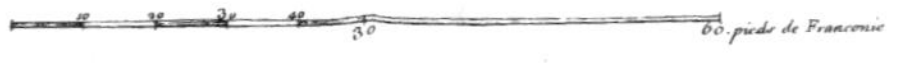

Menil Sculp.

30 pieds de Franconie.

Profil de l'Escalier de Wurtzbourg par le milieu de sa longueur

60 pieds de Francconie

HOSTEL DE SOUBISE.

PALATIUM SUBISIANUM.

CE Palais eſt compoſé de pluſieurs Appartemens, dont les principaux ſont celui de M. le Prince de Rohan au rez-de-chauſſée, & celui de Madame la Princeſſe de Rohan au premier étage. Les lambris de menuiſerie & les ornemens en bois & en plâtre en ont été faits avec beaucoup de ſoin. Tous les Tableaux ſont originaux d'habiles Peintres de l'Academie, dont les figures ſont de grandeur naturelle. J'ai crû devoir joindre ces décorations interieures aux plans & décorations exterieures des bâtimens ci-deſſus.

Les Planches LXI. LXII. & LXIII. repreſentent la Chambre à coucher du Prince, ſçavoir la Planche LXI. le côté de la cheminée. Le côté oppoſé eſt ſemblable, à l'exception qu'il y a une table de marbre vis-à-vis la cheminée.

La Planche LXII. fait voir le fond de la Chambre où eſt le lit. Le côté qui lui eſt oppoſé eſt percé de trois croiſées ſur le Jardin, dont les deux tremeaux ſont ornés de glaces de même forme que celles des côtés de la Chambre.

La Planche LXIII. repreſente le plafond au milieu duquel il y a une roſe d'où pend un luſtre de chriſtal de roche, & au pourtour le plan & les ornemens de la corniche. Dans cette chambre il n'y a que les bordures des glaces, des tableaux, & les bois des meubles qui ſoient dorés, le reſte eſt peint de blanc préparé, adouci, & verni.

Les Planches LIV. & LV. répreſentent la décoration interieure du Sallon ovale qui eſt enſuite de la Chambre, & dans l'angle du bâtiment; ſçavoir la Planche LXIV. fait voir la face développée de la moitié de ce Sallon du côté des deux cheminées; l'autre moitié eſt percée de

IStud Palatium pluribus conſtat habitationibus, quarum præcipuæ à Domino Principe Rohanio & Domina Principe incoluntur. Hæc primam contabulationem, ille tabulatum inferius, ſolo impoſitum, habitat; lignea laquearia, nec-non ornamenta è gypſo, vel è ligno confecta, arte ſummâ laborata ſunt. Tabellæ omnes exemplares ſunt à Regiæ Academiæ membris depictæ, conſtanteſque figuris ad naturalem altitudinem erectis. Operæ pretium duxi has decorationes internas, externarum, de quibus ſupra dixi, decorationum deſcriptionibus adjungere.

Tabulæ LXI. LXII. & LXIII. thalamum Domini Principis exhibent. Pars ubi caminus tabulâ LXI. deſcribitur. Pars oppoſita ſimilis eſt, niſi quod è regione camini tabula marmorea conſpicitur.

Tabula LXII. partem hujuſce cubiculi extremam exhibet, ubi Principis cubile. In parte adverſâ tres feneſtræ ſunt horto obverſæ, quarum intermedia ſpeculis ornata ſunt ejuſdem formæ, ac ſpeculâ in lateribus cubiculi diſpoſita.

Tabula LXIII. laqueatum tabulatum deſcribitur, cujus in medio roſa eſt è quâ candelabrum pendet criſtallinum: in circuitu deſcriptio & ornamenta coronæ. In iſto cubiculo nihil auratum eſt præter ſpeculorum ac tabellarum marginem, & ſupellectilium ligna: reliqua albore ſuffuſa ſunt arte facto, levigato, ac vernice ſuperinductâ.

Tabulæ LXIV. & LXV. decorationem internam exhibent oeci ovalis qui cubiculum ſubſequitur, in ædificii angulo. Videlicet tabula LXIV. faciem explicatam objicit dimidii oeci, quâ parte duo camini ſunt. Dimidia pars altera feneſtris diſtinguitur quæ opponuntur ſpeculis, & decorationem habent eamdem.

Hh

croisées oppofées aux glaces & de mê-
décoration. Dans ce Sallon il n'y a que
les bordures des glaces & les bois des
meubles qui foient dorés, les bas-reliefs
& les plafonds font blancs , & les murs
au pourtour font peints en blanc mêlé
de gris-de-lin adouci & verni.

La Planche LXV. reprefente le plan
ovale du plafond avec une rofe d'où
pend un luftre de criftal de roche & le
contour de la corniche qui avance fur
le plafond.

Les Planches LXVI. LXVII. & LXVIII.
reprefentent la décoration de la Chambre de Madame la Princeffe de Rohan ,
fçavoir la Planche LXVI. le côté où eft
la cheminée. Le côté oppofé eft fem-
blable. La Planche LXVII. fait voir l'alcove qui eft au fond de la chambre. Le
côté oppofé eft percé de trois croifées
fur la Jardin, dont les tremeaux font ornés de glaces de même forme que celles
des côtés de la chambre. La Planche
LXVIII. reprefente le plan de la chambre dont le plafond eft cintré, & les contours de la corniche dans le ceintre, au
milieu duquel il y a une rofe d'où pend un
luftre de criftal de roche. Tous les ornemens, les moulures & les bois des meubles
font dorés fur un fond blanc adouci. Les
figures du plafond font auffi en blanc.

Les Planches LXIX. & LXX. repré-
fentent la décoration du Sallon ovale
qui eft enfuite de la chambre. La Planche LXIX. fait voir la moitié développée de ce Sallon du côté de la cheminée. L'autre côté vers les Jardins eft percé de croifées vis-à-vis les arcades de
glace oppofées. Les tremeaux font ornés d'une décoration fuivie depuis le
parquet jufqu'au milieu du plafond en
calotte qui fe lie à une rofe d'où pend
un luftre de criftal de roche. Tous les ornemens de fculpture , les moulures , &
les bois des meubles font dorés fur un
fond blanc au pourtour des murs , &
les ornemens de la calotte font percés
à jour fur un fond de bleu clair. Les
enfans qui font fur la corniche font
peints en blanc.

*In hoc oeco nullibi aurum apparet , nifi fuprà
fpeculorum marginem , nec-non fupellectilium
ligna. Tabulatum & proftipa dealbata funt ,
dealbati pariter muri, mixtâ candori purpurâ
levigatâ , ac vernice fuffusâ.*

*Tabula LXV. ovalem tabulati formam
repræfentat , cum rofâ in medio confpicuâ ,
unde pendet candelabrum criftallinum , cum
orbicularibus coronæ regreffibus qui in tabulatum profiliunt.*

*Tabulis LXVI. LXVII. & LXVIII.
exhibetur decoratio cubiculi in quo Domina
Princeps commoratur. Scilicet tabula LXVI.
partem repræfentat ubi caminus eft. Pars oppofita planè confimilis. Tabula LXVII. ζe-
tam exhibet quæ in parte cubiculi extremâ &
reconditiori extructa eft. Pars adverfa tribus
feneftris diftinguitur quæ hortum fpectant: quarum quidem intermedia fpeculis adornata funt,
ejufdem formæ ac fpecula cubiculi lateribus ap-
penfa. Tabula LXVIII. cubiculi Ichnographiam exhibet , cujus tabulatum arcûs de
more curvatum eft. Ibi etiam orbiculares corona flexus in circulo , cujus in centro rofa
eft, unde candelabrum pendet criftallinum. Aurata funt & ornamenta, & tori , & fupellectilium ligna fuper fundum dealbatum , ac
levigatum : dealbatæ pariter figuræ quæ in tabulato efficta funt.*

*Tabulæ LXIX. & LXX. decorationem
exhibent oeci ovalis , qui cubiculum de quo
modo dixi , fubfequitur. Tabulâ LXIX. exhibetur dimidia pars hujus oeci explicata , quâ
parte caminus eft. Pars adverfa quo hortos refpicit feneftris diftinguitur , è regione fpeculorum quæ opponuntur feneftris. Feneftrarum
intervalla decoratione continuatâ ornata funt
à pavimento ufque ad tabulati, in fornicem de-
finentis medium, quod quidem rofam amplecti-
tur, cui candelabrum criftallinum appenfum eft.
Aurata funt omnia fculpturæ ornamenta , nec-
non tori & fupellectilium ligna fuper fundum
album in murorum circuitu. Ornamenta fornicis parvis difcriminata funt foraminibus fuper fundum cæruleum ac pellucidum. Genii coronæ impofiti colorem album retinent.*

PLANCHES LXI. LXII. LXIII. LXIV. LXV. LXVI. LXVII. LXVIII. LXIX. LXX.

F I N.

Chambre de M. le... Prince de Rohan, coté de la Cheminée.

Pl. LXVII.

Chambre de M. le Prince de Rohan, côté de l'alcove.

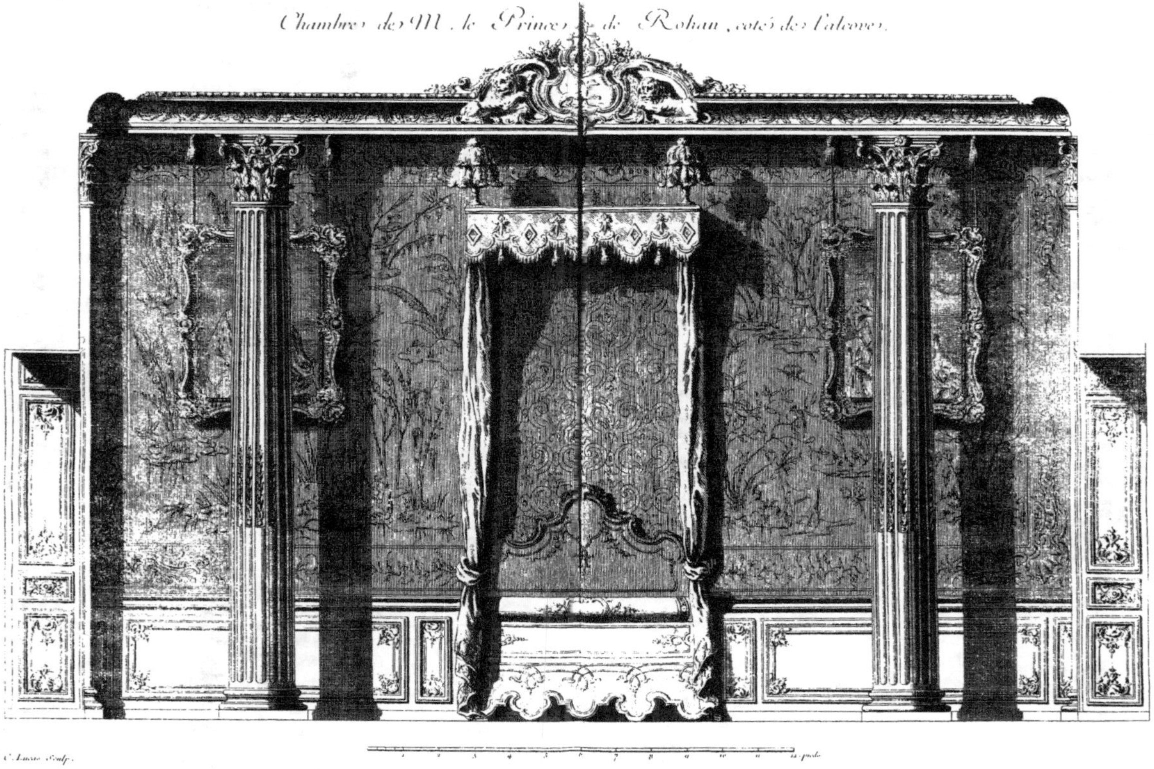

Pl. LXIII.

Plafond de la chambre de Mr. le Prince de Rohan.

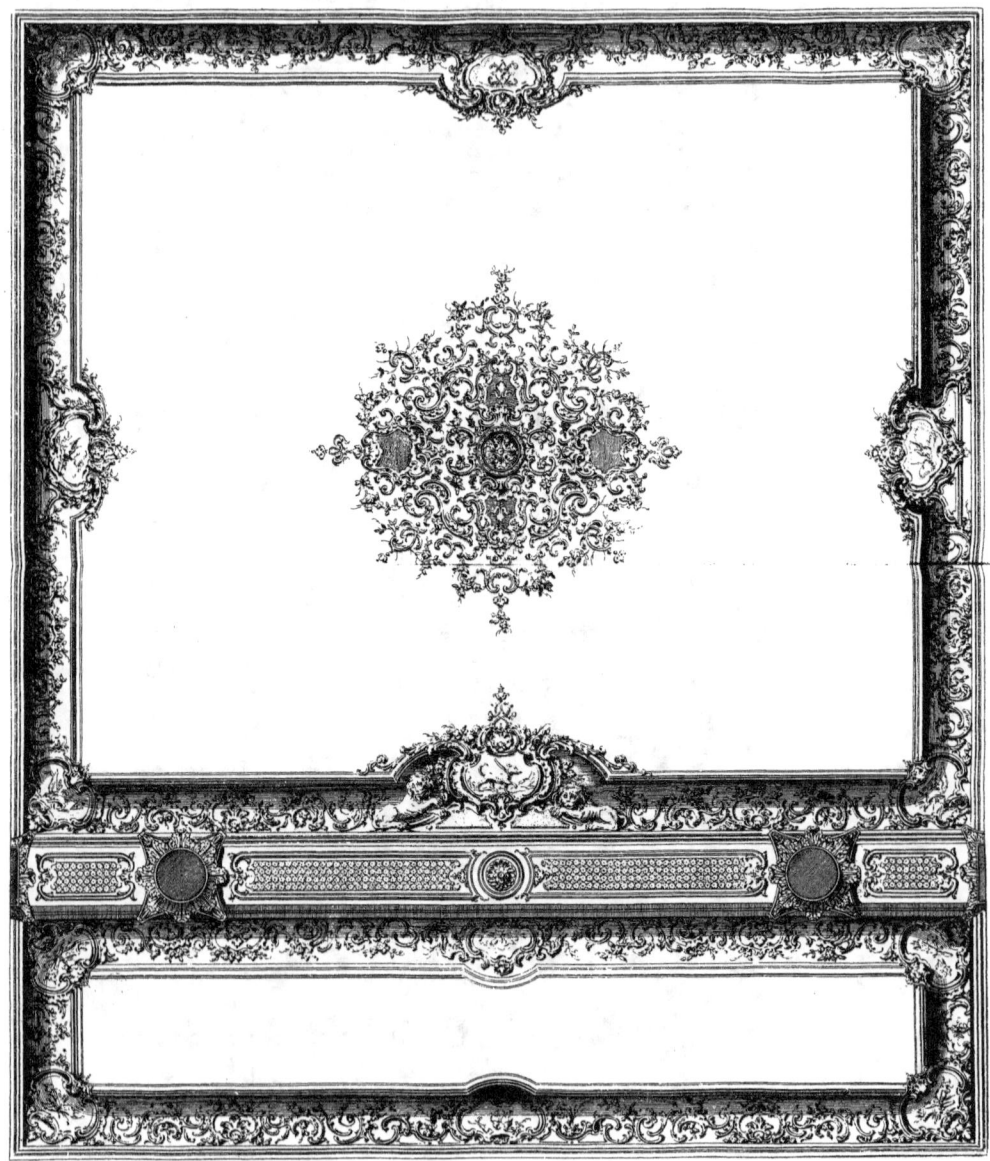

Babel Sculp.

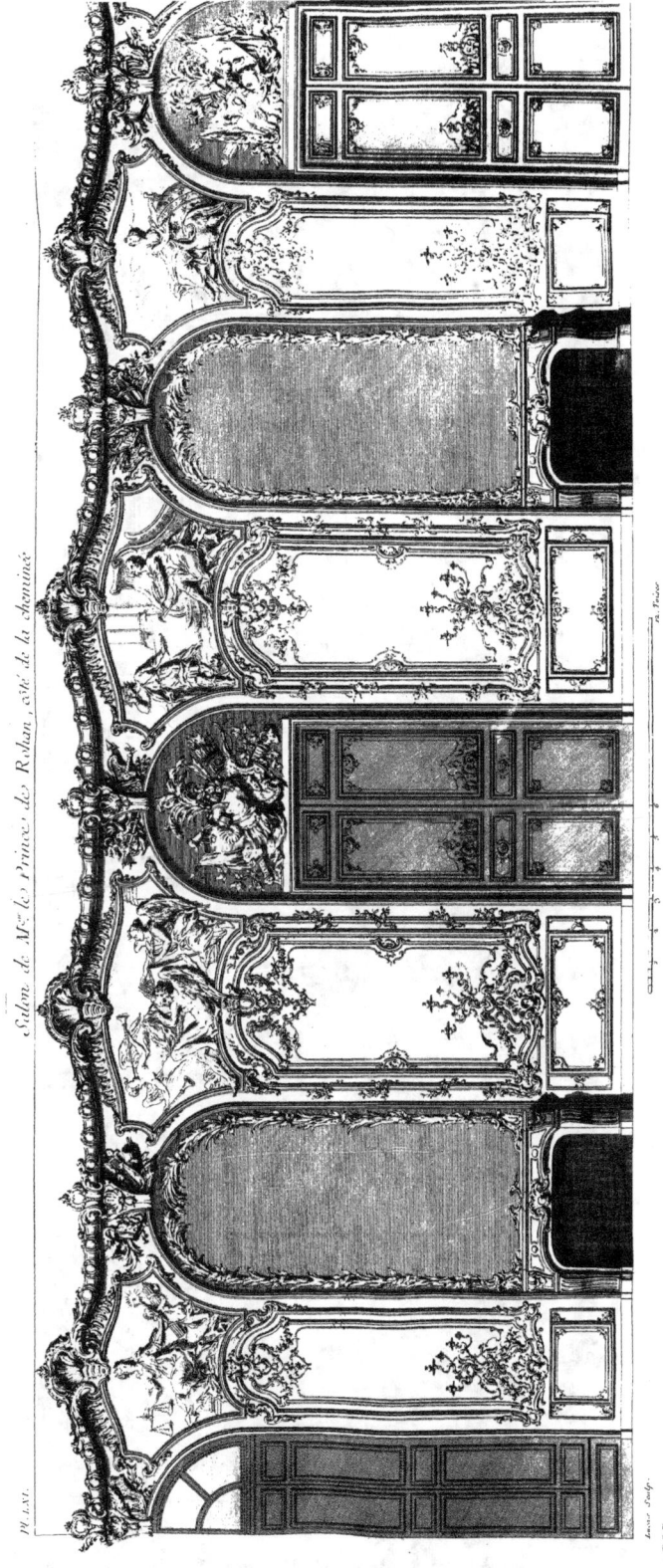

Salon de Mgr. le Prince de Rohan, côté de la cheminée

Pl. LXI.

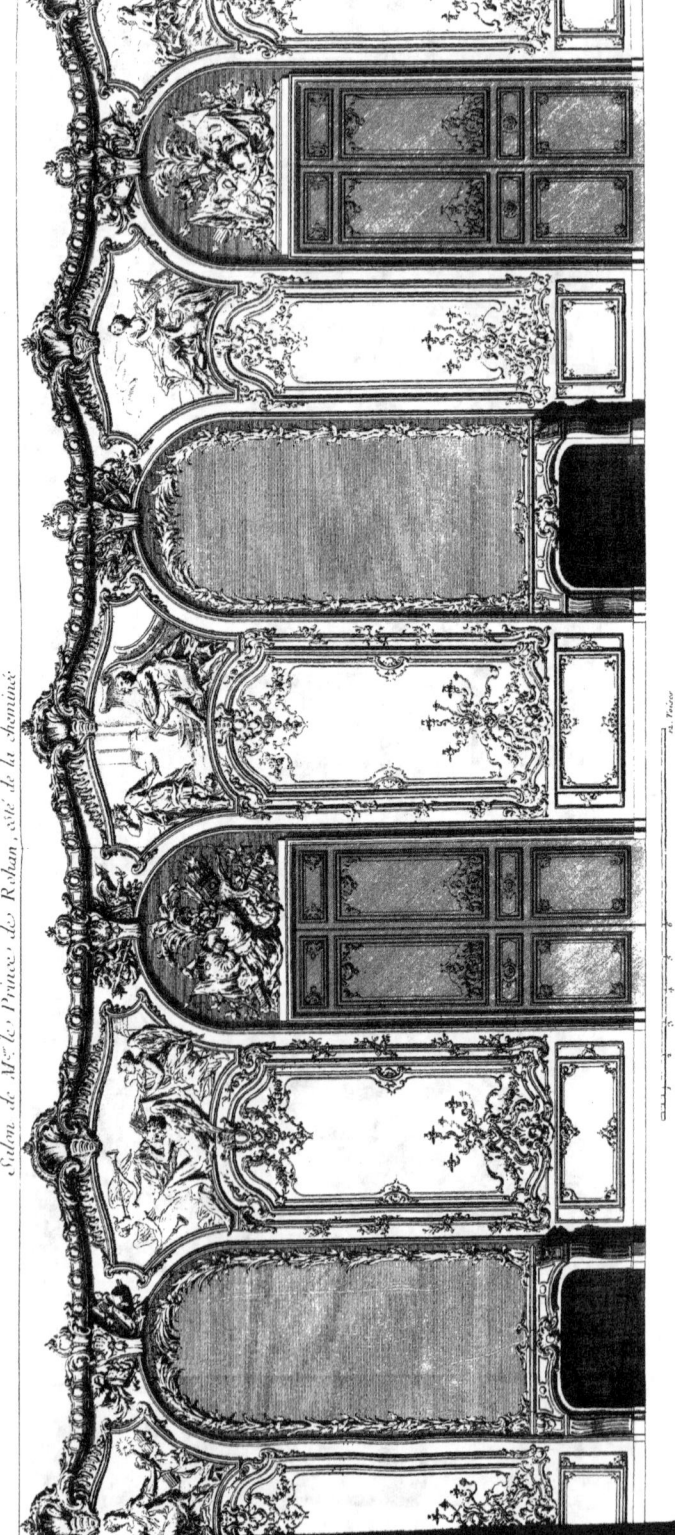

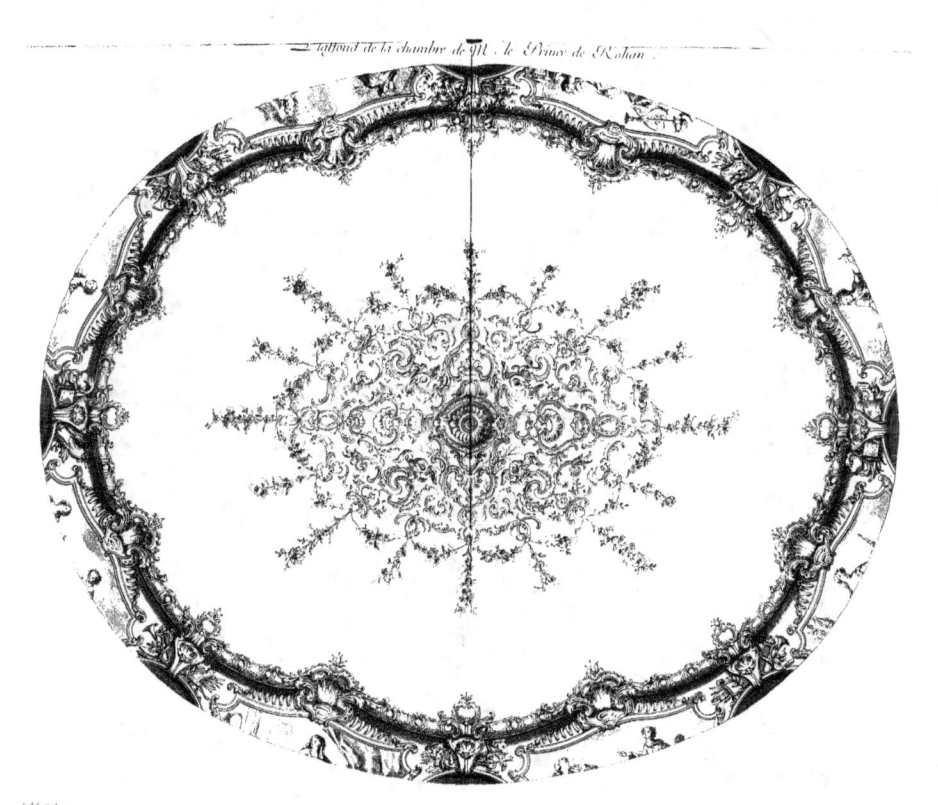

Plafond de la chambre de M. le Prince de Rohan.

Pl. LXVI.

Chambre de M.ᵉˡˡᵉ la Princesse de Rohan

(au I.ᵉʳ étage côté de la cheminée)

Pl A.J. Sculp

Pl. LXXIII.

Chambre de Mme la P. de Rohan au 1.er Etage, du coté de l'Hevre.

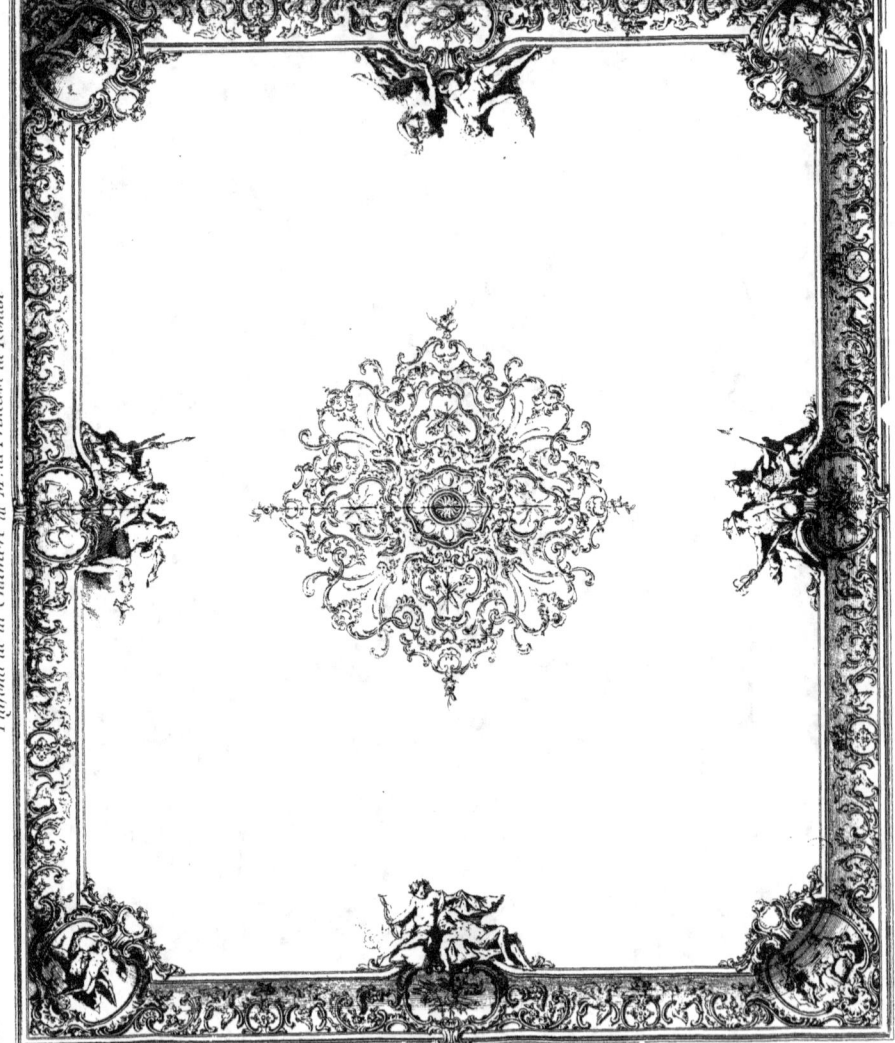

Plafond de la Chambre de M.ᵐᵉ la Princesse de Rohan

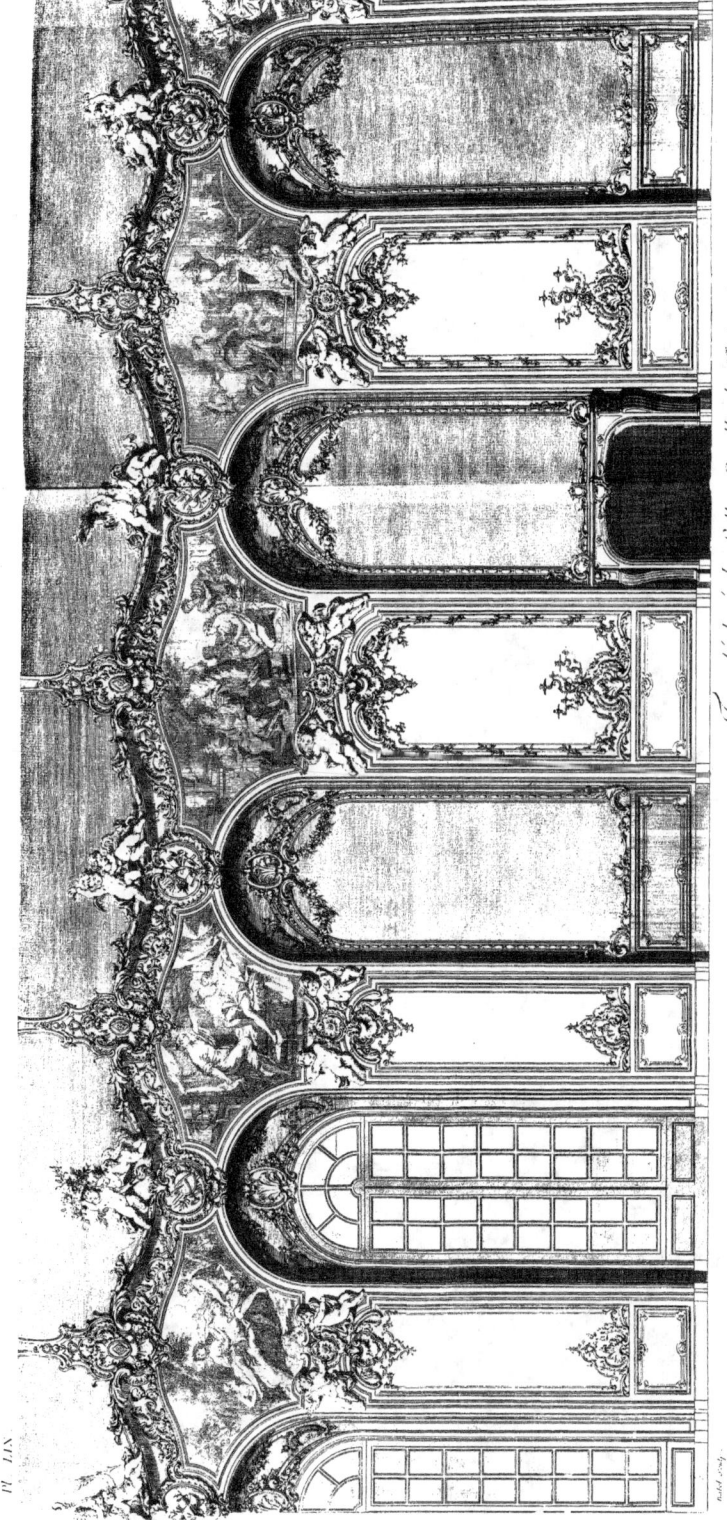

Pl. LVII.

Pour développer du Salon Ovalle du 1.ᵉʳ étage.

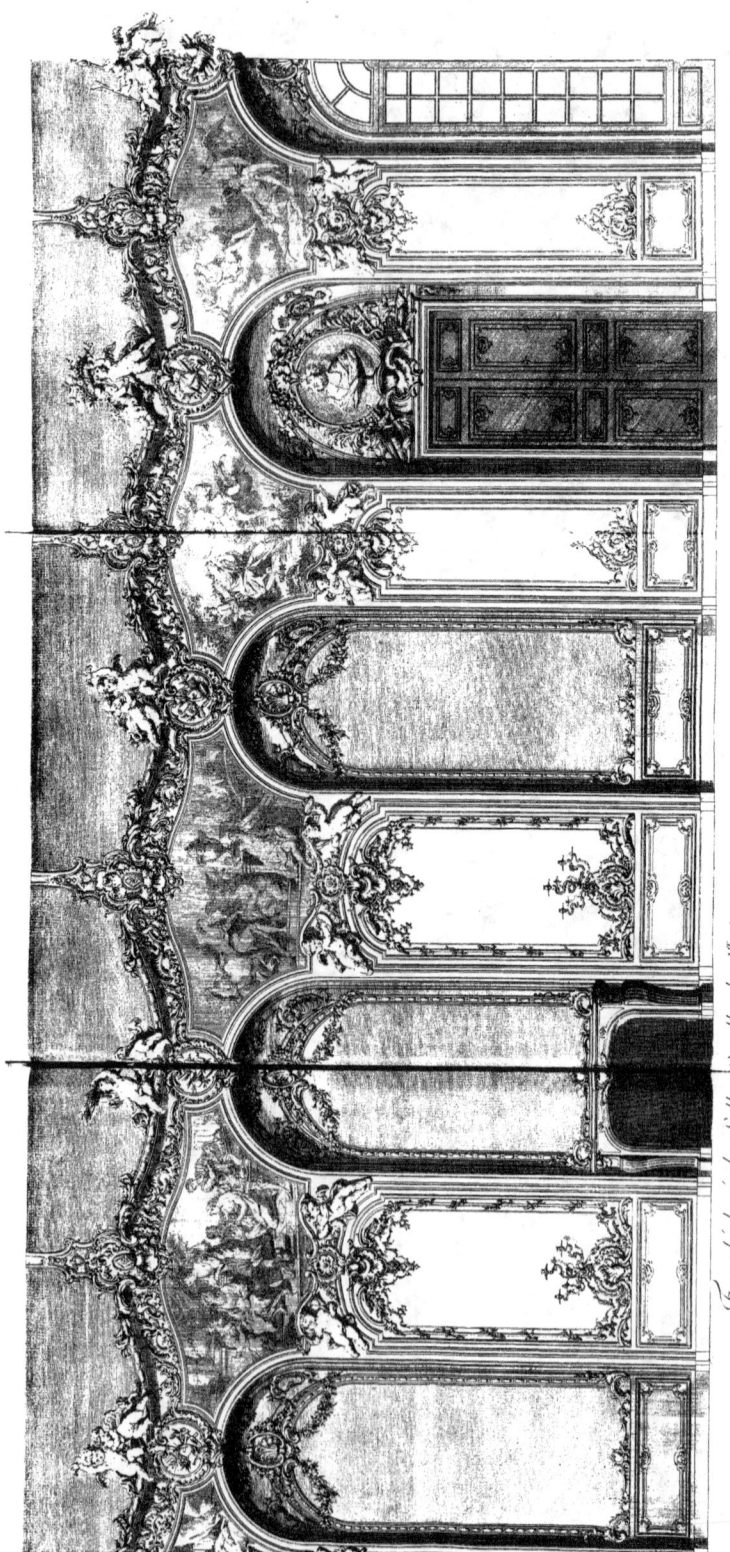

Face développé du Salon Ovalle du 1.er étage.

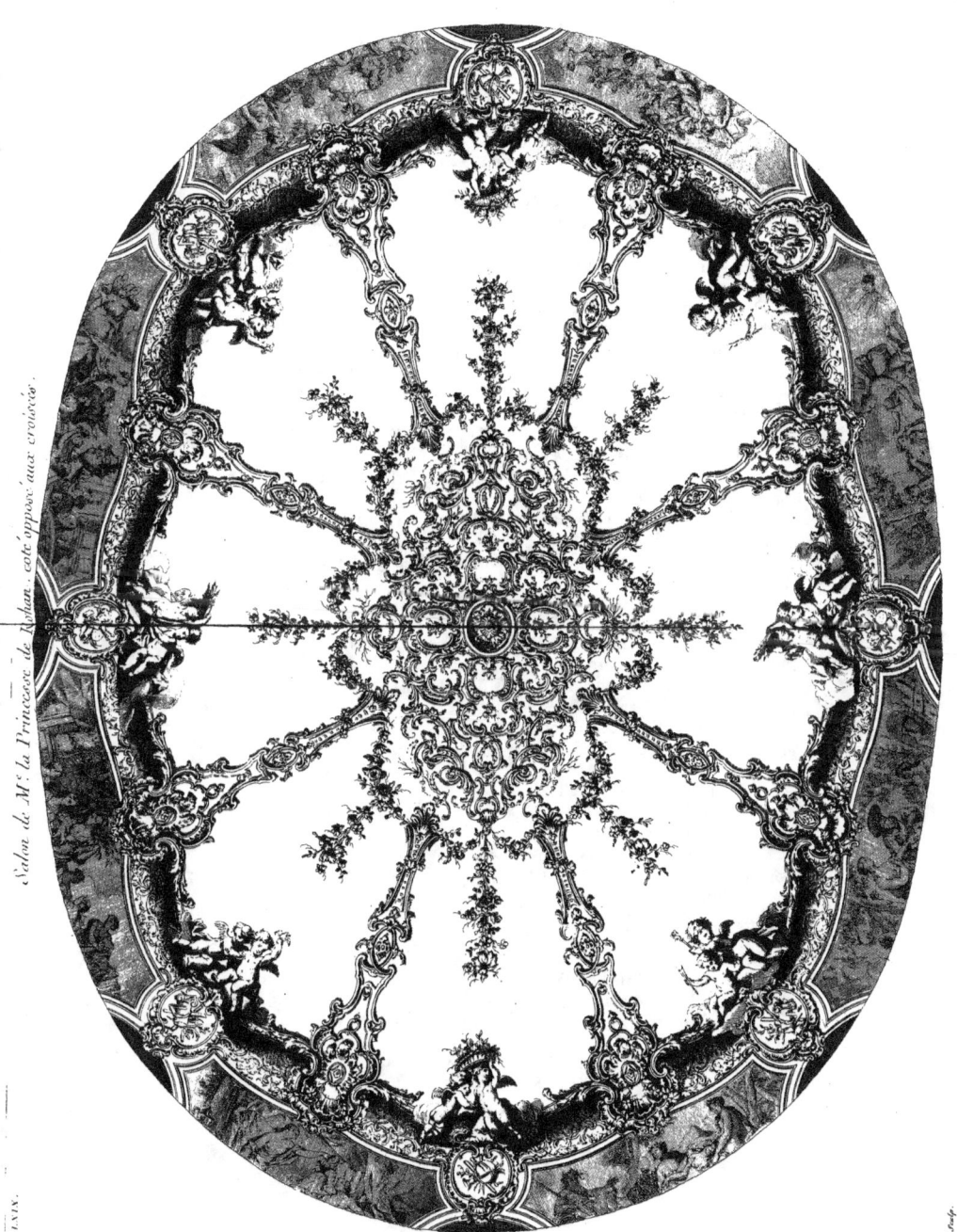

Pl. LXIX.

Salon de M.ᵉ la Princesse de Rohan, côté opposé aux croisées.

Babel Sculp.

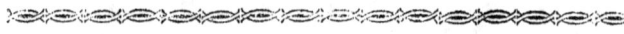

TABLE DES MATIERES ET DES PLANCHES
gravées, contenues en ce Livre.

FIN DE LA TABLE.

Extrait des Regiſtres de l'Academie Royale d'Architecture du trois Septembre mil ſept cent quarante-deux.

MONSIEUR CARTAUD qui avoit été nommé par l'Academie pour lui rendre compte d'un Memoire extrêmement détaillé, compoſé par Monſieur de Boffrand au ſujet du modele & de la fonte de la Figure Equeſtre du Roi Louis XIV. érigée à Paris dans la place de Louis le Grand, avec toutes les ſituations du modele & du moule ſoit dans le recuit ſoit dans ſa conſtruction, & avec les Plans & Elevations des fourneaux de Recuit & de Fonte; comme auſſi de pluſieurs Deſſeins de Palais que M. de Boffrand a compoſés; a dit que le Memoire détaillé au ſujet de la Figure Equeſtre, étoit extrêmement curieux, & ne pouvoit qu'être très-utile au public, principalement lorſqu'il s'agit de faire de grandes fontes. A l'égard des Deſſeins de Palais, Monſieur Cartaud a dit que tous ces Deſſeins méritoient l'approbation de l'Academie & d'être donnés au Public.

Je ſouſſigné Secretaire perpetuel de l'Academie certifie le préſent extrait, à Paris le 20. Juin 1743. CAMUS.

APPROBATIONS.

J'Ai lû par ordre de Monſeigneur le Chancelier *la Deſcription de ce qui a été pratiqué pour foundre en bronze la Figure Equeſtre de Louis XIV.* dont j'ai cru que l'impreſſion ſeroit agréable & utile au Public. Fait à Paris, ce 25. Octobre 1742.

MONTCARVILLE.

J'Ai lû par ordre de Monſeigneur le Chancelier *un Livre d'Architecture*, contenant les principes de cet Art, avec differens Plans & Deſſeins d'Edifices que l'Auteur a fait tant en France que dans les Pays Etrangers. Fait à Paris ce 29. Novembre 1742.

MONTCARVILLE.

PRIVILEGE DU ROI.

LOUIS PAR LA GRACE DE DIEU, ROI DE FRANCE ET DE NAVARRE, à nos Amés & féaux Conſeillers les Gens tenans nos Cours de Parlemens, Maîtres des Requêtes ordinaires de notre Hôtel, Grand Conſeil, Prevôt de Paris, Bailliſs, Sénéchaux, leurs Lieutenans Civils & autres nos Juſticiers qu'il appartiendra : SALUT, notre bien Amé le ſieur BOFFRAND premier Ingénieur & Inſpecteur Général des Ponts & Chauſſées du Royaume, Nous a fait expoſer qu'il deſireroit faire imprimer & donner au Public un Manuſcrit qui a pour titre *Deſcription de ce qui a été pratiqué pour foundre en bronze la Statue Equeſtre de Louis XIV. & un Traité d'Architecture* par lui-même, s'il Nous plaiſoit de lui accorder nos Lettres de Privilege, pour ce neceſſaires : A CES CAUSES, voulant favorablement traiter l'Expoſant, Nous lui avons permis & permettons par ces Préſentes de faire imprimer l'ouvrage ci-deſſus ſpecifié en un ou pluſieurs volumes & autant de fois que bon lui ſemblera, de le faire vendre & débiter par tout notre Royaume pendant le tems de douze années conſecutives, à compter du jour de la date deſdites Préſentes; Faiſons défenſes à toutes ſortes de perſonnes de quelque qualité & condition qu'elles ſoient d'en introduire d'impreſſion étrangere dans aucun lieu de notre obéïſſance, comme auſſi à tous Libraires, Imprimeurs & autres d'imprimer, faire imprimer, vendre, faire vendre ni contrefaire ledit ouvrage, ni d'en faire aucun extrait ſous quelque prétexte que ce ſoit, d'augmentation, correction, changemens ou autres ſans la permiſſion expreſſe & par écrit dudit Expoſant, ou de ceux qui auront droit de lui, à peine de confiſcation des exemplaires contrefaits & de trois mille livres d'amende contre chacun des contrevenans, dont un tiers à Nous, & un tiers à l'Hôtel-Dieu de Paris, l'autre tiers audit Expoſant, & de tous dépens dommages & interêts; A la charge que ces Préſentes ſeront enregiſtrées tout au long ſur le Regiſtre de la Communauté des Libraires & Imprimeurs de Paris dans trois mois de la datte d'ice'es, que l'impreſſion dudit ouvrage ſera faite dans notre Royaume & non ailleurs, en bon papier & en beaux caracteres conformément à la feuille imprimée, attachée pour modele ſous le contreſcel deſdites Préſentes, que l'Impétrant ſe conformera en tout aux Reglemens de la Librairie, & notamment à celui du 10. Avril 1725. qu'avant que de les expoſer en vente le manuſcrit ou imprimé qui aura ſervi de copie à l'impreſſion dudit ouvrage ſera remis dans le même état où l'Approbation y aura été donnée, ès mains de notre très-cher & féal Chevalier le ſieur Daguelſeau Chancelier de France, Commandeur de nos Ordres, & qu'il en ſera enſuite remis deux exemplaires dans notre Bibliotheque publique, un dans celle de notre Château du Louvre & un dans celle de notre très-cher & féal Chevalier le ſieur Daguelſeau Chancelier de France, Commandeur de nos Ordres, le tout à peine de nullité des Préſentes; Du contenu deſquelles Vous mandons & enjoignons de faire jouïr ledit Expoſant ou ſes ayans cauſes, pleinement & paiſiblement, ſans ſouffrir qu'il leur ſoit fait aucun trouble ou empêchemens; Voulons que la copie deſdites Préſentes qui ſera imprimé tout au long au commencement ou à la fin dudit ouvrage ſoit tenue pour duement ſignifiée, & qu'aux copies collationnées par l'un de nos Amés & féaux Conſeillers & Secretaires, foi ſoit ajouté comme à l'original : Commandons au premier Huiſſier ou Sergent ſur ce requis, de faire pour l'execution d'icelles tous Actes requis & neceſſaires, ſans demander autre permiſſion, & nonobſtant clameur de Haro, Charte Normande & Lettres à ce contraire : CAR tel eſt notre plaiſir, Donné à Paris le troiſiéme jour du mois de Decembre, l'An de grace mil ſept cens quarante-deux, & de notre Regne le vingt-huitiéme. Par le Roi en ſon Conſeil.

SAINSON.

Regiſtré ſur le Regiſtre de la Chambre Royale & Syndicale des Libraires & Imprimeurs de Paris N° 117. fol. 101. conformément au Reglement de 1723. qui fait defenſe art. 4. à toutes perſonnes de quelque qualité qu'elles ſoient, autres que les Libraires & Imprimeurs, de vendre, débiter & faire afficher aucuns livres pour les vendre en leurs noms, ſoit qu'ils s'en diſent les auteurs ou autrement, & à la charge de fournir huit exemplaires à ladite Chambre Royale & Syndicale des Libraires & Imprimeurs de Paris, le 28. Janvier 1743.

SAUGRAIN, Syndic.